本书是江西省社会科学规划基金项目"转型期妇联组织功能变革研究"（17ZZ05）和南昌市社会科学规划基金项目"'三孩生育'政策下南昌市婴幼儿托育服务体系研究"（SH202103）的结项成果。

新时代妇联组织职能研究

万苏春 ◎ 著

中国社会科学出版社

图书在版编目(CIP)数据

新时代妇联组织职能研究/万苏春著. —北京：中国社会科学出版社，2022.6
ISBN 978-7-5227-0758-7

Ⅰ.①新… Ⅱ.①万… Ⅲ.①妇女组织—职能—研究—中国 Ⅳ.①D442

中国版本图书馆 CIP 数据核字(2022)第 142984 号

出 版 人	赵剑英
责任编辑	许　琳　郭如玥　高　婷
责任校对	韩天炜
责任印制	郝美娜

出　　版	中国社会科学出版社
社　　址	北京鼓楼西大街甲 158 号
邮　　编	100720
网　　址	http://www.csspw.cn
发 行 部	010-84083685
门 市 部	010-84029450
经　　销	新华书店及其他书店
印　　刷	北京君升印刷有限公司
装　　订	廊坊市广阳区广增装订厂
版　　次	2022 年 6 月第 1 版
印　　次	2022 年 6 月第 1 次印刷
开　　本	710×1000　1/16
印　　张	15.25
字　　数	220 千字
定　　价	88.00 元

凡购买中国社会科学出版社图书，如有质量问题请与本社营销中心联系调换
电话：010-84083683
版权所有　侵权必究

序　言

　　中国的妇联组织是极具中国特色的妇女组织形式，与国外的妇女组织有着不同的地位、特性与作用。2015年，习近平总书记在首次中央党的群团会议上发表重要讲话，强调群团事业是党的事业的重要组成部分，必须把群团组织建设得更加充满活力、更加坚强有力，使之成为推进国家治理体系和治理能力现代化的重要力量。妇联组织的建立使妇女作为一种制度化的社会力量和政治力量，成为中国共产党开展妇女工作最可靠、最有力的助手，是党联系妇女群众的桥梁和纽带，也是国家政权的重要社会支柱。党的十八大以来，在全面深化改革和推进国家治理体系和治理能力现代化的进程中，要求妇联组织必须以增强政治性、先进性和群众性，克服机关化、行政化、贵族化、娱乐化为目标，全面深化改革。新时代妇联组织职能研究，反映其所代表的组织性质和活动的基本方向，有效回应了中国特色社会主义新时期对妇联组织提出的新要求，有益于进一步明确改革方向和检验改革成效，具有较强的学理价值与现实意义。

　　当前，学界关于妇联组织的研究成果有所增加，但是针对妇联组织研究的专著尚少。万苏春作为一名基层的妇联组织工作者，能够以妇联组织的职能为切入点，对妇联组织展开研究，表明她对于工作抱持一份深厚的情怀与热爱。新时代是我国所处历史方位的科学定位，也是研究妇联组织职能的时代背景和逻辑起点。本书以此为基础，首先，对国内外相关研究进行了历史的梳理，强调不能将妇联组织单纯定性为普通的妇女组织来考量，从而探寻新时代妇联组织职能的双重价值目标，具有一定的时代性；其次，通过行为角色理论，系统诠释妇联组织职能内涵，丰富和具化了妇联组织引领、服务和联系的三重职能的定位及其辩证关系，指出引领职能是首要职能，服务职能是核心职能，而联系职能是工具职能，三重职能调频共振，和谐共生，体现了组织的政治性、先进性和群众性，具有一定的创新性；再次，在肯定妇联组织成立70多年来，职能实践上所取得的巨大成果的同时，也理性地审视了职能功能发挥的问题症结，并从国际环境、国家环境和组织环境三个维度，深入分析问题存在的原因，具有一定的批判性；最后，结合国情现状有针对性地提出了妇联组织职能优化的相关路径及建议，为全面深化改革凝练经验、辨明思路，具有一定的建设性。

《新时代妇联组织职能研究》一书承载了万苏春这一时期的理性思考，逻辑严密，行文规范，论证翔实。本书的撰写过程，之于她而言，是付出了艰辛与努力的，花费了大量的时间收集整理文献资料，阅读国内外论著，进行调研考察，提炼要点思路，总结创新要点。作为导师，她成长的点滴历历在目，每次学术讨论，都欣喜于她的进步之快与悟性之高。无论是理论的运用，还是治学的方法，都有了较为长足的长劲。相对她而言，提升了科研水平，助推了个人成长，完成了一次人生质的蜕变。她也通过自身的努力顺利地完成了博士学业，实现了梦想，值得庆贺。

然而，学术之树总是常青的，妇联组织职能研究仍然存在可以完善之处，需要持续关注。例如，从理论层面来说，还可以紧跟时代发展，探索妇联组织在社会治理中的职能体现；从研究方法上来说，妇联组织改革至今，已有一段时间，可以进一步展开实证研究，以发现与把握职能成效现状，从而进一步反思路径，得出相关启示。

序　言

学术之路，一如人生之路，需要上下求索，迭代进阶。希望万苏春以本书为起点，再接再厉，将学术研究与国家、社会发展紧密结合，不断取得新的成果！

聂平平

2022 年 6 月 25 日

目　　录

绪论 …………………………………………………………（1）
　第一节　论题缘起与研究意义 …………………………（2）
　　一　论题的缘起 ………………………………………（2）
　　二　研究的意义 ………………………………………（5）
　第二节　国内外研究现状与述评 ………………………（7）
　　一　国内相关研究 ……………………………………（7）
　　二　国外相关研究 ……………………………………（19）
　　三　国内外研究述评 …………………………………（26）
　第三节　研究的思路 ……………………………………（29）
　　一　研究内容 …………………………………………（29）
　　二　核心概念及理论 …………………………………（31）
　　三　研究方法 …………………………………………（38）
　　四　研究创新与不足 …………………………………（39）

第一章　新时代妇联组织职能的时代语境 ………………（41）
　第一节　新时代是妇联组织职能的历史方位 …………（41）
　　一　国家国际地位的变化与妇联组织职能因机而变 ………（42）
　　二　社会主要矛盾的变化与妇联组织职能因事而化 ………（43）
　　三　社会发展体制变化与妇联组织职能因时而进 ………（45）
　　四　科学信息技术的发展与妇联组织职能因势而新 ………（47）

· 1 ·

第二节　新时代妇联组织职能的价值目标……………………（50）
　　　一　促进妇女全面发展………………………………………（51）
　　　二　实现中华民族伟大复兴…………………………………（53）
　　　三　双重职能价值的辩证统一关系…………………………（55）
　　第三节　群团组织改革是妇联组织职能改革的重要保障……（58）
　　　一　群团组织改革健全了职能的组织保障…………………（59）
　　　二　群团组织改革完善了职能的制度保障…………………（63）
　　　四　小结………………………………………………………（71）

第二章　新时代妇联组织职能的三重定位……………………（72）
　　第一节　角色丛理论与妇联组织的职能定位…………………（73）
　　　一　妇联组织的角色丛………………………………………（74）
　　　二　妇联组织角色丛的职能定位……………………………（76）
　　　三　妇联组织与相关组织的职能辨析………………………（78）
　　第二节　新时代妇联组织的引领职能…………………………（81）
　　　一　引领职能的具体内容其及实践…………………………（81）
　　　二　坚持党的领导是引领职能的本质特征…………………（86）
　　　三　引领职能的时代价值……………………………………（90）
　　第三节　新时代妇联组织的服务职能…………………………（93）
　　　一　服务职能的重要意义……………………………………（93）
　　　二　服务职能的实践成果……………………………………（96）
　　　三　新时代促进妇女全面发展是服务职能的核心内容……（99）
　　第四节　新时代妇联组织的联系职能…………………………（102）
　　　一　联系职能的具体内容……………………………………（103）
　　　二　新时代妇联组织联系职能的特征及意义………………（107）
　　　三　小结………………………………………………………（112）

第三章　新时代妇联组织职能实现的问题症结………………（113）
　　第一节　妇联组织引领职能的价值理性存在认知疏离……（114）

一　国家制度过度安排与组织价值立场模糊并存 ………（114）
　二　组织价值存在性别对立取向 ………………………（116）
　三　以组织"工具性价值"取代组织"目的性价值"……（117）
　四　社会性别意识主流化面临现实挑战 ………………（118）
第二节　妇联组织服务职能的发挥存在组织公信力困境 ……（119）
　一　经济发展权益保障不力 ……………………………（120）
　二　政治民主参与不足 …………………………………（123）
　三　社会保障不均衡 ……………………………………（125）
　四　家庭服务供给有待加强 ……………………………（127）
第三节　妇联组织联系职能实现的局限与障碍 ………………（129）
　一　组织机构"四化"弊病明显 ………………………（130）
　二　组织社会整合能力不足 ……………………………（132）
　三　组织制度建设不够健全 ……………………………（135）
　四　小结 …………………………………………………（140）

第四章　新时代妇联组织职能发挥的影响因素 ……………（141）
第一节　宏观视角：国际影响因素 ……………………………（141）
　一　经济全球化对妇联组织职能的影响 ………………（142）
　二　国际交流与合作对妇联组织职能的影响 …………（144）
　三　西方女权主义文化对妇联组织职能的影响 ………（147）
第二节　中观视角：国内影响因素 ……………………………（150）
　一　社会主义市场经济是决定性影响因素 ……………（150）
　二　政治体制是重要性影响因素 ………………………（153）
　三　社会结构是基础性影响因素 ………………………（157）
　四　传统文化是根本性影响因素 ………………………（159）
第三节　微观视角：组织影响因素 ……………………………（164）
　一　组织价值是内核因素 ………………………………（164）
　二　组织机构是载体因素 ………………………………（165）
　三　组织制度是保障因素 ………………………………（169）

四　小结 …………………………………………………… (172)

第五章　新时代妇联组织职能改革的实现路径 ……………… (174)
　第一节　妇联组织引领职能的价值实现 …………………… (175)
　　一　不断强化妇联组织的思想引领 ………………… (176)
　　二　不断强化妇联组织的政治引领 ………………… (177)
　　三　不断强化妇联组织的社会性别文化引领 ……… (177)
　第二节　妇联组织服务职能的功能实现 …………………… (180)
　　一　职能目标:推动妇女和经济社会同步发展 …… (181)
　　二　职能重点:保障妇女合法权益 ………………… (185)
　　三　职能支撑:营造有利于妇女发展的国际环境 … (190)
　第三节　妇联组织联系职能的治理变革 …………………… (192)
　　一　强化组织枢纽中心 ……………………………… (193)
　　二　整合组织社会网络 ……………………………… (201)
　　三　巩固组织阵地平台 ……………………………… (205)
　　四　小结 ……………………………………………… (210)

结束语　三重职能共振:妇联组织职能定位的时代选择 ……… (211)

参考文献 ………………………………………………………… (215)

后记 ……………………………………………………………… (230)

绪　　论

　　70余年砥砺前行，70余年沧桑巨变，70余年壮丽辉煌。伴随着改革开放不断向纵深发展，中国的妇女事业跨越了极不平凡的发展进程，取得了举世瞩目的辉煌成就。亿万妇女与时俱进，与祖国共同奋斗，成为建设中国特色社会主义伟大事业的"半边天"！中华全国妇女联合会（以下简称妇联组织）从创始之初起，就承载着国家富强、民族振兴和妇女解放发展的神圣使命。中国的妇联组织已经成为全国各族各界妇女为争取进一步解放和发展而联合起来的妇女群团组织，是中国共产党领导下的人民团体，是党和政府联系妇女群众的桥梁和纽带，也是国家政权的重要社会支柱。与其他妇女社会组织相比较而言，它拥有最完整的组织机构，最广泛的群众基础，也是当前国内最具影响和权威的妇女组织。而如果将妇联组织喻为一个有机生命体的话，妇联组织的职能就是维系组织运行的神经中枢。新时代下，妇女工作是党的重要工作内容之一，妇联组织职能改革必须建立在解决各种现实问题和矛盾的基础之上，进行系统的调整和完善。党的十八大以来，以习近平同志为核心的党中央站在党和国家事业发展的高度，把妇联组织改革放在推进国家治理体系和治理能力现代化的大框架、深化党和国家机构改革中去统筹和谋划，极大地促进了妇联组织职能的发展。

第一节 论题缘起与研究意义

一 论题的缘起

2015年，新一轮群团组织改革为研究和考察新时代妇联组织职能提供了新角度和新视野。2019年10月，党的十九届四中全会则进一步要求建立健全联系广泛、服务群众的群团工作体系，推动人民团体增强政治性、先进性、群众性。2021年是中国共产党成立100周年，党领导妇联组织取得了一系列经验成果。在这一背景下，妇联组织的兴起并不是偶然的，而是妇联组织自身发展的客观需要，也是新时代国家社会发展的必然结果。探寻新时代妇联组织的职能定位、现状、影响因素及改革路径，既是一个理论问题，也是一个实践问题。

（一）新时代妇联组织职能的发挥存在现实问题

2018年11月，习近平总书记在同全国妇联新一届领导班子成员集体谈话中强调："坚持政治性是妇联组织的灵魂，增强先进性是妇联组织的着力点，保持群众性是妇联组织的根本。"[①] 70余年的探索与实践，妇联组织一直在构建与完善组织的职能体系。尽管如此，面对新时代新格局新诉求，妇联组织职能的发挥仍然存在种种问题。

第一，西方部分研究对我国妇联组织职能属性的认知上存在否定政治性的错误判断。妇联组织产生的背景条件和运行逻辑完全不同于西方非政府妇女组织，它是在中国共产党的领导下的群团组织，具有十分鲜明的中国特色。部分西方研究者将中国妇联组织的角色纯粹定性为社会组织，而忽视了我国妇联组织人民团体和准政府组织的角色属性。在"国家—社会"二元论的理论下强化了妇联组织国家、社会的二元对立职能，从而错误地认为妇联组织只有通过脱离国家，成为独立的社会组织，才能发展壮大，实现组织价值，从而否定中国共

[①] 《坚持中国特色社会主义妇女发展道路 组织动员妇女走在时代前列建功立业》，《人民日报》2018年11月3日第1版。

产党的领导，忽视我国"国家—妇联组织"互嵌发展的历史事实。如郑智贤（Jihyeon Jeong）通过追溯我国妇联组织自20世纪20年代成立到1995年期间，中国共产党与妇女权利运动联盟的发展历程，提出了"国家女性主义"的假设。认为"中国共产党的目标是保持权力，中国妇联和中国妇女权利运动的需要和现实之间存在着内在的冲突。国家主义政策制定和实施的过程中，政府和社会角色相冲突，而非相统一。"① 齐罗尼（Tsimonis）和康斯坦丁诺斯（Konstantinos）强调妇联组织二重属性时也认为："这也是中国妇联取得成功和其内部体制存在矛盾及重要局限性的原因所在。"②

第二，部分研究分析了我国妇联组织职能运行上存在脱离群众性的危险。一是妇联组织科层机构内卷化严重。"机关化、行政化、贵族化、娱乐化"弊病显现，工作和活动方式单一，进取意识和创新精神不强，"代表谁、联系谁、服务谁"能力弱化。二是组织结构"倒金字塔"明显。基层妇联组织名存实亡，"三无"办公，即无专职人员，无办公场所，无办公经费。吴梅影指出："在联系和服务妇女群众的最前线，却是人手和经费最少最薄弱的地方。倒金字塔的人员与资源配置方式，极大地制约了妇联组织群众性的发挥。"③ 三是妇联组织存在信任危机。组织公信力是组织在实践中作出恰当承诺并兑现的能力。一个有公信力的组织才能获得群众因信任而产生的认可、拥护和支持。妇联组织面临社会性别意识尚未培育、妇女权益保障不力、男女平等基本国策贯彻不足、桥梁纽带缺位失位、工作形式主义较为严重、群众认可度不断下降等信任危机。因此，妇联组织的发展面临前所未有的复杂局面，组织改革势在必行。

---

① Jeong, J., "The State, the All-China Women's Federation, and the Women's Rights Movement: The Fragmentation of State Feminism in the PRC, 1920-1995", *The Journal of International Relations*, 2015（1）: 347.

② Tsimonis, K., "'Purpose' and the Adaptation of Authoritarian Institutions: The Case of China's State Feminist Organization", *Journal of Chinese Political Science*, 2016, 21（1）: 57.

③ 吴梅影：《多角度增强妇联组织群众性》，《中国妇女报》2016年2月15日第A3版。

第三，部分研究阐述了我国妇联组织职能体制上存在失去先进性的可能。一是妇联组织横向竞争合作挑战加大。妇联组织对其他民间妇女组织聚合力不强，枢纽型危机依然明显。如张钟汝、程福财认为"妇联组织横向维度覆盖不全"[1]。陆春萍提出："新型的妇女社会组织在服务妇女需求方面呈现多元化、多样化和灵活性的特点，更创造了妇女易于接受（参与式）形式，注重帮助和解决边缘妇女群体的问题，在赋权于妇女的活动中又增强了组织自身的生命力。同时这些组织也给妇联带来了不小的挑战，在共同服务妇女群体中存在竞争和合作的关系。"[2] 二是妇联组织体制机制有待完善。妇联组织常常陷于妇联在场却"无赋权参与"、协商权失效和监督权失责等困境。如陆鸣指出"法律并没有赋予妇联以政府职能（如行政执法权、行政司法权、政策供给权等），而仅仅是赋予'合作权'，并且因无实施程序和问责机制，'合作'的主动权并不在妇联，而在于主体不明的各部门手中"[3]。田淑兰提出妇联监督"比起其他监督手段是比较'软'的，有时不能引起领导的足够重视，关键是缺乏制度保证"[4]。可见，妇联组织职能制度保障仍需破冰前行。

（二）新时代妇联组织职能发展需要理论创新

问题的存在催生理论的产生，"行是知之始，知是行之成。"没有理论创新作为指导，妇联组织行动就会陷入盲目，甚至偏离方向。因此，妇联组织职能理论创新是解决职能时代之问题和组织发展的需要。如何明确界定妇联组织在新时代的职能定位，深入解读职能内涵，审时度势以适应新时代的需求，需要理论提供依据，以明确新时代妇联组织职能"是什么"的问题。如何研判妇联组织职能的实践困境，需要理论客观分析，搞清楚群团组织改革背景下妇联组织职能

---

[1] 张钟汝、程福财：《民间妇女组织的兴起与妇联组织的回应》，《中华女子学院学报》2002年第5期。
[2] 陆春萍：《妇联组织横向合作网络的建构》，《甘肃社会科学》2014年第3期。
[3] 陆鸣：《社会转型期妇联组织体制改革的思考》，硕士学位论文，厦门大学，2006年。
[4] 田淑兰：《对妇联组织民主参与民主监督作用的思考》，《中国妇运》1998年第1期。

现状"怎么样"的问题。如何探究影响妇联组织职能发挥的影响因素，从而深入理解妇联组织职能的表现形态，剖析妇联组织职能"所以然"的问题。如何探寻妇联组织职能的创新路径与对策，需要理论予以现实回应，解决现实中理论"用得上"的问题。然而，当前关于新时代妇联组织职能的定位及内容缺乏整体归纳，妇联组织职能现状缺乏整体梳理，妇联组织职能的改革路径还有待探索总结。因此，有必要在坚持马克思主义妇女观中国化的基本立场、观点和方法的基础上，以习近平关于妇女工作的重要论述为指导，通过研习已有成果及总结时代需求，不断加强妇联组织职能的科学理论研究，以求更加清晰地总结出妇联组织职能改革的原则和方法。

二 研究的意义

习近平同志在同全国妇联新一届领导班子成员集体谈话上强调："做好党的妇女工作，关系到团结凝聚占我国人口半数的广大妇女，关系到为党和人民事业发展提供强大力量，关系到巩固党执政的阶级基础和群众基础"。[①] 本研究以妇联组织职能为中心，立足于新时代的背景进行"转换—对接"，从理论和实践意义上揭示妇联组织职能改革的必要性，对深化妇联组织的职能研究，具有一定的理论和实践意义。

（一）理论意义

第一，有助于进一步深化对妇联组织职能的再认识。当前对于妇联组织职能的研究大多数集中于"妇女维权职能研究""双重职能（政治职能和社会职能）关系研究"和"组织职能转型研究"等几个方面，对于妇联组织职能的整体性分析研究较少。维权虽然是妇联组织的基本职能之一，但是并不能代表妇联组织职能的全部样貌；双重职能关系对国家和组织间的张力具有一定的解释力，然而这种西方范

[①] 中共中央党校经济学教研部编：《"十三五"规划〈建议〉八讲》（图解版），人民出版社2015年版，第165页。

式，不完全适用于中国妇联组织职能解释，需要走出双重职能"二元对立"预设的陷阱，客观呈现职能融合互嵌，而这更需要中国化的理论表达。因此，本研究以"引领、服务和联系"三重职能对妇联组织职能进行系统、深入的探究，在整体层面构建起妇联组织职能的理论框架。

第二，可以丰富新时代妇联组织职能的理论。本书突出妇联组织职能的历史方位——新时代，聚焦于这一发展阶段中妇联组织职能的三重核心表现形态：引领、服务和联系。以角色行为分析理论为指导，指出妇联组织的人民团体、群团组织和非政府组织三种角色，分别对应三重职能的生成，并就这三重职能在新时代所展现的具体内容、特征、意义予以说明。着眼于为中华民族的伟大复兴凝聚巾帼力量，着眼于中国妇女新时代的全面发展，着眼于巩固党和政府的桥梁纽带，以推动该研究理论的进一步深化。

（二）实践意义

第一，揭示新时代妇联组织职能存在的问题。妇联组织职能是推动组织运行的核心体系，它绝不是简单地运用行政命令，就能得以实现的妇联组织体内循环系统，而是涉及各级党委、政府、人大、政协、妇女群众、女性社会组织等多种主体的互动。本研究观照组织现实，深描妇联组织职能取得的成果与存在的问题，并进一步揭示出组织职能实现的影响因素，为解决新时代妇联组织职能存在的现实问题提供科学的依据。

第二，有助于改善妇联组织职能的实现水平。新时代妇联组织职能研究应当落实于组织改革的实践中，本研究强调中国本土化对接，将以习近平关于妇女工作的重要论述为指导，构建与新时代相适应、层次分明、实际有效的引领、服务和联系职能生成路径。从微观层面分析如何构建组织职能枢纽中心，整合组织社会网络力量，搭建组织阵地平台，从而推进国家治理体系和治理能力现代化，不断丰富新时代马克思主义妇女观的中国化成果。

第二节 国内外研究现状与述评

一 国内相关研究

(一) 妇联组织职能研究的概况

妇联组织职能是妇联组织所具有的特定职责和功能,以及组织应具有的职权。

第一,从理论研究方面来看。现有的研究中出现了部分关于妇女理论和历史研究的专著。如1978年,全国妇女联合会的《马克思、恩格斯、列宁、斯大林论妇女》,2003年崔凤垣、张琪的《妇女社会地位评价指标体系研究》,2007年谭琳、姜秀花的《中国妇女组织发展的理论与实践》,2012年乌尼日的《中国化马克思主义妇女理论与实践研究》,2008年顾秀莲的《20世纪中国妇女运动史》(上卷),2008年刘伯红、杜洁的《国际妇女运动和妇女组织》,2014年潘萍的《马克思主义妇女解放理论研究》以及张念的《性别政治与国家:论中国妇女解放》,2015年何华征的《现代化语境下的两性和谐问题——马克思主义妇女观和西方女性主义比较研究》,2017年石红梅的《马克思主义妇女观和中国特色社会女权主义实践》以及全国妇联妇女研究所的《当代中国妇女运动简史(1949—2000)》。此外,值得一提的是,从1991年起,全国妇联妇女研究所每五年编著一册《中国妇女研究年鉴》,将优秀妇女研究文献集中成册,截止到2019年共有5册,汇集了国内关于妇女研究的主要文献和专著简介。

第二,从实证研究方面来看。部分学者将传统的质性和定性研究进行了有效的结合,为本研究了解妇联组织的具体运行提供了思路。如2013年唐雄山等的《社会工作理论与方法本土化:妇联参与社会治理及典型案例点评》、2014年张翠娥的《性别之网:社会转型中的农村妇女组织》、2016年黄粹的《当代中国妇女组织发展的制度创新研究》对比研究了北欧五国妇女组织与我国妇联组织和我国民间妇女组织发展制度。此外,还有部分介绍典型工作经验的专著,如

2008年顾秀莲的《亲历妇联这十年》，2017年重庆市妇女联合会的《追梦人妇联人——重庆市基层妇联组织改革纪实》等。

第三，从数据统计研究方面来看。近年来也取得了长足的进展，如2011年全国妇联儿童工作部的《全国家庭教育调查报告》，2013年全国妇联权益部的《维护农村妇女土地权益报告》，全国妇女研究所的《中国性别平等与妇女发展报告》系列丛书，国家统计局社会科技和文化统计司每年都会出版《中国妇女儿童状况统计资料》，以及2019年国务院新闻办发布的《平等　发展　共享：新中国70年妇女事业的发展与进步》白皮书，为妇联组织职能研究提供了翔实的数据支撑。

第四，从第三部门视角研究方面来看。部分学者以国家和组织关系为视角出版的学术专著，为研究妇联组织职能及女性社会组织提供了借鉴。如2001年吴锦良的《政府改革与第三部门发展》，2001年王名、刘国翰、何建宇的《中国社团改革——从政府选择到社会选择》，2007年邓国胜的《民间组织评估体系——理论、方法与指标体系》，2010年若弘的《非政府组织在中国》，2011年康晓光的《依附式发展的第三部门》，2011年闫东的《中国共产党与民间组织关系研究》，2012年揭爱花的《国家、组织与妇女——中国妇女解放实践的运作机制研究》，2012年杜倩萍的《草根非政府组织的扶助——弱势群体功能探究》，2014年褚松燕的《在国家和社会之间——中国政治社会团体功能研究》，2014年章一琪的《中国草根组织的功能与价值：以草根组织促发展》等。

第五，从组织职能的研究成果来看。专门研究妇联组织职能的专著和博士学位论文尚且没有，但有研究其他组织职能的成果，可以加以借鉴。如1990年方丹、林云高的《工会地位与职能研究》，2002年金太军、赵晖、高红、张方华的《政府职能梳理与重构》，2008年曹闻民的《政府职能论》，2008年杜创国的《政府职能转变论纲》，2009年吴爱明、沈荣华、王立平等的《服务型政府职能体系》，2013年张华的《中国共产主义青年团职能研究》，2017年朱国伟的《中央政府职能研究——核心职能探求与公共理性视野》等。这些论著有利于本研究了解"职能"概念内涵、定位演进，便于从更加科学全面的视角透析新时代妇联组织职能。

第六，从现有的博士论文研究成果来看。现有4篇博士学位论文论述了妇联组织的演进历程、角色定位和双重合法性困境。分别是2009年陈琼的《型塑与变革：现代国家建构进程中的妇联组织研究》，提出在以科学发展、和谐社会为导向的新改革思路下，国家既是目的，更是工具，妇女把国家视为实现自身目标的工具，同时也达成国家目标，社会力量的凸显要求妇女组织起来，成为国家的"服务者"和"被服务者"。[①] 2009年赵明的《定位与功能：转型期中国妇联组织角色研究》，试图回答在社会转型的背景下，妇联组织应当适应国家和社会关系的变化进行组织变革，通过角色的调整促进其代表和维护妇女权益，促进男女平等基本职能的实现，推动妇女人权的发展和进步。[②] 2009年陆阳的《双重合法性困境中的社团组织适应机制研究——以妇女联合会组织为例》，从妇联组织"变迁的来源、变迁的动力机制、变迁过程、变迁结果"的分析框架和模型，以"双重合法性困境"为核心概念对妇女联合会组织的变迁过程进行了探索。[③] 2019年李乾坤的《妇联参与社会治理的历史进程及经验研究》以史实为据，系统梳理妇联参与社会治理的历史进程，全面总结妇联参与社会治理的历史经验。[④]

综上，现有的研究成果为本研究提供了宝贵的参考。为了更加直观地了解妇联组织职能的研究概况，本书还对中国知网中的相关文献

---

① 陈琼：《型塑与变革：现代国家建构进程中的妇联组织研究》，博士学位论文，华中师范大学，2009年。
② 赵明：《定位与功能：转型期中国妇联组织角色研究》，博士学位论文，武汉大学，2009年。
③ 陆阳：《双重合法性困境中的社团组织适应机制研究——以妇女联合会组织为例》，博士学位论文，上海大学，2009年。
④ 李乾坤：《妇联参与社会治理的历史进程及经验研究》，博士学位论文，东北师范大学，2019年。

进行了分析与总结。通过定量分析的方法对妇联组织职能相关文献的时间分布、资源类型分布以及主题分布进行了统计与分析。

第一，文献的时间分布。在中国知网中，以"妇联职能"为篇名对中国期刊全文数据库、硕博士学位论文全文数据库及相关期刊进行文献搜索，截止到2022年2月，共检索获得文献79篇。以"妇联组织"为篇名搜索，共检索获得文献1039篇。现就以上资料进行文献分析。从数量上看，研究可分成三个阶段（图0-1）：第一阶段为1987—2000年，研究数量每年都在个位数徘徊。第二个阶段为2001—2011年，研究成果持续攀升，2010年达到峰值121篇。这一阶段的研究高峰期主要是基于2000年进行了群团组织改革，重新解构和建构妇联组织职能，妇联组织作用越发凸显。第三阶段为2012—2022年。尤其是2015年前后群团组织改革期间，2017年再次引起了研究的小高潮。

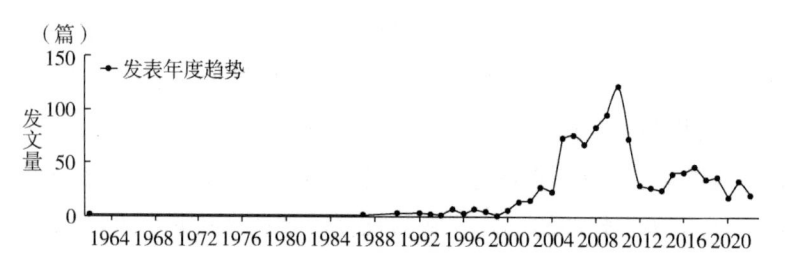

图0-1 妇联组织文献研究趋势

第二，文献资源类型的分布。当前关于妇联组织职能的学术成果主要集中在期刊领域，这一类型的文献占检索文献数量的42%；发文资源中，报纸数量占检索文献数量的45.3%；学位论文及国内、国际会议的发文数量在检索的文献中所占比例为9.4%。显示出国内对妇联组织的关注度还较为欠缺。尤其值得关注的是，在已有的相关文献中，以"妇联组织职能"为篇名的博士论文尚无，这也折射出当前学者们对妇联组织职能较为系统的研究相对缺乏。

第三，文献的主题分布。通过对"妇联职能"为主题的130篇文献检索，聚焦排名前20的关键词展开分析，可以透视出近年来的视角和内容（如图0-2所示）。当前学者们对妇联组织职能的研究主题包括社会治理、职能定位、妇女权益以及基层妇联组织、职能作用等内容；研究层级既有全国妇联也有基层妇联，职能发挥除了妇女维权外，社会治理、乡村治理方面的研究也开始崭露头角。

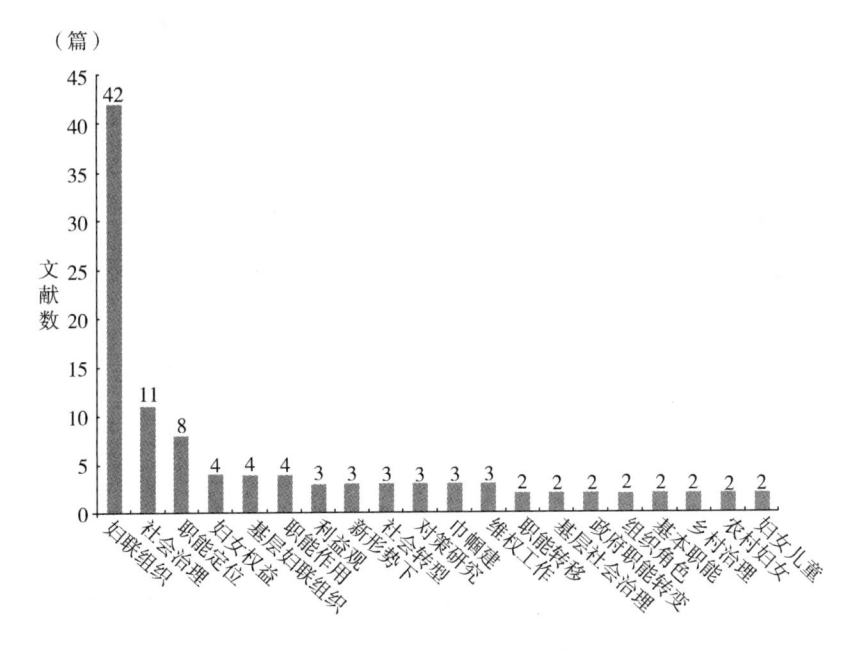

图0-2 妇联职能主题分布

（二）妇联组织职能研究的成果

妇联组织职能是一个含义丰富、内容复杂的概念，综观近年来的研究成果，可以发现该领域研究的主要问题聚集于妇联组织职能的概念内涵、职能定位、具体类型、历史演进、现状问题、制约因素及改革路径等。

第一，妇联组织职能的概念内涵研究。何谓"妇联组织职能"？国内学者从不同学科角度的表述不尽相同，这在一定程度上影响了讨论的准确性和全面性。现有研究中，部分学者将妇联组织的"职能"

等同于"功能",准确性把握不足;部分学者脱离中国国情研究组织职能,规律性把握不够;部分学者侧重研究基本职能,整体性把握不全。这些偏差都使得对这一概念的理解出现泛化或窄化。出现这种情况的原因主要是对于妇联组织的系统研究起步较晚,理论完善程度还有待提高。深入细致地厘清组织职能的内涵,需要反思相关概念群的内涵差异。目前常常出现"妇联组织职能""妇联组织功能""妇联组织职责""妇联组织职权"这四组概念并行混用的现象。现有关于妇联组织职能的概念界定,主要是从妇联组织政治和社会双重职能上展开的。现有研究大部分认为妇联组织具有双重职能。如王文提出妇联组织职能具有双重属性:"一是组织性质的社会属性,即由单一性别群体——妇女组成的群众性组织,全体妇女都是妇联组织的工作对象;二是由中国革命赋予的政治属性,即在党的领导下,作为党联系妇女群众的桥梁纽带,负有贯彻党的路线、方针、政策之职能。"①且部分研究认为双重职能存在现实张力。如金一虹指出:"如何处理这两重角色之间的张力,就一直是一个微妙的问题。"②

第二,妇联组织的职能定位研究。现有研究大部分认为妇联组织职能定位经历了历史的变迁。有两种表述方式:一是从政治职能转向社会职能。"妇联从1949年成立到1978年间,在角色定位上是泛行政化的,主要的工作职能是围绕着当时党的中心工作展开的。"③"妇联第三届(1957年)、第四届(1978年)的章程中,在角色定位上,都只是完成当时的政治任务,连第一、二届章程中提到的维护妇女权益、实现男女平等的口号都没有了。"④ 因此,在新中国成立前三十年,妇联职能定位还是以完成当时迫切需要完成的政治任务为主。因

---

① 王文:《妇联组织的发展变迁与职能定位》(上),《中国妇运》2010年第1期。
② 金一虹:《妇联组织:挑战与未来》,《妇女研究论丛》2000年第2期。
③ 付春:《性质转型、功能演化与价值变迁——建国以来我国妇联组织的转型分析》,《兰州学刊》2004年第4期。
④ 张洪林:《论妇联维护妇女权益社会职能的历史变迁与现实理路》,《求索》2012年第4期。

为，在计划经济时期，"党实行高度集中的一元化领导体制，党的政策直接调控国家事务和社会事务，妇联组织作为执政党的重要社会支持体系，其职能定位主要体现在发动妇女参加政治运动和经济建设，为国家建设服务。这种妇联体制适应计划经济和'控制型'社会的基本特点，其核心制度在较长一段时期内处于制度均衡状态（Institutional Equilibrium），基本能够满足妇女解放和国家政权稳定的双重要求"[1]。然而当社会主义市场经济、全球化、信息化等因素推动中国现代化转型发展以来，妇女需要更加明确的代言者，国家需要更有力量的桥梁和纽带。改革开放以后中国政治、经济、社会领域发生了重大而剧烈的变化，作为人民团体的妇联组织自觉不自觉地在制度演变上出现转型，对制度本身进行局部性变革。[2] 妇联组织在双重角色互动的过程中呈现从政治职能向社会职能转型的趋势。二是从"妇女解放"转向"妇女维权"。社会主义过渡时期（1949—1978）妇联组织职能以"妇女解放"为中心。由于民族解放的时代背景，也承袭了明显的反帝反封建的色彩，以"妇女解放"为目标，突破封建礼教的束缚，推动妇女取得了前所未有的解放。妇联成为鲜明的具有中国特色和世界影响的妇女解放运动的引领者。自改革开放和社会主义现代化建设时期（1978—2017）妇联组织职能转向"妇女维权"。1978年，社会主要矛盾是"人民日益增长的物质文化需求同落后的生产之间的矛盾"。经过了社会主义初期的妇女解放运动，改革开放后市场经济激活了妇女群众的主体意识。1988年第六次妇代会的章程中直接提出了妇联的基本职能是"代表和维护妇女利益，促进男女平等"。这一基本职能的强化，对妇联组织职能产生了深远影响。

第三，妇联组织职能的具体类型研究。在现实中，为了全面把握妇联组织概念，有必要梳理妇联组织职能的类型，学界的分类也为我

---

[1] 王文：《妇联组织的发展变迁与职能定位》（下），《中国妇运》2010年第2期。
[2] 马焱：《妇联组织履行基本职能的优势与制约因素研究》，《中华女子学院学报》2009年第6期。

们研究新时代妇联组织职能类型提供了借鉴。这也有利于科学构建组织职能体系。一是从职能作用的领域来看，可以划分为经济、政治、文化、社会四种职能。从妇联组织职能作用的行为领域来看，包括了对社会公共事务进行管理的全部活动。经济职能是指妇联组织保障妇女平等享有经济社会发展成果的职能；政治职能主要是妇联组织推动妇女参与国家与社会民主决策、民主管理和民主监督的职能；社会职能是指服务和发展妇女的职能；文化职能是指建立先进的社会性别文化，推进马克思主义妇女观主流化。任何强调某一职能而否定其他职能的做法都是不可持续的。职能实践只存在主次缓急，并不意味着顾此失彼。二是从职能是否涉外来看，可以划分为对内职能和对外职能。对内职能是指妇联组织代表妇女参与管理国家事务、管理经济和社会文化事务的职能。对外职能是指妇联组织积极发展同世界各国妇女和妇女组织的友好交往，加深了解、增进友谊、促进合作的职能。三是从职能的时代性需要来看。现有研究没有达成统一，主要原因是分类的标准不一。如龙静琴[1]将妇联组织职能具化为六种类型：参与职能、教育职能、代表职能、服务职能、联谊职能、维权职能。[2] 周波将妇联组织职能具化为三种类型：基本职能、政治职能和服务职能。[3] 褚松燕在2014年出版的《在国家和社会之间——中国政治社会团体功能研究》一书中将妇联组织职能具化为四种类型：行政性功能、代表性功能、服务性功能和倡导性功能。[4] 丁芳将妇联组织职

---

[1] 龙静琴：《在社会主义市场经济机制中强化妇联职能》，《中华女子学院学报》1997年第1期。

[2] 参与职能是指代表和组织妇女群众参与国家事务、经济事务和社会管理事务。教育职能是指全面提高妇女整体素质，培养亿万妇女成为"四有""四自"精神的跨世纪妇女人才。代表职能是指代表妇女根本利益和具体利益。服务职能是指服务妇女、服务基层、为妇女儿童服务。联谊职能是指巩固和扩大各族各界妇女的大团结，加强同港澳台地区及华侨妇女的联谊，促进祖国统一大业。维权职能是依靠宪法和法律赋予的权利维护和保护妇女的正当权益。

[3] 周波：《社会转型中妇联组织功能研究》，硕士学位论文，上海交通大学，2008年。

[4] 褚松燕：《在国家和社会之间——中国政治社会团体功能研究》，国家行政学院出版社2014年版，第159页。

能具化为五种职能：代表职能、参与职能、教育职能、服务职能、联谊职能。[1] 刘静将妇联组织职能具化为四种类型：执政党的社会支柱、参与社会管理和提供公共服务、代表和维护妇女权益、联系妇女组织和其他社会团体。[2] 隋琳将职能具化为四种类型：服务妇女就业创业职能、维护妇女儿童合法权益职能、促进妇女儿童民生职能、家庭文明建设职能，可以概括为创业、民生、维权、家庭建设。[3] 此外，曲雯和陈慧平[4]、弭媛[5]、李乾坤[6]、杨娟[7]、唐珏瑾[8]、陈丹妮[9]等则强调了妇联组织承担了政府转移的公共职能。如推进性别平等职能、社会治理职能、参与社会公共服务等。而周茂龙[10]、邢江霞[11]、莫文秀[12]、蒋梅[13]、王敏[14]等均突出强调了妇联组织维权职能的重要性。新时代下，需要结合时代主题科学归纳妇联组织具体职能类型及其具体内容，使之更具系统性、整体性。

---

[1] 丁芳：《新时期妇联组织创新发展的路径选择——以妇联职能变迁为例》，硕士学位论文，山东大学，2012年。

[2] 刘静：《西安市妇联参与社会治理的职能定位研究》，硕士学位论文，西北大学，2015年。

[3] 隋琳：《新时代妇联组织职能转变研究》，硕士学位论文，延边大学，2018年。

[4] 曲雯、陈慧平：《妇联在承担政府推进性别平等职能中的作用研究》，《妇女研究论丛》2006年第12期。

[5] 弭媛：《积极推进妇联承担公共职能转移的思考》，《才智》2019年第6期。

[6] 李乾坤：《妇联参与社会治理的历史进程及经验研究》，博士学位论文，东北师范大学，2019年。

[7] 杨娟：《内蒙古阿拉善盟妇联参与社会治理问题研究》，硕士学位论文，内蒙古大学，2019年。

[8] 唐珏瑾：《妇联组织参与社会治理问题研究》，硕士学位论文，东华大学，2017年。

[9] 陈丹妮：《晋江市妇联组织参与社会公共服务研究》，硕士学位论文，华侨大学，2015年。

[10] 周茂龙：《关于妇联维权职能的思考》，《中国妇运》1996年第4期。

[11] 邢江霞：《强化服务职能　提高新时期妇维权能力》，《中国妇运》2005年第12期。

[12] 莫文秀：《坚持履行妇联基本职能　维护妇女儿童合法权益》，《中国妇运》2008年第4期。

[13] 蒋梅：《科学发展观视野下妇女权益保障体系构建研究》，博士学位论文，湖南师范大学，2009年。

[14] 王敏：《我国妇联组织维护妇女权益的职能强化研究》，硕士学位论文，电子科技大学，2012年。

第四，妇联组织职能的现状问题研究。现有研究关于妇联组织职能存在的问题可以归纳为以下几个方面。一是对基本职能认知度偏低。"妇联干部对组织基本职能的认知程度，是影响组织功能发挥的首要因素。"[1] "有些地方甚至把抓中心工作等同于抓妇女工作，认为经济和社会发展了，妇女自然也发展了，因此对发展过程中发生的侵害妇女权益的事情采取比较放任与克制的态度。"[2] 二是缺乏对妇女的主体性认识。如沈辉提出："我国的妇女运动形成了'客体化'的工作特点，即在各项决策中有意无意地过分强调了妇女的弱势，将妇女群体作为社会发展的单纯受益者，将妇女发展当作是社会进步的某种成果，而不是动因；或者承认了妇女在革命和建设中的作用，但却忽视了妇女在自身解放与发展中的自觉意识和自主能力，忽视了妇女解放与发展运动本身是一个自然的历史进程，既需要社会的能动干预，更需要妇女群体自身的自我觉醒。所以，妇女总是需要被'教育、团结、带领'的一个落后对象。"[3] 三是职能的体制机制有待完善。如王薇指出妇联组织以党政机构自居，与其他妇女组织关系松散，资源依赖性强、工作目标不专一、组织模式单一、运作方式老化。[4] 薛志萍还提出妇联组织项目化过程中组织工作人员专业化不足。[5] 杨倩之则认为妇联组织存在着内在的结构性矛盾，内部层级控制机制呈现弱化趋势。[6] 阮倩则指出乡镇妇联组织职能定位不清晰、妇联激励机制不健全、妇联社会公信度不强、妇联专业化程度不高。[7] 黎浩标则强调妇联组织发挥枢纽型组织作用存在差距，表现为

---

[1] 马焱：《妇联组织履行基本职能的优势与制约因素研究》，《中华女子学院学报》2009年第6期。

[2] 谭琳、丁娟：《中国特色社会主义妇女理论探索》，中国妇女出版社2004年版，第362页。

[3] 沈辉：《浅议社会转型期的妇联组织职能》，《妇女学苑》1997年第2期。

[4] 王薇：《转型期妇联职能转变问题研究》，硕士学位论文，北京交通大学，2009年。

[5] 薛志萍：《妇联工作项目化研究》，硕士学位论文，华东理工大学，2011年。

[6] 杨倩之：《社会转型背景下的妇联组织定位研究》，硕士学位论文，中南大学，2006年。

[7] 阮倩：《乡镇妇联职能优化对策研究》，硕士学位论文，西北师范大学，2017年。

资源整合能力有限、代表性不足、排他性不强①等。

第五，妇联组织职能的影响因素研究。一是角色属性。张洪林就指出："现实中妇联在人、财、物和开展各项工作中对党和政府的依赖，都使得妇联在现阶段的角色不可能是单一地维护妇女的权益，维护妇女的权益只能是妇联角色的一个部分，有时甚至只能是很小的一个部分。这样就使得在中国目前广大的妇女群众的权益受到侵害时，难以找到代表自己利益的组织来有效维护。妇联也因有大量的党和政府交办的事务缠身而不能将维护妇女权益放在重要的位置，以致妇联最基本的角色反而无法很好地扮演。这种角色的模糊性带来了行使权利的困境。"② 二是社会结构转型。周波认为经济体制转型、女性群体分化和女性社团兴起是影响妇联组织功能的因素。③ 三是国家现代化。陈琼通过分析中国现代国家建构理路及其对各种社会力量的推动过程，促成了中国妇联组织生成、流变、融合与发展。④ 四是国际力量。王文指出1995年中国成功地筹办了第四次世界妇女大会，并特别举办了妇女非政府组织论坛。这次大会对于妇联组织而言，具有极其重要的意义。正是因为这次会议的召开，NGO这个词汇才被引入中国，促使人们思考中国群众团体、民间组织的身份认同问题。⑤

第六，妇联组织职能的对策路径研究。现有研究主要集中在三种路径表达，一是增权式改革模式。肖扬建议妇联组织要强化妇联科层关系由"指导"向"领导"转变。建议在妇联章程的组织制度中明确地方各级妇联组织接受上级妇联组织的业务领导，下级妇联组织执行上级妇联组织的决定，接受上级妇联组织的检查评估。他提出从长远

---

① 黎浩标：《云浮市妇联转向枢纽型社会组织的差距及对策研究》，硕士学位论文，华南理工大学，2015年。
② 张洪林：《论妇联维护妇女权益社会职能的历史变迁与现实理路》，《求索》2012年第1期。
③ 周波：《社会转型中妇联组织功能研究》，硕士学位论文，上海交通大学，2008年。
④ 陈琼：《型塑与变革：现代国家建构进程中的妇联组织研究》，博士学位论文，华中师范大学，2009年。
⑤ 王文：《妇联组织的发展变迁与职能定位》（下），《中国妇运》2010年第2期。

发展的角度妇联还应考虑吸收个人会员，实行个人会员、团体会员与地方组织相结合的组织制度。因为，妇联组织没有个人会员就会与妇女个人之间缺乏直接的权利与义务关系，妇女很难主动直接地参与。妇联应采取真正的会员制，使其代表性由虚变实。[1] 刘群英强调要注重融合团体会员，扩大妇联组织参与社会管理的工作覆盖。注重凝聚女性社会组织，延伸妇联组织参与社会管理的工作触角。[2] 宓瑞新则认为要加强在非公经济组织中建立妇联组织。[3] 陆春萍强调了横向网络建设的重要性，认为这是增强妇联社会资本的重要渠道。[4] 江苏省妇女权益部还强调完善制度体系，尝试性地提出了赋予妇联组织六种权利，分别是调查发言权、评议质询权、批评建议权、调查仲裁权、公诉申诉权和评价考核权。[5] 二是拆分式改革模式。如李丹、陆鸣[6]、陈琼、赵明[7]等将妇联组织一分为三，拆分为党的机构、行政性机构和民间组织机构。李丹认为要理顺妇联的政治职能、政府职能和社会职能，将大连市妇联拆分成三个不同层面的妇女工作机构、政府性别平等事务机构和民间妇女组织联盟，分别履行政党组织、政府组织和社会组织的职能，形成妇女工作整体机制。[8] 陈琼也提出"建立妇女问题的协同治理机制：在国家机制层面，通过党政职能的分开，妇联党组归位为党内妇女组织形态。通过政社分离，设置在妇联内部的妇儿工委，归位于正规的政府性别机构。在社会机制层面，通过社会自治，妇联团

---

[1] 肖扬：《对妇联组织变革动因及其途径的探讨》，《妇女研究论丛》2004年第4期。
[2] 刘群英：《延伸组织扩大覆盖 在参与社会管理创新中彰显妇联组织作为》，《中国妇运》2011年第8期。
[3] 宓瑞新：《关于非公经济组织建立妇联组织的思考》，《妇女研究论丛》2003年第6期。
[4] 陆春萍：《妇联组织横向合作网络的建构》，《甘肃社会科学》2014年第3期。
[5] 江苏省妇联权益部：《浅议妇联组织在维护妇女权益中法定权力》，《中国妇运》2004年第12期。
[6] 陆鸣：《社会转型期妇联组织体制改革的思考》，硕士学位论文，厦门大学，2006年。
[7] 赵明：《定位与功能：转型期中国妇联组织角色研究》，博士学位论文，武汉大学，2009年。
[8] 李丹：《大连市妇联组织变革研究》，硕士学位论文，大连理工大学，2008年。

体会员归位于社会团体,妇女个体自愿结成或重新加入各种组织,成为实质意义上的非政府组织。这样由党内妇女组织和政府性别部门构成妇女组织的政治性力量,由多样的非政府妇女组织构成妇女组织的社会性力量,形成相对稳定的力量结构。"① 妇联组织拆分改革模式建立在"国家—社会"理论存在张力的基础之上,使妇联组织拆分后,纯粹改革成为社会组织而不再具备"人民团体"角色属性。事实上,所谓妇联组织要完全摆脱国家力量,组织的自主性和独立性才能在这种脱嵌的过程中得以实现,这种路径显然过于简单。客观审视历史,我们不能否定国家对妇联组织的庇护和培育。我们在强调妇女具体利益维护的同时,也不能遮蔽国家和妇联组织之间的密切关系,即中国的妇联组织是在与国家的互动过程中逐渐发展的。正是因为借助于国家的力量,妇联组织才能用极短的时间达到了西方女性组织 200 多年达到的目标。国家才是妇联组织最强有力的保障,脱离国家力量寻求妇联组织发展是脱离现实的选择。三是大群团改革模式。隋琳提出:"以打破群团组织'各自为政'的格局,建立大群团工作模式,探索群团组织进行整体机构改革,凝聚力量整合工作职能,搭建工作平台,各级党委牵头合并联动,优化资源配置,鼓励群团干部跨部门、跨领域做好群众工作,将妇联等群团广泛联系群众的优势发挥到最大化。"②

二 国外相关研究

虽然直接研究妇联组织职能的国外研究不多,但是如果将妇联组织职能放入市民社会、社会组织或女权主义等范畴,仍然可以找寻到相关理论以作借鉴。

妇联组织职能的发展离不开社会的发展。关于市民社会的概念从霍布斯和洛克时代起就是一个变化的且有争论的概念。洛克和亚当·

---

① 陈琼:《型塑与变革:现代国家建构进程中的妇联组织研究》,博士学位论文,华中师范大学,2009 年。
② 隋琳:《新时代妇联组织职能转变研究》,硕士学位论文,延边大学,2018 年。

斯密的把国家看作"警察"或"守夜人"。随后德国哲学家黑格尔、马克思和恩格斯、葛兰西等众多理论学家都对其进行了发展与延伸，其中，马克思关于国家和社会关系的论述具有极强的阶级性和革命性。它科学定义了国家和社会的概念、关系及其运动规律及未来趋势。描摹了一幅国家产生、演进和消亡的全景图，而与之对应的是社会的进步、发展和取而代之的进程表。它第一次用历史唯物主义的观点全面、客观、辩证地提出了"社会决定国家"的历史观，指出国家的起源不是自然而然的伦理精神的产物，而是社会发展的必然产物。国家由社会产生又终将回归社会。此外，厄内斯特·盖尔纳（Ernest Gellner）也指出"没有公民社会，就没有民主制度"[1]。现代新自由主义的代表诺齐克（Robert Nozick）在论证国家的本质时提出"最弱意义上的国家（a minimal state）"。[2] 但是，随着越来越多有社会责任的非政府组织（NGO）出现，一支独立于政府、市场主体的社会力量开始走上历史舞台并越发得到国际各国重视，成为塑造现代国家的重要因素。此后，伴随着20世纪初自由主义理论的代表凯恩斯（John Maynard Keynes）的"福利国家"，导致了美国政府及其金融领域的监管缺失，加上20世纪80年代的里根政府和撒切尔政府推行自由主义理论，最终导致了全球经济危机。以"自由化""私有化""市场化"为基本特征的"社会至上"，其实质是个人主义和无政府主义的泛滥，人们发现过于强调社会至上同样也会导致严重的后果。英国鲍伯·杰索普（Bob Jessop）在总结"新自由主义"失败的经验基础上提出了"元治理"（Meta-governance）理论，强调社会参与和多元共治，即注重各主体的治理作用。这些研究对理解妇联组织所代表的社会力量的价值、地位以及在妇联组织如何理性定义与国家之间的关系，提供了理论营养。

---

[1] Ernest Gellner, *In Conditions of Liberty: Civil Society and Its Rivals*, London: Hamish Hamilton, 1994.
[2] ［美］罗伯特·诺齐克：《无政府、国家与乌托邦》，何怀宏等译，中国社会科学出版社1991年版，第1页。

绪　论

此外，三次国际妇女运动浪潮使性别问题成为社会焦点。如1929年英国作家弗吉尼亚·伍尔夫（Virginia Woolf）的《一间自己的屋子》[①]抨击无处不在的性别歧视现象，开启了争取女性的选举权、受教育权和就业权的第一次女性主义浪潮；1949年法国女哲学家西蒙娜·德·波伏娃（Simone de Beauvoir）的《第二性》将女权主义思想进一步深化。[②]1970年凯特·米利特（Kate Millett）的《性的政治》从政治角度分析两性关系，认为历史上两性关系一直是权力支配关系，被视为第二阶段西方女权主义的标志。[③]这一阶段的女性主义关注的是消除两性差别，追求男女平等。第三次女性主义浪潮发生在20世纪70—80年代，全球化背景下各类女性思想的激荡让各国更加重视女性话题。这一时期的女性诉求没有统一，呈现多元化，但是社会性别的主流化上却达成了一致。主要流派有自由女性主义、马克思主义女性主义、生态女性主义、激进女性主义、后现代女性主义等。这些理论流派的不同社会性别观点，丰富了妇联组织职能的价值追求视角的维度的同时，也让我们更加客观地厘定职能内涵。

为了更加全面地了解与妇联组织相关的国外文献概况，本书从中国知网中以"妇女组织"为篇名进行文献检索，检索日期截至2022年2月，共检索有效外文期刊250篇。此外，还通过全球索引型数据库Web of Science检索外文相关期刊40余篇。通过对文献发文数量总体趋势分析图（如图0-3所示）的分析，我们可以发现，最高发文量的一年是2008年，共13篇，总体研究呈上涨趋势。研究主题关注性别主义、性别平等、女性教育问题、贫困问题、就业问题以及妇女法律权益等，此外对于妇女非政府组织的研究也有不少（如图0-4所示）。但是，国外专门研究中国妇联组织的论文较少，现有研究中主要聚焦于我国妇联组织与党政的关系、中国民间妇女组织作用和全

---

① ［英］弗吉尼亚·伍尔夫：《一间自己的屋子》，王还译，上海人民出版社2008年版。
② ［法］西蒙娜·德·波伏娃：《第二性》，李强选译，西苑出版社2004年版。
③ ［美］凯特·米利特：《性的政治》，钟良明译，社会科学文献出版社1999年版。

球化对妇联组织的影响上。

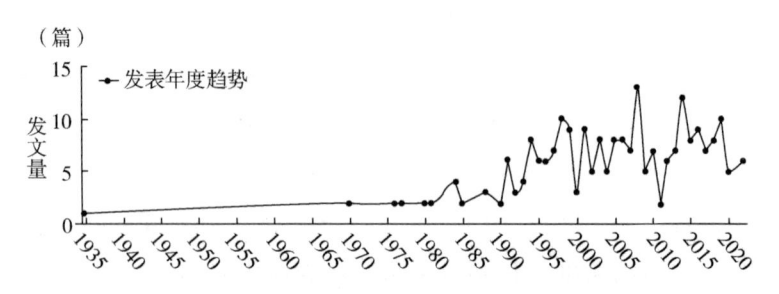

图 0-3 国外研究妇女组织文献发文数量趋势图

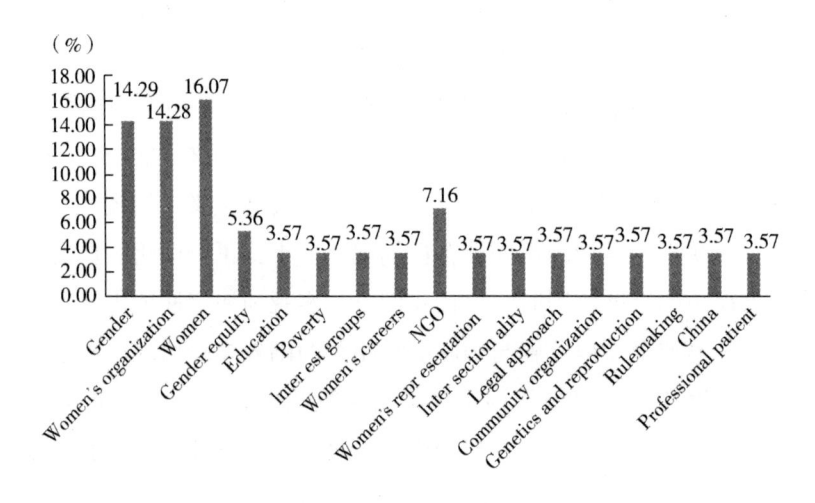

图 0-4 排在前 17 的国外文献研究关键词分布

经过对外文文献的梳理，可以将相关内容简要地概括为以下几个方面：

（一）有关妇女组织职能的相关研究

现有的外文文献中，国外的妇女组织职能基于不同类型主要表现在以下几个方面：一是减少妇女贫困。如吉尔·比斯特吉恩斯基（Jill M. Bystydzienski）发现经济转型时波兰女性比男性更易受到负面影响。加上政府越来越多地从儿童保育、医疗保健和教育等社会供应中撤出，导致妇女家庭贫困。部分妇女组织通过和市场主体谈判帮助妇女和低收入家庭适应新的市场情况,更好地满足她们的需要。①二是促进性别平等。塞拉利昂、高建中(Theresa Tenneh Dick 和 Jianzhong Gao)通过调查塞拉利昂 36 个乡镇社区的 36 名有影响力的女性,发现大多数妇女参加了地方性组织,这些地方组织运作完全依靠从当地社区筹集的资金。妇女性别平等意识的转变加强了妇女群体承担原本只属于男性的责任。分析还表明,农村妇女在各组织中担任管理和行政职务促进了农村、社区发展。性别平等虽然对传统观念产生了重大的冲击,却使发展中国家中更多的妇女受益,提高了人力资源的开发。②巴伊多和迪克森(Linda M. Bajdo 和 Marcus W. Dickson)关注了在组织中培育性别文化意识的重要性。③三是提高妇女政治参与。比特托曼(Bihter Tomen)在观察土耳其名为 KA 的妇女非政府组织时发现它主要承担四项工作:增加女性参政人数、女性参政比例问题、平等参政而非配额参与制度的落实和促进女性参政意识。④四是改善妇女健康。有的妇女非政府组织致力于防止不安全堕胎以改善妇女健康。⑤有的妇女组织持续倡导扩大对女性性和生育健康与权利的关注。⑥五是维护妇女权益。如妇女非政府组织 Casa 成立于 1986 年,是圣保罗桑托斯的主要妇女团体之一,专门致力为

---

① Jill, M., "Bystydzienski. Negotiating the New Market: Women, Families, Women's Organizations and the Economic Transition in Poland", *Journal of Family and Economic Issues*, 2005 (2): 26.

② Theresa Tenneh Dick, Jianzhong Gao, "The Potential of Women's Organization for Rural Development in Sierra Leone", *Evropejskij Issledovatel*, 2013 (2–3): 42.

③ Linda, M. Bajdo, Marcus W. Dickson, "Perceptions of Organizational Culture and Women's Advancement in Organizations: A Cross-Cultural Examination", *Sex Roles*, 2001 (5–6): 45.

④ Bihter Tomen, "Framing Feminism: The Case of KA. DER as a Women's Organization in Turkey", *Women's Studies International Forum*, 2016: 56.

⑤ Shahida Zaidi, Ezzeldin Osman Hassan, Stelian Hodorogea, Robert J. I. Leke, Luis Távara, Marina Padilla de Gil, "International Organizations and NGOs: An Example of International Collaboration to Improve Women's Health by Preventing Unsafe Abortion", *International Journal of Gynecology and Obstetrics*, 2010: 110.

⑥ Germain Adrienne, Liljestrand Jerker, "Women's Groups and Professional Organizations in Advocacy for Sexual and Reproductive Health and Rights", *International Journal of Gynecology & Obstetrics*, 2009 (2): 106.

遭受家庭虐待的妇女提供法律援助，防止家庭暴力。① 六是环境保护。瑞秋·斯托尔（Rachel A. Stohr）在《跨国女权主义、全球治理与组织与社会关系的再想象——以妇女环境与发展组织为例》一文中展现了跨国女权组织（妇女环境与发展组织 WEDO）在后现代时期重新配置"组织—社会"关系的重要作用。七是国际援助。如联合国妇女署承担大量国际妇女援助的职能等。

（二）有关妇女组织职能的问题研究

现有研究普遍认为妇女组织在促进男女性别平等上依旧任重而道远。妇女社会参与存在阶层分化，组织发展存在资金问题等。如埃伦·恩斯特·科塞克帕和特里斯·M.布扎内尔（Ellen Ernst Kossek 和 Patrice M. Buzzanell）指出尽管几十年来人们越来越重视性别平等，但在全球许多国家，如美国，性别平等的进程已经放缓或停滞。职业平等和领导力发展的重要性与日俱增。② 卡廷卡·韦因伯格（Katinka Weinberger）在研究民间组织促进经济增长和社会福利的实证分析中发现：民间组织决策存在"中产阶级效应"，也就是大多数穷人妇女被排除在外。③ 塞西莉图恩（Cecilie Thun）在研究挪威妇女组织时指出由于国家资金水平低和对妇女组织专业化程度要求的提高，大多数妇女活动家对国家资助感到困惑。④ 此外，还有部分研究指出我国妇联组织存在男女平等推动不力、组织双重角色矛盾、性别教育有待加强等问题。如李方舟（Fang Lee Cooke）在研究中国政府组织中的女

---

① Dawn Duke, "Alzira Rufino's a Casa de Cultura de Mulher Negra as a Form of Female Empowerment: a Look at the Dynamics of a Black Women's Organization in Brazil Today", *Women's Studies International Forum*, 2003 (4): 26.

② Ellen Ernst Kossek, Patrice M., Buzzanell, "Women's Career Equality and Leadership in Organizations: Creating an Evidence-based Positive Change", *Human Resource Management*, 2018 (4): 57.

③ Katinka Weinberger, "Women's Participation in Local Organizations: Conditions and Constraints", *World Development*, 2001 (8): 29.

④ Cecilie Thun, "Women-friendly Funding? Conditions for Women's Organizations to Engage in Critical Advocacy in Norway", *NORA-Nordic Journal of Feminist and Gender Research*, 2014 (2): 22.

性职业生涯时指出："在政府就业领域中只有五分之一的雇员是女性，男女就业机会存在差异。"①伊丽莎白·克罗尔（Elisabeth. Croll）通过考察新中国成立到20世纪70年代中国妇女家庭和社会地位的变迁，提出中国妇女解放主要依靠的是政治手段，是依靠计划经济下的政府行为实现的，是在一次又一次的社会主义运动中完成的。②

（三）有关妇女组织职能影响因素的研究

现有的国外研究认为国家政策、文化传统、全球化、信息化以及组织干部队伍等是妇女组织的主要影响因素。如弗里达·姆维蒂（Fredah Mwiti）和克里斯蒂娜·古尔丁（Christina Goulding）在调研肯尼亚内罗毕贫民窟时指出父权社会的妇女是脆弱的，她们受到性别排斥以及不公平获得资源的限制。③考夫曼（Kaufman）、琼（Joan）还关注了国际环境对妇联组织职能的影响，他在《全球妇女运动和中国妇女权利》一文中阐释了全球妇女运动是一个成功的跨国公民社会运动的例子，且认为互联网是思想全球化的重要载体。④齐罗尼（Tsimonis）、康斯坦丁诺斯姆（Konstantinosmm）从关注外部环境转到关注妇联组织内部要素，强调中国妇联的案例表明干部队伍是一个重要而又经常被忽视的变量，它反映了对专制制度的适应。⑤

（四）有关妇女组织职能实现的相关建议

第一，承认和保障妇女的公民身份。升洙月（Seungsook Moon）认为公民身份是妇女参与组织的重要前提条件，要将公民身份扩大到

---

① Fang Lee Cooke, "Equal Opportunity? Women's Managerial Careers in Governmental Organizations in China", *The International Journal of Human Resource Management*, 2003（2）：14.

② Croll, E., "Feminism and Socialism in China", *Routledge & K. Paul*, 1978.

③ Fredah Mwiti, Christina Goulding, "Strategies for Community Improvement to Tackle Poverty and Gender Issues: An Ethnography of Community Based Organizations（'Chamas'）and Women's Interventions in The Nairobi Slums", *European Journal of Operational Research*, 2018（3）：268.

④ Kaufman, J., "The Global Women's Movement and Chinese Women's Rights", *Journal of Contemporary China*, 2012, 21（76）：585.

⑤ Tsimonis, K., "'Purpose' and the Adaptation of Authoritarian Institutions: The Case of China's State Feminist Organization", *Journal of Chinese Political Science*, 2016（1）：57.

包括但不仅限于妇女的边缘化的社会群体,需要社会承认无薪或低薪的生育劳动对维持社会至关重要。①

第二,提高妇女的政治技能。马拉·巴斯克维尔·德沃特金斯和艾利克斯·妮可·史密斯(Marla Baskerville Watkins 和 Alexis Nicole Smith)认为在男性主导的机构中,女性对政治技能的掌握了解十分必要,以打破男性占主导的现状。②

第三,结合本土化走向全球化。卡塔尔大学穆罕默德·贾德岛(Islah Jad)在研究阿拉伯妇女运动的非政府化时指出:"要实现全面和可持续的发展,就需要一种不同的组织形式,以一种更立足于本地的愿景和社会变革,创造更可持续的权力基础。"③而李悦婷(Yuen Ting Lee)通过对香港中文大学性别研究中心(GRC,1985)、女权促进会(AAF,1984)、香港妇女中心联合会(HKFWC,1981)以及香港女职工会(HKWWA,1989)四个妇女组织的研究发现香港妇女运动发展的两大趋势:(1)由精英运动走向基层运动;(2)由本土化走向全球化。④

三 国内外研究述评

综观已有的研究,我们发现学者对妇联组织的关注在不断增强,有关妇联组织职能的研究相关成果也在不断增加,这对进一步深化对妇联组织职能的认知,完善提升职能的路径对策,具有重要的参考和启示价值。新时代妇联组织职能研究的拓展和延伸,是多学科相互影响、多因素相互联系的动态发展、综合促进的工作。需要运用马克思主义的理论和方法作更深入的思考和进一步的探究,在未来的研究中

---

① Seungsook Moon, "Local Meanings and Lived Experiences of Citizenship: Voices From a Women's Organization in South Korea", *Citizenship Studies*, 2012 (1): 16.

② Marla Baskerville Watkins, Alexis Nicole Smith, "Importance of Women's Political Skill in Male-dominated Organizations", *Journal of Managerial Psychology*, 2014 (2): 29.

③ Jad, I., "The NGO-isation of Arab Women's Movements", *Ids Bulletin*, 2010 (4): 35.

④ Yuen Ting Lee, "Fighting for Equality of the Sexes: Hong Kong Women's Organizations in Retrospect", *Journal of Comparative Asian Development*, 2008 (2): 7.

应注意以下几个方面：

（一）深化新时代妇联组织职能认知的学理研究

第一，妇联组织职能概念的使用存在泛化倾向。妇联组织职能其本质上是组织职责、功能和职权的三维合一。本书从新时代妇联组织职能的视角出发，对以往的研究进行系统的梳理和深化。第二，妇联组织职能的学术理论研究有待深入。虽然近年来关注妇联组织职能的研究有所增多，但是有待进一步深化，截至2022年2月，中国知网上以"妇联职能"为篇名的学术期刊只有39篇，硕士学位论文只有10篇，且尚没有出现博士学位论文，总体上理论抽象不足。第三，妇联组织职能的研究缺乏差异性的考量。妇联组织职能在不同时期、不同对象上都应有所侧重。因此，还需要深入探讨新时代妇联组织职能以指导实践。与此同时，还要注重妇联组织职能在不同科层级别和团体会员间的差异化表达，并进一步深化妇联组织职能生成机制的科学性，明确职能弱化或缺失的原因，从而更好地促进新时代妇联组织职能改革。

（二）探究新时代妇联组织职能的系统整合

综观现有的研究，学者们从不同的角度对妇联组织职能的相关问题进行了理论分析和探讨。第一种是历史分析框架。这种分析框架将妇联组织的职能以历史演进为轴，可以有助于从发展的视角宏观把握妇联组织职能。如付春[1]、马焱[2]、王文[3]、张洪林[4]等学者通过系统梳理妇联组织的历史演进历程分析了组织职能的转向的图景。但是基于新时代的妇联组织职能还可以进一步延伸发展。第二种是国家—社会分析框架。这种分析框架研究过于焦灼和局限于国家与社会关系的

---

[1] 付春：《性质转型、功能演化与价值变迁——建国以来我国妇联组织的转型分析》，《兰州学刊》2004年第4期。
[2] 马焱：《妇联组织职能定位及其功能的演变轨迹——基于对全国妇联一届至十届章程的分析》，《妇女研究论丛》2009年第5期。
[3] 王文：《妇联组织的发展变迁与职能定位》（上），《中国妇运》2010年第1期。
[4] 张洪林：《论妇联维护妇女权益社会职能的历史变迁与现实理路》，《求索》2012年第1期。

"二元对立",强调体制的冲突,强化体制的控制,将妇联组织的职能关系当作静态对象作以描述,容易限制研究者的视野和思维。尤其是在改革开放后,面对妇女群体对自身利益所表现出的具体诉求,过于强化"女性价值偏向",缺乏辩证唯物主义和历史唯物主义的学术理性来看待制度融合。因此,今后的研究应重视多视角的整合,突破原有"二元对立"框架,立足于职能发展问题,聚焦新时代妇联组织与妇女群团以及各类国家组织关系的良性互动,关注中国国情下的社会现实,从马克思主义、社会学、组织学等多学科的角度展开,进行理论的有效"转换—对接",实现组织职能制度、体制和机制于一体,充分考量社会、经济、政治、文化各方面的综合性研究,以深化中国特色社会主义妇女发展道路。

(三) 强化新时代妇联组织职能研究的时代脉搏

恩格斯说:"马克思的整个世界观不是教义,而是方法。它提供的不是现成的教条,而是进一步研究的出发点和供这种研究使用的方法。"[1] 因此,未来的研究只有关注组织实践,才能更加准确地把握职能发展的时代脉搏,才能在历史浪潮中、在社会生活中、在时代进程中更好地发挥妇联组织职能。本书以习近平关于妇女工作的重要论述为指导,结合新时代中华民族伟大复兴的时代主题,以问题为导向,以角色行为理论为视角,阐释新时代妇联组织三重职能:引领、服务和联系的内涵及关系。此外,对如何发展好和实现好三重职能展开实践研究,探讨新时代妇联组织职能改革,构建新时代枢纽型妇联组织,促进中国妇女在全面建成小康社会的基础上迈向全面发展。总之,妇联组织职能是一个动态的概念,其内涵是不断变化发展的。新时代这一历史方位的确立,会赋予妇联组织职能具体的内涵、特点及生成机制,需要我们准确把握时代内涵与实践诉求。

---

[1] 中共中央马克思恩格斯列宁斯大林著作编译局:《马克思恩格斯全集》第三十九卷,人民出版社1974年版,第406页。

第三节 研究的思路

新时代对妇联组织职能提出了更高的要求。本书以"新时代"为背景，着眼于妇联组织职能的继承性、创新性和发展性，吸收和借鉴国内外相关研究成果，坚持以马克思主义的世界观和方法论为指导，以妇联组织职能改革为问题导向，以组织职能定位与改革路径为研究重点，展开论述。

一 研究内容

新时代妇联组织职能研究，从历史方位、价值目标、深化改革三个方面诠释时代语境；从引领、服务和联系三重职能陈述职能内容并结合实际情况解读职能实现困境。从国际、国家和组织三个层面分析职能发挥的影响因素，最终以习近平关于妇女工作的重要论述为指导思想分析组织职能改革的实现路径，提出实现三重职能共振是新时代的必然选择。据此，本书共分五章，各章基本内容如下：

(一) 阐释新时代妇联组织职能的时代语境

妇联组织是党的群团组织的有机组成部分，对妇联组织的职能研究也是国家治理现代化的重要内容。新时代是我国当前所处历史方位的科学定位，也是研究妇联组织职能的时代背景。由于我国社会主要矛盾、社会体制、国际地位以及科学信息技术水平都产生了新的变化，必然要求妇联组织职能因事而化、因时而进、因机而变、因势而新。在这一历史方位中，新时代妇联组织职能的价值目标具有双重维度，旨在实现中华民族的伟大复兴和促进妇女的全面发展。双重价值相辅相成，辩证统一于中国特色社会主义的伟大实践。当前群团组织的改革健全了妇联的组织机构和制度体系，为新时代妇联组织职能改革提供了重要保障。

(二) 明确新时代妇联组织职能的三重定位

妇联组织职能贯穿于妇联组织运行的始终，与妇联组织相伴而生。妇联组织职能定位反映其所代表的组织性质和活动的基本方向，具有鲜明的时代性。妇联组织的职能定位以新时代习近平关于妇联组织职能定位的观点为基本论点，以美国社会学家罗伯特·金·默顿的角色丛理论为视角，从妇联组织人民团体、准政府组织和群团组织的角色丛出发，研究并解释新时代妇联组织的引领、服务和联系三重职能及其辩证关系。引领职能是首要职能，它包含思想引领、政治引领和价值引领，其意义在于巩固党执政的阶级基础和群众基础，并具有整合社会意识形态的作用；服务职能是核心职能，包含着促进妇女经济发展、政治民主、社会维权和家庭服务四个主要方面内容，并指出在新时代语境中，服务职能尤其需要突出"促进妇女全面发展"，以此强化妇联组织的社会合法性，推动国家治理体系现代化；联系职能是工具性职能，要求新时代妇联组织进一步彰显党和政府的桥梁纽带作用，更加强调联系职能的纵横并重，更加突出联系职能的双向互动。

（三）剖析新时代妇联组织职能实现的问题症结

新时代妇联组织职能存在实践困境。通过展开论述引领、服务和联系三重职能，理性审视职能实现的问题症结。从引领职能来看，突出国家、民族与妇女的命运相连的价值理性，阐述现实中存在的价值认知疏离现象。主要表现为国家制度过度安排与组织价值立场模糊并存、价值导向存在性别对立取向、以组织"工具性价值"取代组织"目的性价值"以及社会性别意识主流化面临现实挑战等；从服务职能来看，妇联组织服务职能实现存在组织公信力困境。主要表现为妇女经济发展权益保障不力、政治民主参与不足、社会保障程度不均、国家对家庭服务供给匮乏等问题；从联系职能来看，突出分析组织运行存在的局限与障碍，包括组织机构"四化"弊病明显、组织社会整合能力不足和组织制度建设尚不健全。基于三重职能的实践困境剖析，为下一步全面深化妇联组织职能改革凝练经验、辨明思路。

（四）揭示新时代妇联组织职能发挥的影响因素

妇联组织职能是与时代环境交互作用的产物，呈现整体性、动态性和开放性。它所面临的影响因素可以从国际环境、国家环境和组织环境三个方面分析,以宏观、中观、微观的视角予以深化。妇联组织职能的国际影响因素包括经济全球化、国际交流与合作以及西方女权主义文化,国际环境赋予妇联组织职能发展机遇的同时,也带来了挑战;国家影响因素则囊括了我国的市场经济、政治体制、社会结构和传统文化,其中市场经济是影响妇联组织职能发展的决定因素,政治体制是重要因素,社会结构是基本因素,传统文化是根本因素;组织影响因素则强调了妇联组织的组织价值、组织机构和组织制度,组织价值是内核,组织机构是载体,组织制度是保障。通过对国际、国家和组织三个维度的多个内容进行阐释,寻求妇联组织职能影响因素的时代启示和意义。

（五）论述新时代妇联组织职能改革的实现路径

新时代妇联组织职能改革是全面深化改革的重要内容,需要结合国情现状提出针对性的实现路径。首先,坚持以习近平总书记关于妇女工作的重要论述作为引领职能的指导思想,深化"党建带妇建"的发展模式,坚持走中国特色社会主义妇女发展道路。其次,以习近平总书记强调的"四个加速"为着眼点,努力实现妇女经济社会同步发展目标,积极保障妇女合法权益,构建和谐包容的社会文化,创造有利于妇女发展的国际环境,践行新时代妇联组织服务职能。最后,在探寻联系职能的实现路径上,注重构建妇联组织枢纽中心、整合组织社会网络、巩固组织阵地平台,以期推动理论研究转向实践升华。

二　核心概念及理论

（一）核心概念

（1）新时代

新时代是从国际、国内两个维度认识中国"国内社会"发展的新阶段,是关于我国当前社会的总体认识和基本判断。

第一,新时代我国社会主要矛盾发生了新变化,并由此推论我国社会全局的历史性变化,但仍认为我国社会主义初级阶段等基本国情没有因此而变化。① 我国社会主要矛盾已经转化为人民日益增长的美好生活需要和不平衡不充分的发展之间的矛盾。我国稳定解决了十几亿人的温饱问题，人民美好生活需要日益广泛，不仅对物质文化生活提出了更高要求，而且在民主、法治、公平、正义、安全、环境等方面的要求日益增长。同时，我国社会生产力水平总体上显著提高，社会生产能力在很多方面进入世界前列，更加突出的问题是发展不平衡不充分，这已经成为满足人民日益增长的美好生活需要的主要制约因素。②

第二，新时代是中国社会发展进入"强起来"的新阶段。21世纪科学社会主义在中国焕发出强大生机活力。经济保持中高速增长，在世界主要国家中名列前茅，当前，我国国内生产总值稳居世界第二，对世界经济增长贡献率不断增高。供给侧结构性改革深入推进，经济结构不断优化，数字经济等新兴产业蓬勃发展。开放型经济新体制逐步健全，对外贸易、对外投资、外汇储备稳居世界前列。科技创新驱动发展战略大力实施，创新型国家建设成果丰硕。国防和军队改革取得历史性突破，形成军委管总、战区主战、军种主建新格局，人民军队组织架构和力量体系实现革命性重塑。武器装备加快发展，军事斗争准备取得重大进展。中国实现了从"站起来"到"富起来"到"强起来"的历史逻辑。③

第三，新时代中国与世界的关系发生了新变化，成为推动世界和平发展的参与者、建设者和引领者。中国为发展中国家走向现代化提供了全新选择；为解决人类问题贡献了中国智慧和中国方案。④ 相对

---

① 杨守明、杨鸿柳：《论习近平新时代观的内涵、依据和价值》，《中国特色社会主义研究》2018年第6期。
② 习近平：《决胜全面建成小康社会 夺取新时代中国特色社会主义伟大胜利——在中国共产党第十九次全国代表大会上的报告》，人民出版社2017年版，第11页。
③ 杨守明、杨鸿柳：《论习近平新时代观的内涵、依据和价值》，《中国特色社会主义研究》2018年第6期。
④ 杨守明、杨鸿柳：《论习近平新时代观的内涵、依据和价值》，《中国特色社会主义研究》2018年第6期。

于20世纪90年代世界社会主义运动的低潮时期,现今中国特色社会主义的发展及所取得的治理成效,尤其是抗击新冠肺炎疫情的中西对比,更加增强了中国人民的道路自信、理论自信、制度自信、文化自信。中国特色社会主义成为改革开放以来党的全部理论和实践的主题。中国特色社会主义道路成为实现社会主义现代化、创造人民美好生活的必由之路,中国特色社会主义理论体系成为指导党和人民实现中华民族伟大复兴的正确理论,中国特色社会主义制度成为当代中国发展进步的根本制度保障,中国特色社会主义文化成为激励全党全国各族人民奋勇前进的强大精神力量。[①] 随着国际地位的提高,中国对国际事务的参与度不断增大,经历了由国际社会的"参与者"到"建设者"再到"引领者"的历史演进。

(2) 妇联组织职能

作为一个复合性范畴,妇联组织职能概念有着丰富的内涵,需要进行具体解读。研究妇联组织职能的概念,需要从组织职能的词义辨析上切入内涵,从相关组织职能界说上辨析区别,使研究具有一定的解释力,从而提升对新时代妇联组织职能概念的界定。其实"功能""职能""职责""职权"这四个词语之间既相互关联,但又相互区别。因此,要厘清妇联组织职能的内涵,必须对以上四个概念进行辨析。

第一,职责、功能、职权、职能释意。《现代汉语词典》中关于"职责"的定义为"职务上应尽的责任。"因此,理解职责,也需要注意两个方面:一方面,"责"因"职"而生。组织的不同角色和地位将会直接影响职责的内容和定位。因为不同的角色会带来不同的组织期待,形成不同的职能职责。[②] 另一方面,职责重"责"。《中华大

[①] 习近平:《决胜全面建成小康社会 夺取新时代中国特色社会主义伟大胜利——在中国共产党第十九次全国代表大会上的报告》,人民出版社2017年版,第16—17页。

[②] [美] 罗伯特·K. 默顿:《社会理论和社会结构》,唐少杰等译,译林出版社2006年版,第568—569页。

字典》中指出:"责的本义是索求、索取。"① 因此,职责强调的是组织应有的品质与技能,回答的是主体"应该做的事情是什么",表征着组织的价值追求。具有本质和规律层面上的"应然"意义,它更加体现本质的属性,具有较强的稳定性。

"功能"语出《汉书·宣帝纪》:"五日一听事,自丞相以下各奉职奏事,以傅奏其言,考试功能。"《现代汉语词典》中功能的定义为:"事物或方法所发挥的有利的作用和效能。"② 在生物学上所使用的功能是指"生物中竞相达到同一目标的共同积极属性"。③ 理解功能的内涵,需要强调三点:其一,"功能"是指有利的作用,不包括消极的作用。其二,"功能"是实然范畴,即"实际作用"或"已经完成"的结果。一如张华指出的"从社会组织的范畴来看,功能是指其品质与技能的实现方式及其社会作用或影响,是对社会组织本质的实现机制及其结果状态的描述。"④ 因此,妇联组织的功能重在强调"功"的内涵。其三,功能含有效能之意,故强调效率。可依组织效能的发挥分为正功效、无功效和虚功效。值得一提的是,"无功效"和"虚功效"不同,无功效是指由于不做功而对达到组织目标不起作用,虚功效是虽做功而对达到组织目标没有作用,即作了虚功,因此两者虽然结果相同,但过程不同。

"职权"在《现代汉语词典》中的定义为:"职务范围以内的权力。"⑤《应用汉语词典》定义职权为:"执行职务的权限。"⑥ 因此,职权强调的是"权力"的内涵,即职权为实现职能提供了权力基础。社会和政治的根本变革源于人们有目的的组织行动,因此,必须拥有

---

① 冯国超编:《中华大字典》,高等教育出版社2012年版,第669页。
② 中国社会科学院语言研究所词典编辑室编:《现代汉语词典第6版》,商务印书馆2012年版,第453页。
③ 李鹏:《公共管理学》,中共中央党校出版社2010年版。
④ 张华:《中国共产主义青年团职能研究》,人民出版社2013年版,第43页。
⑤ 中国社会科学院语言研究所词典编辑室编:《现代汉语词典第6版》,商务印书馆2012年版,第1672页。
⑥ 商务印书馆辞书研究中心编:《应用汉语词典》,商务印书馆2010年版,第1627页。

组织权力方能实施组织行为。

"职能"在《现代汉语词典》中的定义为："事物、机构本身应有的作用和功能。"① 金大军等也指出："职能，泛指一定的人员或组织所具有的职责和功能。"② 因此，"职能"不仅是一种回应性的功能实体，也是一种具有方向性价值结构的应然体现，是应然的职责和实然的功能的结合体。《应用汉语词典》将"职能"定义为："职能是本身独有的作用功能。"③ 这一内涵又强调了职能"独有的价值性"。说明职能是组织在社会中所体现的价值，是确保不被其他组织所取代的重要依据。据此，妇联组织职能应当包括三个方面维度，职责维度强调的是妇联组织应然的价值，功能维度强调的是妇联组织实然的功效，职权维度强调的是妇联组织实现职责和功能所拥有的实质性权力基础。三者有机统一构成妇联组织职能的三重内容。

第二，妇联组织职能的界定。依据"职能"的概念界定，妇联组织职能可以定义为："妇联组织所具有的特定职责和功能，以及组织应具有的职权。"聚焦于解答以下三个方面的问题，（1）妇联组织应该做什么？（2）妇联组织能够做什么？（3）妇联组织如何做？即妇联组织职能包含职责内容、功能内容和职权内容。据此，妇联组织职能在内涵逻辑关系上是一个包含了组织职责、组织功能和组织实施的复合体。既包括组织职能的价值内容，还关注实然职能的功能实践，也注重职能实现的组织赋权。职责内容蕴含妇联组织职能独有的价值追寻和应然的品质规律，是妇联功能的价值方向；功能内容涵盖了妇联组织职能的时代诉求，是妇联职责的现实表征；职权内容涵盖妇联组织职能的权力机构、权力体制和权力机制，是妇联职能的制度保障。因此，妇联职能三个内容之间相互联系、互为影响。（如图0-5所示）

---

① 中国社会科学院语言研究所词典编辑室编：《现代汉语词典》（第6版），商务印书馆2012年版，第1672页。
② 金大军等：《政府职能梳理与重构》，广州人民出版社2002年版，第1页。
③ 商务印书馆辞书研究中心编：《应用汉语词典》，商务印书馆2010年版，第1627页。

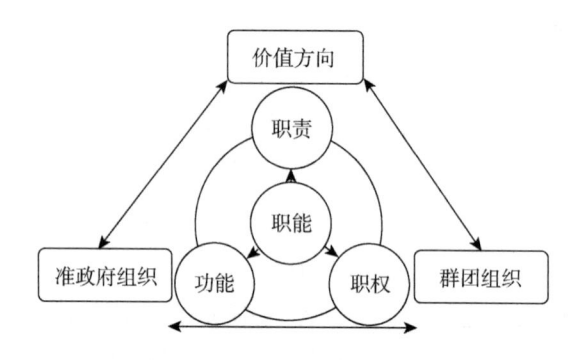

图0-5 妇联组织职能的概念内涵

（二）理论运用

（1）马克思主义妇女观

马克思主义妇女观经由理论建构到苏联的社会主义实践，再到中国特色社会主义实践，走过了漫长的发展历程，是马克思主义理论的重要组成部分。马克思主义妇女观以哲学、政治经济学、科学社会主义为理论基础，运用历史唯物主义和辩证唯物主义，对妇女受压迫历史、根源，妇女解放的条件、道路、途径等问题进行了深刻的分析与精辟的论述，建立起独有的妇女解放理论。超越了妇女社会压迫是因为妇女生理弱势、教育机会缺失、社会交往封闭等表象解说，它透过现实中妇女社会现象和问题，强调社会制度结构分析，注重妇女压迫在社会结构中更宏大的体制性原因分析，透视社会本质的妇女运动规律，是极具生命力的科学理论学说。妇联组织是践行马克思主义妇女观的重要组织，马克思主义妇女观赋予了妇联价值目标和现实存在，使其具有"妇联在场"的必要性和使命性。

（2）习近平关于妇女工作的重要论述

党的十八大以来，习近平总书记把做好妇女工作、推进妇联改革上升到巩固党执政的阶级基础和群众基础的政治高度，作出了一系列重要论述，提出了一系列新思想、新论断、新要求，为新时代中国妇女事业发展指明了前进方向，提供了根本遵循。他强调要坚持党的领导，坚定不移走中国特色社会主义妇女发展道路；强调要牢牢把握实现党的目标任务、实现中华民族伟大复兴这一当代中国妇女运动的时代主题,把中国发展进步的历程同促进男女平等发展的历程更加紧密地融合在一起;强调要注重发挥妇女在社会生活和家庭生活中的独特作用,发挥妇女在弘扬中华民族家庭美德、树立良好家风方面的独特作用;强调要牢固树立服务大局、服务妇女意识,把联系和服务广大妇女作为工作生命线,真正把妇联组织建设成为可信赖依靠的"妇女之家";强调要以培育社会主义核心价值观为主要内容,广泛深入地开展家庭文明建设活动,以好的家风支撑起好的社会风气;强调维护妇女合法权益是我们党的一贯主张,党和政府及各级妇联组织必须依法维权,保障妇女合法权益;强调要确保妇联改革正确政治方向,增强政治性、先进性、群众性,立足于当好党和政府联系广大妇女的桥梁和纽带,着力解决"四化"特别是机关化、行政化问题;强调要坚持男女平等基本国策,在出台法律、制定政策、编制规划、部署工作时充分考虑两性的现实差异和妇女的特殊利益等。① 这些重要论述涉及目标任务、重大举措、实践路径等,内容博大精深、内涵丰富,是习近平新时代中国特色社会主义思想的重要组成部分,是新时代妇联组织职能改革的根本遵循,需要深刻领会,贯彻落实。

(3) 角色丛理论

美国社会学家罗伯特·金·默顿的角色丛理论为新时代妇联组织职能定位提供了理论依据。罗伯特·金·默顿是美国社会学家,1957年他曾担任美国社会学学会主席,是结构分析学派的代表人物,他在《社会理论和社会结构》中提出了角色丛理论。该理论认为:"社会关系相互交叉,人们只要占有一定的社会地位,就必然承担各种角色。"② 一个社会地位不仅对应一种社会角色,而且包括连接个体与

---

① 宋秀岩:《深入学习贯彻习近平总书记系列重要讲话精神 以妇联改革和妇联工作新成绩迎接党的十九大胜利召开——在全国妇联常委扩大会议上的讲话》,《中国妇运》2017年第8期。

② [美]罗伯特·金·默顿:《论理论社会学》,何凡兴等译,华夏出版社1990年版,第56页。

他人之间关系的一组相关角色,构成一个角色丛。[①] 因此,"角色丛"是基于同一社会地位而扮演的多个角色而产生的。社会人是这样,社会组织也同样如此。

三 研究方法

(一) 文献分析法

本书建立在大量阅读相关文献的基础之上。写作之前和写作过程中,重视参阅相关学科的文献、论著。在较充分地掌握文献资料的基础上,对相关文献资料展开分析,形成对妇联组织职能的研究脉络,从而为更加深入地研究提供理论基础和借鉴。在导论部分,通过对中外妇联组织职能的研究进行梳理,呈现妇联组织职能研究的基本脉络和主要观点,揭示出妇联组织职能运行的逻辑体系及基本规律。在梳理文献的过程中,运用历史和逻辑相统一的方法,确立与时代发展相适应的职能定位。不仅对其本身构成要素的内在联系和区别进行分析,而且将其置于新时代的历史方位中予以全面观照。深入考察和分析现实社会生活场域所面临的时代课题,试图突破妇联组织职能的表征分析,归纳出更具解释力的理论内核。

(二) 系统分析方法

本文充分运用系统分析方法,将"妇联组织职能"视作一个由引领、服务和联系三重职能共同构成的自洽的系统,进行理性审思与多维建构,对妇联组织职能的困境进行深入的分析,从国际、国家和组织影响因素,进行系统的剖析,囊括了内容维度和过程维度。将妇联组织职能改革路径的制度、体制和机制视为一个多维、系统和立体的结构。进一步指出完善新时代引领、服务和联系职能的生成路径。

(三) 比较研究方法

本研究虽然重点研究新时代妇联组织职能,但其发展与1949年

[①] [美] 罗伯特·金·默顿:《论理论社会学》,何凡兴等译,华夏出版社1990年版,第57页。

以后中国妇联组织职能的变迁一脉相承,但各有侧重。因此,通过对妇联组织发展的纵向比较,阐述妇联组织职能上从侧重"妇女解放"向"妇女维权"再到"妇女全面发展"的历程,妇女社会结构也经历了从"家族化"到"社会化"多元的发展历程。正是通过对新时代妇联职能定位的特定的历史脉络以及社会结构的梳理,才能有效展开研究立论。

(四)个案分析

作为一项中国化的研究,除了理论阐述之外,还需要结合个案实际予以辅证。在此,本书在理论论析之中,穿插了部分具体的妇联组织职能的案例来回验理论,为研究提供实证依据。

四 研究创新与不足

(一)研究的创新

第一,研究视角的创新。妇联组织职能研究是全面深化改革的重要内容,妇联组织职能研究也是马克思主义妇女观中国化的基本内容。以往对妇联组织职能的研究较多从"政治职能"和"社会职能"的视角进行理论及实践剖析。本书尝试从妇联组织职能定位的三维视角出发,以新时代历史方位为切入点,以妇联组织引领、服务和联系职能的时代定位为支撑点,以妇联组织职能困境为深入点,以国际、国内和组织影响因素为原因基点,以全面深化妇联组织职能改革为落脚点,对新时代妇联组织职能进行系统研究。

第二,研究内容的创新。对于"妇联组织职能"的研究是一个不断累积、不断对话的过程。本书回答"研究什么对象"——妇联组织职能,"聚焦什么时代坐标"——新时代,解决什么"时代之问"——妇联组织职能改革。结合中国实际,在辩证唯物主义和历史唯物主义的视域下,基于妇联组织职能的研究概况,以习近平新时代中国特色社会主义思想、马克思主义妇女观、马克思主义国家理论、美国社会学家罗伯特·金·默顿的角色丛理论以及美国戴维·伊斯顿(David Easton)政治系统分析理论为基础,围绕着新时代妇联组织职能"是什么""怎么样""为什么""怎么办"的问题举纲张目，直到全部架构出研究轮廓，规范阐述研究议题。

（二）研究的不足

本书建立在学界前辈的研究基础之上，虽然尽力而为，但文中仍难免存在诸多需要进一步完善之处。一是理论研究不足。对于新时代妇联组织职能的理论创新有待进一步深化。当前研究尚且停留在基础研究层面，对妇联组织职能的概念内涵、时代定位、影响因素提出了些许观点，但是，还需在妇联组织职能与党政职能协调配合上、组织内部科层职能和团体组织职能细化上、双重领导职能分工落实上、妇联组织对女性社会组织的有效整合上、社会性别意识主流化上等研究领域更加深入，真正推进妇联组织对我国各阶层、各领域、各类型妇女及团体的引领、服务和联系。二是学科运用不足。仍需大力吸收社会学、政治学、经济学、管理学等对妇联组织职能的研究成果，借鉴世界各国妇女社会组织发展经验，进一步整合研究资源。三是研究方法不足。质性研究深入不够，多种研究方法并举仍需完善。下一步的研究要以本文的理论研究为基础，针对性展开大规模的实证调查，以证实或证伪。

第一章　新时代妇联组织职能的时代语境

马克思曾指出:"我们时代的理论思维,都是一种历史的产物,它在不同的时代具有完全不同的形式,同时具有完全不同的内容。"①新时代是我国所处历史方位的科学定位,也是妇联组织职能的时代背景。由于我国社会主要矛盾、社会体制、国际地位和科学信息技术都产生了新的变化,必然要求妇联组织职能因事而化、因时而进、因机而变、因势而新。新时代妇联组织的价值目标既有基于组织属性而产生的组织价值,也包含因时代阶段性要求而产生的时代价值。双重价值相辅相成,辩证统一于新时代中国特色社会主义的伟大实践。此外,正在进行的群团组织改革也为妇联组织职能革新提供了保障。

第一节　新时代是妇联组织职能的历史方位

党的十九大报告指出:"中国特色社会主义进入了新时代"。新时代成为当下中国发展的历史方位。它是从党和国家事业发展的全局视野、从改革开放40年的历程和取得的历史性成就作出的科学研判。处于这一时期的妇联组织职能必然具有新时代的阶段性特点。

---

① 《马克思恩格斯选集》第四卷,人民出版社1995年版,第284页。

一　国家国际地位的变化与妇联组织职能因机而变

1982年至今,中国代表共九次当选联合国消除对妇女歧视委员会委员。妇联组织的对外职能也是中国妇女与世界对话的重要载体和组织依托,肩负着传播中国特色社会主义制度文化、维护中国妇女国际权益的重要使命。我国的妇联组织在国际上具有非政府组织的身份,能够以"性别"为纽带为中国的政治外交开辟一个独有的中间地带,也是中国外交破冰的重要平台。1949年亚洲妇女代表会议以"女性"为媒,努力打开新中国成立初期中国被封锁的外交被动局面。1995年第四次世界妇女大会的召开,再一次借用"女性"主题让世界了解中国,为我国加入世界贸易组织提供了重要契机。而2015年全球妇女峰会联合国妇女署主动邀请中国共同主办,表明了世界需要中国的立场。这些变化见证了从"中国需要世界"到"世界了解中国"再到"世界需要中国"的外交发展过程。中国正以前所未有的自信姿态,日益走近世界舞台的中心。习近平总书记指出:"世界那么大,问题那么多,国际社会期待听到中国声音、看到中国方案,中国不能缺席。"[①] 新时代中国在世界上的地位发生着新变化。中国与世界的关系日益呈现新格局。中国对世界经济的影响力、对全球治理的引领力、对国际安全的贡献度、对各国民众的吸引力,无不攀上了新的高度。[②] 构建人类命运共同体自然包括妇女议题。要让世界走近中国,了解中国妇女发展的成果。与此同时,也要让中国走向世界,在世界妇女发展中,供给中国智慧,提供中国方案,发出中国声音。因此,新时代妇联组织在国际交流和活动的角色上要从"参与"为主向"引领"为主转向,积极融入大国外交,学习借鉴国外妇女发展先进经验的同时,也要适时展现大国风采,讲好中国的女性

---

① 《习近平主席新年贺词(2014—2018)》,人民出版社2018年版,第13页。
② 赵卓昀、陈静:《走近世界舞台中心　中国步履从容坚定》,新华社,http://www.xinhuanet.com//politics/2017-08/30/c_1121572996.htm,2017-8-30。

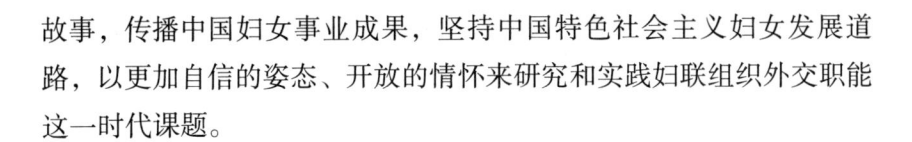

故事,传播中国妇女事业成果,坚持中国特色社会主义妇女发展道路,以更加自信的姿态、开放的情怀来研究和实践妇联组织外交职能这一时代课题。

二 社会主要矛盾的变化与妇联组织职能因事而化

辩证唯物主义和历史唯物主义要求我们正确判断和处理社会主要矛盾。毛泽东同志指出:"捉住了这个主要矛盾,一切问题就迎刃而解了。"① 因此,正确认识和把握我国在不同发展阶段的社会主要矛盾,为我们准确把握新时代妇联组织职能要求提供了重要依据和实践遵循。我国妇联组织职能的发展演进依主要矛盾的不同可以划分为三个阶段:

(一)适应社会主义过渡时期社会主要矛盾的变化,妇联组织职能以妇女解放为中心

社会主义过渡时期,社会的主要矛盾复杂多变。总体上来说,这一阶段社会的主要矛盾的表现形式以"阶级斗争"为主。此时的妇联组织在历经社会的巨变沉浮之后,基于民族解放和社会主义创建的时代背景,也承袭了明显的反帝反封建色彩,因此以"妇女解放"为主要目标,强调突破封建礼教的束缚,采取阶级斗争的方式,推动妇女取得了前所未有的解放,实现了一定程度上的婚姻自由、人身自由、政治自由、教育自由等,具有鲜明的中国特色。正如费正清所说:"在这纷至沓来的变革之中,作为个人的妇女,摆脱了她们先前非常不平等的地位。她们这种无声无息而又飞速的解放过程,是本世纪(20世纪)尚未被人记载的最大革命业绩之一。"②

(二)适应改革开放和社会主义现代化建设初期社会主要矛盾的变化,妇联组织职能以妇女维权为中心

1978年,社会主要矛盾回归到"人民日益增长的物质文化需求

---

① 毛泽东:《毛泽东选集》第1卷,人民出版社1991年版,第322页。
② [美]费正清:《美国与中国》,张理京译,世界知识出版社1999年版,第450页。

同落后的社会生产之间的矛盾"。改革开放后市场经济在激活妇女群众主体意识的同时，在经济领域造成了新的男女不平等现象，如就业上的性别隔离、工资待遇上的女工廉价化、女性职场面临性骚扰、下岗工人中女性占多数等。1982年，党的十二大报告指出："由于传统的偏见，许多妇女还常常得不到应有的重视、保护和教育。妇联应该成为代表妇女利益、保护和教育妇女、保护和教育儿童的有权威的群众团体"。因此，妇联组织也及时微调了自己的职能，1983年3月28日，全国妇联有关领导参加中共中央书记处召开的会议，中央领导明确指出，今后妇联工作的方针和任务是"坚决维护妇女儿童的合法权益"[①]。于是，1988年第六次全国妇女代表大会的章程中直接提出了妇联的基本职能是"代表和维护妇女利益，促进男女平等"。这一基本职能的强化，对妇联组织功能的定位产生了深远影响。2003年，第九次妇女代表大会继第六届妇女代表大会后，提出了"坚持马克思主义妇女观，贯彻男女平等基本国策"。自此，男女平等纳入了基本国策的范畴，进一步强化了妇联组织的基本职能，妇女维权运动蓬勃发展。

（三）适应新时代社会主要矛盾的变化，妇联组织职能强调促进妇女全面发展

党的十九大报告中指出："新时代我国社会主要矛盾是人民日益增长的美好生活需要和不平衡不充分的发展之间的矛盾"。这意味着新时代社会的主要矛盾相较以往产生了变化，由"人民日益增长的物质文化需求和落后的社会生产之间的矛盾"转变成了"人民日益增长的美好生活需要和不平衡不充分的发展之间的矛盾"。妇女对美好生活的需求日益广泛，不仅对物质文化生活要求提出更高更求，而且在民主、法治、公平、正义、安全、环境等方面的要求日益增长。这赋予新时代的美好生活以新的内涵：它不等同于欲望的即时满足，

---

① 全国妇联办公厅：《中华全国妇女联合会四十年（1949—1989）》，中国妇女出版社1991年版，第266—267页。

更不同于资源的无限占有,而是不断促进人的全面发展、社会全面进步;使发展成果更多、更公平惠及全体人民,逐步实现全体人民共同富裕,全体人民在共建共享中拥有更多获得感、幸福感和安全感的生活。① 要解决妇女社会主要矛盾,实现妇女群众的美好生活,就需要转变妇联组织职能,促进妇女的全面发展。因此,2018 年的《中华全国妇女联合会章程》也将"妇女全面发展"纳入了新时代妇联组织的基本职能。这凸显了新时代"以人为本"的人文情怀和时代诉求,揭示了新时代妇联组织职能的阶段性特征。

三 社会发展体制变化与妇联组织职能因时而进

在社会体制方面,我国社会体制变化经历了从国家全能体制向社会协同体制的转向过渡,从而推动妇联组织职能与时俱进。

(一)社会发展主要依靠国家力量推动阶段(1949—2004):妇联组织职能行政化

新中国刚刚建立之初百废待兴,社会基础薄弱,实行计划经济和单位制,推动了中国从半殖民地半封建社会向社会主义社会的顺利过渡。正如斯大林在苏联社会主义建设过程中所经历并提出的:"国家'不仅仅'是阶级矛盾的产物,国家的存在还由社会发展的落后性决定,这种落后性使得党不得不'驾上国家的大车,尽一切力量向前拉'。"② 伊丽莎白·科洛尔(Elisabeth. Croll)通过考察新中国成立到 20 世纪 70 年代中国妇女家庭和社会地位的变迁,提出中国妇女解放主要依靠的是政治手段,是依靠计划经济下的政府行为实现的,是在一次又一次的社会主义运动中完成的。③ 尤其是 1950 年 5 月 1 日,毛泽东签发命令予以公布《中华人民共和国婚姻法》④ 并指出:"苏

---

① 江畅:《幸福都是奋斗出来的》,《人民日报》2018 年 1 月 24 日第 7 版。
② 任晓伟:《从"国家消亡"论到"社会主义国家"观念——20 世纪前半期马克思主义国家理论的变迁》,《长安大学学报》(社会科学版)2013 年第 3 期。
③ Croll, E., *Feminism and Socialism in China*, Routledge, 1978.
④ 新中国第一部法律。

维埃的婚姻制度，打碎了中国四千年束缚人类尤其是束缚女子的封建锁链，建立适合人性的新规律，这也是人类历史上伟大的胜利之一。"① 妇联组织成为宣传和推行《婚姻法》的主力军。随后开展的禁娼运动、土地改革、企业民主运动、扫盲教育和计划生育运动中，妇联组织都是重要的动员和组织力量，为妇女获得基本的财产权利和人身权利奠定了基础。改革开放之后，妇女社会得到一定的培育与发展，但仍以国家推动实施为主要动力，因此妇联组织职能表现出行政化的特点。

（二）社会发展进入社会管理阶段（2004—2012）：妇联组织职能转向服务化

2004 年，以党的十六届四中全会为起点，正式提出"社会管理创新"概念，2007 年党的十七大报告又进一步明确提出要"建立健全党委领导、政府负责、社会协同、公众参与的社会管理格局"。2011 年"社会管理创新"首次写入《政府工作报告》并于同年 7 月出台了《中共中央国务院关于加强社会创新管理的意见》。国家开始简政放权，不断扩宽社会力量参与的治理立场。这期间，妇女社会也随着社会主义市场经济不断发展而不断成长成熟，妇女群众自我议事处事的需求和能力逐渐增长，越来越多的女性社会组织不断涌现。妇联组织等群团组织职能也开始从行政化向服务化转型，尝试承接政府转移出来的妇女公共服务项目，越来越多地参与社会管理。但总体上来说，力量势微，能力有限，现实中妇联组织社会管理常常出现相应的问题，如社会管理理念滞后，社会管理主体分化、社会管理抓手不明、社会管理方式经验化等。

（三）社会发展进入社会治理阶段（2012 年至今）：妇联组织职能以服务化为主

党的十八大以来，以习近平同志为核心的党中央对加快推进国家

---

① 江西省档案馆、中共江西省委党校党史教研室选编：《中国革命根据地史料选编》（下），江西人民出版社 1982 年版，第 332 页。

治理现代化作出了一系列重要部署,成为完善和发展中国特色社会主义制度的重要内容。2012年党的十八大明确提出"要加快形成政社分开、权责明确、依法自治的现代社会组织体制",首次提出现代社会组织体制的概念和要求。[①] 此后,2013年党的十八届三中全会指出:"全面深化改革的总目标是完善和发展中国特色社会主义制度,推进国家治理体系和治理能力现代化。"并明确规定要"正确处理政府和社会关系,加快实施政社分开,推进社会组织明确权责、依法自治、发挥作用。适合由社会组织提供的公共服务和解决的事项,交由社会组织承担"。2017年党的十九大报告进一步从战略高度提出了"要打造共建共治共享的社会治理格局,完善党委领导、政府负责、社会协同、公众参与、法治保障的社会治理体制"。"社会管理"向"社会治理"的转变,虽一字之差,但其主体、权源、运作都产生了理念上的改变。促进社会协同成为国家治理现代化的核心,妇联等群团组织作为人民团体,必然纳入社会治理多元主体的范畴,这就需要重构国家和社会的关系,形成良性互动。逐步理顺各类治理主体的职能,培育和激发包括妇联组织在内的各类社会治理主体自身的活力。这一阶段的妇联组织职能将更多地承担起国家和社会治理责任。

四 科学信息技术的发展与妇联组织职能因势而新

伴随着信息革命,互联网已经成为社会交往的重要媒介平台,它在一定程度上打破了地域空间和性别隔离的局限,降低了"性别溶度",影响着新时代妇女的工作、思维、政治、文化、教育、娱乐、人际交往等各个方面,构筑了网上网下万物互联的多维世界。在这一新时代,女性将可能通过拥抱信息技术、运用新兴媒体获得空前的解放,但也同样面临着空前的信息危机。为适应这一转变,新时代妇联组织职能需要拓展新的表现形式与实现方式。2018年4月23日,全国妇联

---

① 陈延平:《发挥妇联组织作用推进社会组织健康发展的再思考》,《中国妇运》2013年第5期。

党组召开会议贯彻习近平总书记在全国网络安全和信息化工作会议上的重要讲话精神时,全国妇联党组书记宋秀岩指出:"网络强国战略思想是习近平新时代中国特色社会主义思想的重要组成部分,我们要敏锐抓住信息化发展的历史机遇,在网上正面宣传、参与网络治理、维护网络安全、推动女性数字经济和人才发展等方面,发挥妇联组织的独特优势和积极作用。同时要进一步深化网上妇联工作,推动'数字妇联'建设,让妇联工作和妇女事业发展插上信息化的翅膀。"[①]

(一) 适应妇女生产方式的新变化

恩格斯曾在《社会主义空想到科学发展》中指出:"生产以及随生产而来的产品交换是一切社会制度的基础……一切社会变迁和政治变革的终极原因……应当到生产方式和交换方式的变更中去寻找。"[②]信息时代的到来,科技的发展使生产不再以"体力"为社会运行的主要动力,因此,相较于男性而言,女性不再因为体力不济而居于弱者。这将为妇女的进一步发展提供更大的空间。互联网植入了人民的生活,大量的妇女通过互联网就业创业,网络已经成为妇女生产生活的重要渠道之一。妇女倚借互联网技术,开始成为网上企业的管理技术人员、中介组织和社会组织从业人员、网络自由职业人员和新媒体从业人员等新生代人群。"职业跳槽"和"一人多职"的普遍性进一步增大了流动频率。据统计,目前互联网领域创业者中女性占55%。[③] 这一变革,产生了大量的"网络女主播""网络女店商",推动"互联网+女性"的迅速发展,成为新时代女性生存发展的经济新业态。

(二) 适应妇女交往方式的新变化

"新媒体技术在一定程度上的确造成新的信息传播模式和社会交

[①] 宋秀岩:《宋秀岩强调要在网络强国战略中发挥妇联组织优势和独特作用》,《中国妇运》2018年第5期。

[②] 中共中央马克思恩格斯列宁斯大林著作编译局编译:《马克思恩格斯全集》第二十五卷,人民出版社2001年版,第395页。

[③] 谭琳:《中国性别平等与妇女发展报告(2013—2015)》,社会科学文献出版社2016年版,第137—150页。

往模式，人人都生活在极端临近的空间，卷入彼此的生活。"① 首先，信息技术增加了公共社交平台数量，互联网和手机的普及提供了交往"屏媒"支持，以腾讯 QQ、微博和微信为代表的社交平台作用日益突出，加上技术操作简单易行，不断搭建起多样的妇女公共社交平台。这种公共交往在一定程度上突破了空间和时间的限制，以很快的速度替代传统线下平台。Aileen Lee 在《为什么妇女统治互联网》中研究发现："女性成为社交网络的主要用户，她们比男性在上面多花了30%的时间，而移动社交网络的使用者55%是女性。"② 因此，妇联组织要进一步利用新时代信息技术探索的网络职能，建立线上的"网上妇女之家"，积极在网上对妇女需求作出回应，主动接受网民对组织的监督，服务妇女网络新业态。其次，信息技术"像"上的虚拟性增加了公共交往的性别公平。网络的存在，构建起相较于现实的虚拟社区，在那个无限空间里，人们可以以真实的性别身份出现，也可以隐匿性别身份参与交往，从而一定程度上隔离了交往上的性别歧视和性别排斥。因此，吴敏娟认为："互联网淡化了性别差异，为男女平等搭建了自由的平台。"③ 而元宇宙的不断拓展，也会对现实世界深化改造。但是，需要指出的是，尽管如此，线上世界仍是真实世界的映像折射，不能对此抱有绝对的幻想。

（三）适应妇女参政议政的新变化

习近平总书记强调："我们必须科学认识网络传播规律……提高用网治网水平，使互联网这个最大变量变成事业发展的最高增量。"④ 新时代，互联网在促进政治民主化中扮演了重要角色，是妇女维权发声的传播器，具有极大"增权妇女"的作用，在一定程度上重构着

---

① ［加拿大］加罗伯特·洛根：《理解新媒介——延伸麦克卢汉》，何道宽译，复旦大学出版社2012年版，第318页。
② 姜奇平：《互联网的女性主义特征》，《互联网周刊》2012年第13期。
③ 吴敏娟：《网络为女性开拓新空间》，《新闻爱好者》2010年第4期。
④ 中共中央党史和文献研究院：《习近平关于网络强国论述摘编》，中央文献出版社2021年版，第13页。

"国家—妇女"的互动方式。此外，网络跨界交流和信息全球化的深入发展，也将不断冲击顽固的中国封建父权思想，为进一步实现男女平等提供了客观条件和时代契机。信息化使妇女可以依托网络和媒体平台，更直接地表达自己的需求及意见，更快捷地参政议政。但是与此同时，互联网本身不具有筛选机制，基于网络的虚拟化和管理的不完善，自媒体时代的网络参政议政、管理不善也可能发酵为网络乱象，夸大或歪曲事件的速度极快且成本极低，从而引起社会治理和网舆难题。"仅仅是公共传播主体及其行为数量暴涨这一最基本的变化，就决定了传统行政管理手段难以实现网络空间的内容控制。"[1]此外，互联网还伴有电脑黑客、色情网站、网络暴力等一系列问题。正如尼葛洛庞帝所言："每一种技术或科学的馈赠都有其黑暗面。"[2]而事实上，无论我们如何强调技术赋权的重要性，互联网本身仍旧只是一个承载信息数据和编码的载体，真正解决妇女问题的依然还是互联网背后的政治系统和社会组织。这一理解对于我们认识妇联组织网络时代的治理价值具有重要意义。因此，妇联组织需要引领和规范妇女政治网络新秩序，建构健康网络空间。净化非理性的杂音噪音，提倡协商民主程序化，汇聚巾帼网络正能量。

第二节 新时代妇联组织职能的价值目标

习近平总书记指出："群团组织既需围绕党和国家工作大局搞好'公转'，又要聚焦服务群众搞好'自转'。"[3] 新时代妇联组织的价值目标有双重含义：一是实现各族各界妇女的全面发展；二是实现中

---

[1] 陆宇峰：《中国网络公共领域：功能、异化与规制》，《现代法学》2014年第4期。
[2] [美]尼葛洛庞帝：《数字化生存》，胡泳、范海燕译，海南出版社1996年版，第26页。
[3] 中共中央文献研究室：《习近平关于社会主义政治建设论述摘编》，中央文献出版社2017年版，第203页。

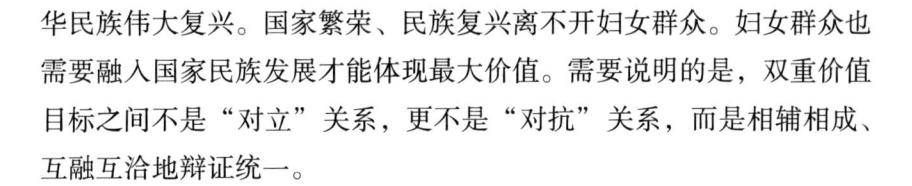

华民族伟大复兴。国家繁荣、民族复兴离不开妇女群众。妇女群众也需要融入国家民族发展才能体现最大价值。需要说明的是，双重价值目标之间不是"对立"关系，更不是"对抗"关系，而是相辅相成、互融互洽地辩证统一。

一　促进妇女全面发展

实现妇女的全面发展是妇联组织的根本属性，也是新时代中国特色社会主义的本质要求。丧失了这一价值，妇联的组织生命力将无以为继。因此，新时代要实现妇女与经济社会同步发展，还要注重强调妇女发展的充分性和平衡性。包括性别的平衡发展和妇女阶层间的内部平衡。

（一）新时代妇联组织的根本属性要求促进妇女全面发展

妇联组织有别于其他组织的重要原因是因为它是以"性别"为纽结组成的以女性为中心的组织形态。《中华全国妇女联合会章程》（2018）明确指出："中华全国妇女联合会是全国各族各界妇女为争取进一步解放与发展而联合起来的群团组织。"[1] 进一步解放与发展妇女始终是妇联组织天然的价值追求。然而，妇女的解放和发展不是一蹴而就的，在社会主义发展的不同阶段，其内容各有侧重。新民主主义革命时期，妇女解放和发展突出"在斗争中求解放"；社会主义建设时期，妇女解放和发展突出"在生产中求平等"；改革开放时期，妇女的解放和发展突出"在改革中求发展"。邓小平同志讲道："妇女工作一定要管本行，议大事。管事要管本行，议事要议大事，要把眼界搞开阔些。……妇女群众也要关心政治。……妇女干部要看世界，农村妇女也要看世界。"[2] 因此，新时代妇联组织阶段性的价值目标逐步实现妇女从初级解放阶段向高级发展阶段迈进，突出表现为进一步促进妇女的全面发展。一是在

---

[1]　《中华全国妇女联合会章程》，《中国妇运》2018年第11期。
[2]　邓小平：《邓小平文选》第1卷，人民出版社1989年版，第296页。

发展程度上强调"进一步";二是发展的内容上突出"全面发展",即不仅限于经济能力方面的发展;三是在发展的结果上注重男女的"实际性平等",即不仅停留在法律制定层面的平等,更加强调法律执行所产生的结果平等。

(二)全国建成小康社会的本质要求促进妇女全面发展

社会建设是我们认识世界和改造世界的基本活动,而社会实践的主客体、内容以及价值在不同性质的社会里,社会建设的性质有着本质的不同。习近平同志强调:"中国特色社会主义是社会主义而不是其他什么主义,科学社会主义基本原则不能丢,丢了就不是社会主义。"① 社会主义的本质是解放生产力,发展生产力,消灭剥削,消除两极分化,最终达到共同富裕。消除贫富两极分化、实现共同富裕是社会主义的根本目的。保障社会公平正义,是社会主义的本质要求。改革开放四十余年,我国成为"世界第二大经济体、制造业第一大国、货物贸易第一大国、商品消费第二大国、外资流入第二大国,我国外汇储备连续多年位居世界第一,中国人民在富起来、强起来的征程上迈出了决定性的步伐!"② 因此,我们在解放和发展生产力上取得了举世瞩目的成果。2011年,习近平在妇女与可持续发展国际论坛开幕式上的致辞中指出:"公平分享改革发展成果,我们坚持实行男女平等基本国策,制定并不断完善维护妇女权益、促进妇女发展的法律法规,注重通过司法、行政、宣传、教育和经济、社会等多种手段保障妇女发展机会和权利的实现。"③ 据此,新时代全面建成小康社会的进程中必然需要强调在国家发展指标中纳入"妇女"这一重要变量,建立合理的性别分工和分配制度;必然需要强调各族

---

① 中共中央文献研究室:《十八大以来重要文献选编》(上),中央文献出版社2014年版,第109页。

② 习近平:《在庆祝改革开放40周年大会上的讲话》,人民出版社2018年版,第12—13页。

③ 习近平:《在妇女与可持续发展国际论坛开幕式上的致辞》,《人民日报》2011年11月10日第2版。

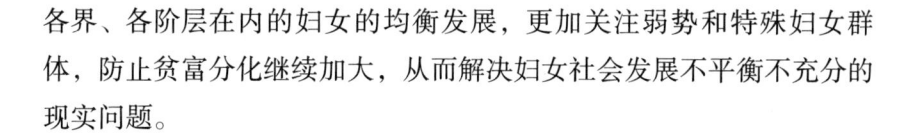

各界、各阶层在内的妇女的均衡发展，更加关注弱势和特殊妇女群体，防止贫富分化继续加大，从而解决妇女社会发展不平衡不充分的现实问题。

二 实现中华民族伟大复兴

新时代，妇联组织要促进妇女的全面发展，但妇联组织职能的价值追求不仅限于此，否则妇联组织就会退化成一个单纯的社会性组织。历史告诉我们，妇女的前途命运都与国家和民族的前途命运紧密相连。国家好，民族好，妇女才会好。实现中华民族伟大复兴是新时代一项光荣而艰巨的事业，需要妇女同胞共同为之努力。

（一）历史经验证明妇联组织的使命始终与民族命运紧密相连

妇联组织自成立之日起，其使命就不局限于性别的解放与发展，而是始终与国家和民族命运紧紧相依。如1932年4月，中华苏维埃共和国妇女生活改善委员会在瑞金正式成立，它曾是苏维埃政府妇女工作的领导机关，是妇联组织的前身，其成立之初就把组织目标定为："坚定实现保护与解放妇女的法令，领导与兴奋劳动妇女群众来积极参加革命战争，使与妇女运动密切的联系起来并很好地配合起来，以增加革命队伍的建设。"[1] 事实上，回顾妇联组织发展的历史，从建设、改革和发展各个时期来看，中国妇女运动也只有与国家和民族发展目标紧密相连，才能取得一系列的辉煌成就。

我们可以看到，中国妇女能有今天的成就，这是光靠中国妇女的力量所无法企及的。中国妇女的过去、现在以及未来，从小到大，从弱到强，从国内到国际影响力都与国家民族息息相关。与国家民族同呼吸、共命运是中国妇女解放发展道路的重要特征，也是妇女解放运动的必然选择。因为我国的妇女运动在起步阶段，面对强大的父权制

---

[1] 江西省妇女联合会、江西省档案馆选编：《江西苏区运动史料选编》，江西人民出版社1982年版，第60页。

度，显得势单力薄，注定了中国妇女社会解放与发展不可能是一个孤立的运动形态，单纯的性别斗争路线只会使妇女解放陷于四面楚歌的境地，最终成为无法企及的乌托邦式空想。中国共产党的领导及其指导思想的理论创新，使国家民族的解放逐渐成为我国妇女组织的价值自觉。如毛泽东早在《湖南农民运动考察报告》《寻乌调查》《兴国调查》《长冈乡调查》《才溪乡调查》等著作中论述的党领导妇女运动的理论、观点、方针、政策时，就开始探索妇女解放运动与无产阶级革命和民族解放运动相结合的道路，带领中国妇女在一个半殖民地半封建的国家基础上不断实现妇女解放，取得了新民主主义的革命胜利。妇女组织只有借助无产阶级的伟大力量，将妇女解放发展的目标合而为一地融入民族解放之中，最终使妇女解放在政治革命进程中得以实现。这是正确审视中国生产力不发达、父权文化压迫强大、妇女社会关系资源稀缺的基础上所作出的理性抉择。实践也证明，我们走出了一条符合中国国情的中国特色妇女解放道路。此后，妇联组织带领广大妇女在中国的建设、改革和发展的进程中所取得的成功经验一次次表明，只有与民族解放发展相融合，才能实现真正的性别解放与发展。我国的妇女正是在推动中华民族从"站起来"到"富起来"再到"强起来"的伟大历史飞跃中，实现了从"妇女解放"到"妇女平等"，再到"妇女发展"的伟大飞跃，谱写出远超出于性别解放的史诗篇章。也正是这种组织职责的认知格局，才使妇联组织区别于一般的妇女组织行稳致远，更具组织生命力和社会认可度。因此，妇联组织的职责要做的不仅仅是关乎两性平等的事，也要做关乎国家民族发展的事。

（二）实现中华民族伟大复兴是妇联组织的时代选择

习近平总书记在同全国妇联新一届领导班子成员的集体谈话中就明确提出："实现中华民族伟大复兴，是党和国家工作大局，也是当代中国妇女运动的时代主题。要牢牢把握这一时代主题，把中国发展进步的历程同促进男女平等发展的历程更加紧密地融合在一起，使我国妇女事业发展具有更丰富的时代内涵，使我国亿万妇女肩负起更重要的责任担当。"① 以"复兴"为主题是很特别的,"复兴"在字面上就是"再造辉煌",这与有着悠久的历史和文明的中华民族十分契合,正如习近平总书记指出的:"只有创造过辉煌的民族,才懂得复兴的意义;只有历经过苦难的民族,才对复兴有如此深切的渴望。"②实现中华民族伟大复兴的中国梦是中华民族近代以来最伟大的梦想。而新时代正处于百年未有之变局,也是百年未有之机遇,意味着实现伟大梦想需要凝聚伟大的力量,妇联组织就要带领广大妇女坚定不移地走中国特色社会主义妇女发展道路,积极融入中华民族伟大复兴这一伟大的事业之中共同奋斗,进一步汇聚起实现"两个一百年"奋斗目标的巾帼力量,肩负起组织的责任担当和时代使命。

三 双重职能价值的辩证统一关系

妇联组织职能双重价值相辅相成,辩证统一于新时代中国特色社会主义的伟大实践之中。我们要防止"左"倾或右倾的价值误区,实现双重职能价值的互容互渗、互引互化。互容互渗是双重职能价值"你中有我,我中有你"。它们都以对方为自己实现的前提,都把对方置于自己的视野范围之内,互容互渗着彼此的内容和界限。互引互化是双重职能价值发展在实践中相互引导、相互促进,彼此趋近于对方的融合互洽。妇联组织的双重职能价值统一在"中国梦"之中,"中国梦"里蕴含着"巾帼梦","巾帼梦"助推"中国梦"。

(一)"中国梦"包含"巾帼梦"

马克思主义妇女观将马克思主义普遍原理同中国建设、改革和发展具体实践相结合,抓住社会问题的关键点,对妇女受压迫的根源和妇女解放的道路做了深层本质释义,对妇女受压迫的历史、根源、妇女解放的条件、道路、途径等问题进行了深刻的分析与精辟的论述。

---

① 《坚持男女平等基本国策 发挥我国妇女伟大作用》,《人民日报》2013 年 11 月 1 日第 1 版。

② 中共中央宣传部:《习近平总书记系列重要讲话读本》,人民出版社、学习出版社 2014 年版,第 26 页。

它超越了妇女遭受社会压迫是因为妇女生理弱势、教育机会缺失、社会交往封闭等表象的解说，在历史的观照中，强调社会制度结构分析，注重妇女压迫在社会结构中更宏大的体制性原因分析，揭示社会本质的妇女运动规律，并提出实现的途径就是要推翻资本主义，消灭私有制，建立社会主义，实现共产主义。最终将妇女的全面自由发展纳入无产阶级革命的价值目标，将性别的个性解放与国家民族的解放共同纳入阶级革命之路中予以实现。革命年代如此，建设和改革时期依然如此。实现中华民族伟大复兴的中国梦，其基本内容就是：国家富强、民族振兴、人民幸福，而"中国梦归根到底是人民的梦"。因此人民幸福既是出发点也是落脚点，是中华民族伟大复兴中国梦的本质。据权威统计，当前妇女人数占总人口数的将近一半，2017年我国女性人口达67871万人，占人口比重的48.8%。[①] 人民幸福必然包括占我国人口近一半的妇女幸福。习近平总书记就曾提出："在中国人民追求美好生活的过程中，每一位妇女都有人生出彩和梦想成真的机会。中国将更加积极贯彻男女平等基本国策，发挥妇女'半边天'作用，支持妇女建功立业，实现人生理想和梦想，成为'中国梦'成果的践行者和分享者。"[②] 因此，新时代的"中国梦"包含"巾帼梦"，各族各界妇女的全面发展是中华民族伟大复兴的应有之义。国家将高度重视并积极推进妇女和经济社会同步发展，积极推进男平等和社会文明同步发展，积极推进妇女自身全面发展，使广大妇女群众有更多的获得感、幸福感和安全感。

（二）"巾帼梦"实现"中国梦"

新时代，广大妇女肩负着实现国家富强、民族振兴的时代使命。妇女在中国特色社会主义建设和改革的力量中，无论是数量上、类别上还是地位上日益举足轻重，成为实现中华民族伟大复兴名副其实的

---

① 国家统计局社会科技和文化产业统计司：《中国妇女儿童状况统计资料》，中国统计出版社2018年版，第2页。

② 习近平：《促进妇女全面发展　共建共享美好世界》，《人民日报》2015年9月28日第3版。

"半边天"，中国国际女性形象的展示者。复旦大学张维为曾指出："中国工业革命的成功得益于中国妇女的解放。"① 2017年，全国女性就业人数3.4亿人，② 就业率高达43.1%，超过中国妇女发展纲要中所规定的40%的目标。③ 而且参与经济管理的程度、专业人才中的占比都在稳步提升。2016年"白衣天使"的医务工作者中女性达63%，教书育人岗位上女性超过55%，科技领域中的女性为39%，女企业家占企业家总数的30%。④ 2017年，公有经济企事业单位女性专业技术人员1529.7万，占比48.6%。女检察官占检察官总数的32.6%，女法官占法官总数的32.7%。⑤ 2017年，普通高等学校本专科在校女生占在校生总数的比例已达52.5%，女研究生占研究生总数的比例已达48.4%。⑥ 2018年10月，中国有女外交官2065人，占外交官总数的33.1%。⑦ 2019年9月有11名女性被授予了"共和国勋章"的国家荣誉称号。⑧ 2019年9月28日，中国女排以10胜0负的战绩夺冠，成为世界杯历史上第一个五冠王。中国女药学家屠呦呦获得了诺贝尔生理学或医学奖，实现了我国自然科学领域诺贝尔奖零的突破。科学家林兰英被誉为"中国半导体之母"，张月姣是世界银行解决投资争端国际中心仲裁员，是第一位世贸组织中国籍"大法

---

① 引自《这就是中国》第14集：震撼世界的中国工业革命。
② 中华人民共和国国务院新闻办公室：《平等　发展　共享：新中国70年妇女事业的发展与进步》，《人民日报》2019年9月20日第10版。
③ 黄晓薇：《高举习近平新时代中国特色社会主义思想伟大旗帜　团结动员各族各界妇女为决胜全面建成小康社会　实现中华民族伟大复兴的中国梦而不懈奋斗——在中国妇女第十二次全国代表大会上的报告》，《中国妇运》2018年第11期。
④ 黄晓薇：《高举习近平新时代中国特色社会主义思想伟大旗帜　团结动员各族各界妇女为决胜全面建成小康社会　实现中华民族伟大复兴的中国梦而不懈奋斗——在中国妇女第十二次全国代表大会上的报告》，《中国妇运》2018年第11期。
⑤ 中华人民共和国国务院新闻办公室：《平等　发展　共享：新中国70年妇女事业的发展与进步》，《人民日报》2019年9月20日第10版。
⑥ 中华人民共和国国务院新闻办公室：《平等　发展　共享：新中国70年妇女事业的发展与进步》，《人民日报》2019年9月20日第10版。
⑦ 中华人民共和国国务院新闻办公室：《平等　发展　共享：新中国70年妇女事业的发展与进步》，《人民日报》2019年9月20日第10版。
⑧ 《国家勋章和国家荣誉称号获得者名单》，《人民日报》2019年9月18日第6版。

官",提升了中国在国际舞台上的法治形象,被授予"对外开放法制建设的积极实践者"。亿万妇女的发展,使"巾帼梦"成为推动"中国梦"实现的重要力量。此外,妇联组织还在促进民族团结,旗帜鲜明反对民族分裂、维护祖国和平统一,加强同香港同胞、澳门同胞、台湾同胞和海外侨胞的往来和交流,推动各民族妇女手足相亲、守望相助中起到举足轻重的作用。在对外交流上,妇联组织还多领域、多渠道、多层次地开展妇女民间对外交流,增进了中国妇女同各国人民的友谊,维护了国家民族的核心利益。

第三节 群团组织改革是妇联组织职能改革的重要保障

当前,妇联组织职能运行仍存在许多问题和不足。组织职责不清,机关化、行政化、贵族化、娱乐化弊病依旧存在。妇联组织基层基础薄弱、有效覆盖面不足、吸引力凝聚力不够问题突出,特别是在"四新"群体中的影响力亟待增强;妇联组织权力体制有责无权,时常出现"妇联在场却不在位"的情况,妇联组织社会公信力下降;妇联组织机制运行不畅,妇联组织工作和活动方式单一,进取意识和创新精神不强,存在脱离群众现象;妇联干部能力素质需要进一步提高,作风需要进一步改进等。因此,深化妇联组织职能改革是时代发展的必然要求,是势在必行的关键抉择。2014年12月,中央政治局会议审议通过《关于加强和改进党的群团工作的意见》提出"新形势下党的群团工作更为重要和紧迫,只能加强、不能削弱,只能改进提高、不能停滞不前"。2015年7月中共中央专门召开的中央群团工作会议,出台了《关于加强和改进党的群团工作的意见》,从顶层设计上高屋建瓴地提出了一系列有关妇联组织改革的要求。文件指出:"群团事业是党的事业的重要组成部分,党的群团工作是党治国理政的一项经常性、基础性工作,是党组织动员广大人民群众为完成党的中心任务而奋斗的重要法宝。"2016年7月,中共中央办公厅印发了

《全国妇联改革方案》，标志着我国妇联组织改革正式启幕。此后，全国妇联先后出台了 100 多个改革配套文件，随后各省区市妇联组织相继制定了具体的改革方案，整个妇联组织系统进入全面深化改革的实施阶段。2018 年 3 月中共中央又印发了《深化党和国家机构改革方案》，进一步明确了妇联组织职能改革的工作要求和重点领域。2019 年 10 月，党的十九届四中全会则进一步要求建立健全联系广泛、服务群众的群团工作体系，推动人民团体增强政治性、先进性、群众性。新时代，群团组织改革为妇联组织职能改革指明了前进方向，提供了遵循，是妇联组织职能改革的重要保障。

一 群团组织改革健全了职能的组织保障

党的十八大以来，妇联组织突破了过去部分制约妇联组织发展的瓶颈，解决了部分困扰妇联工作的难题，取得了一定的成果。逐步组建了一个以全国妇联为首的横纵交错、虚实结合体系健全的庞大组织系统。实行全国组织、地方组织、基层组织和团体会员相结合的组织制度。

（一）妇联组织改革的机构设置

2017 年全国妇联制定《关于进一步深化改革、夯实基础，更好发挥基层妇联组织作用的意见》，2018 年 1 月全国妇联再次联合有关部门出台《关于进一步支持和推动基层妇联组织建设和基层工作的意见》，为基层妇联组织全面实现"有人干事、有钱办事、有阵地做事"提供稳定持久的制度保障。[1] 妇联职能的发挥必须通过一定的组织机构来实现，缺乏组织机构这一载体，妇联职能就成了无本之木，无源之水。没有足够强大的稳定的组织载体，附着在其上的职能将无法实现。因此，组织职能在一定程度上也是组织自我建设的一种表

---

[1] 黄晓薇：《高举习近平新时代中国特色社会主义思想伟大旗帜 团结动员各族各界妇女为决胜全面建成小康社会 实现中华民族伟大复兴的中国梦而不懈奋斗——在中国妇女第十二次全国代表大会上的报告》，《中国妇运》2018 年第 11 期。

现。一定的组织职能的形成过程就是组织机构的完善过程，它并不是某种外在于组织的东西。此次群团组织改革推动了妇联组织职能机构的建设和完善，构筑以科层制为中心，结合代表制（妇女代表大会及常委会）与会员制（团体会员）的混合类型机构。从科层体制上看，形成全国、省（区、市）、市（地、州）、县（市、区）、乡镇（街道）、村（社区）六级妇联组织。从横向结构上看，主要是指团体会员，包括企业基层工会女职工委员会及其以上各级工会女职工委员会，和在民政部门注册登记的以女性为主体会员的自愿加入妇联组织的各类为社会、为妇女服务的社会团体。再加上网上妇联组织，共同建构起线上线下、虚实结合的妇联组织机构体系（如图1-1所示）。当前的组织机构改革试图解决过去"倒金字塔"组织结构问题，补齐基层组织短板，力图形成"上面千条线、下面一张网、妇女身边一个家"的组织局面。目前，村和社区"妇代会"改建"妇联"①、乡镇妇联组织区域化建设②改革基本完成。据统计，截至2016年，全国共建"妇女之家"73.2万个，其中乡镇（街道）"妇女之家"约3.6万个，村（社区）"妇女之家"63.8万个。③ 2016年10月，全国非公经济组织中有妇女组织241804个，社会组织中有妇女组织19398个。④ 2018年乡、村两级妇联执委达770多万人。⑤

---

① "会改联"是指将过去行政村（社区）的妇代会普遍改建成村（社区）妇联，并纵向延伸组织网络，在自然村屯、村民小组、社区网格、居民楼栋等妇女生活最小单元建立妇女小组；横向打破户籍限制，在农民合作社、行业协会、各类兴趣组织等拓展组织覆盖。

② 乡镇（街道）妇联区域化建设改革，根本目的是构建区域化组织网络，在辖区范围内，打破行政壁垒和条块分割的界限，统筹整合组织内外、体制内外的工作力量和资源，打破组织架构、工作人员、组织资源等方面的约束。

③ 张永英、李文、李线玲：《新时代妇联组织改革的创新实践与思考》，《妇女研究论丛》2019年第1期。

④ 宋秀岩：《深化妇联基层基础改革　推动解决基层"四缺"问题》，《中国妇运》2017年第10期。

⑤ 黄晓薇：《高举习近平新时代中国特色社会主义思想伟大旗帜　团结动员各族各界妇女为决胜全面建成小康社会　实现中华民族伟大复兴的中国梦而不懈奋斗——在中国妇女第十二次全国代表大会上的报告》，《中国妇运》2018年第11期。

第一章　新时代妇联组织职能的时代语境

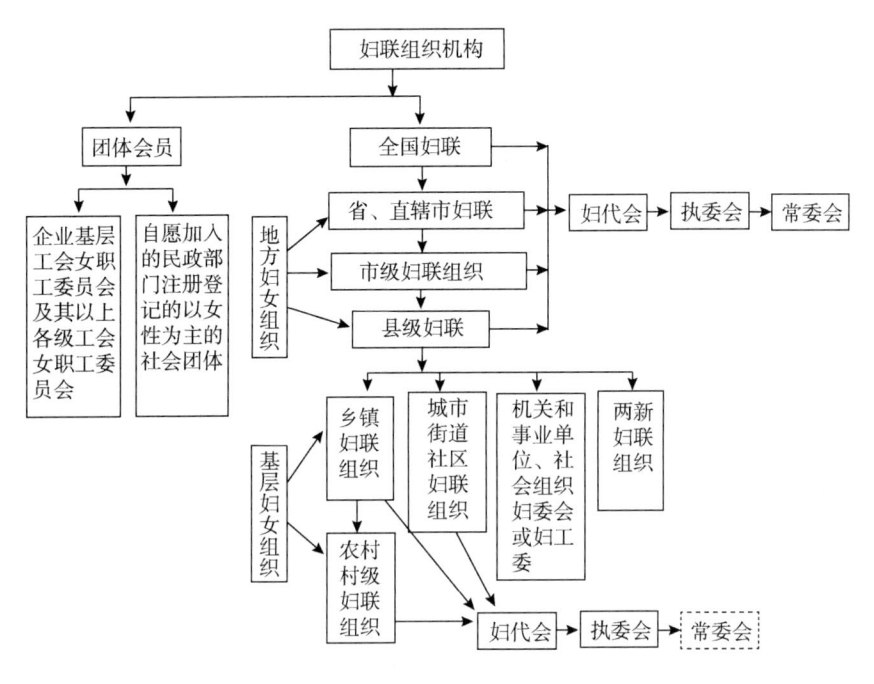

图 1-1　妇联组织机构结构

注：虚线框表示根据实际需求设置，不是必设机构。

（二）妇联组织机构改革的特点

2016年妇联组织改革相较以往历次妇联组织机构改革更具操作性、系统性和整体性，可以将其特点概括成三个方面。

第一，改革既涉及组织领导机构，也涉及内部机关、直属单位。文件要求"改进全国妇联领导机构人员构成、运行机制和机构设置。增强全国妇女代表大会和全国妇联执委会、常委会的广泛性、代表性，在全国妇女代表大会代表和全国妇联领导机构中，明显提高各族各界、各行各业劳动妇女和知识女性中的优秀代表比例；调整优化全国妇联机关部门职能，改革全国妇联直属单位设置"[1]。

第二，改革既提及纵向上的科层组织建设，也强调横向上对团体

---

[1] 《中办印发〈全国妇联改革方案〉》，《人民日报》2016年9月22日第1版。

会员和女性社会组织的帮助和引导。完善了全国、省（区、市）、市（地、州）、县（市、区）、乡镇（街道）、村（社区）六级妇联组织科层体制配备。在此基础上，也加强了横向组织发展。《中华全国妇女联合会章程》（2018）第三十一条规定："妇女联合会应加强同团体会员的联系，帮助和支持团体会员开展工作。团体会员接受妇女联合会业务指导"。2016年《全国妇联改革方案》指出要"加强对女性社会组织的联系引导，培育扶持专业类、公益类、服务类女性社会组织，加强政治引领、示范带动和联系服务"①。

第三，改革既重视基层组织机构建设，也突出创新网上妇联组织平台建设。改革方案既强调："做强基层，夯实基础。创新基层组织设置，积极推动在城乡社区普遍建妇联，重点抓好乡镇（街道）妇联组织建设，推动在新领域新阶层新群体中形式多样地建立妇女组织，指导城乡社区妇联组织向妇女生活最小单元扎根。发挥基层阵地作用，指导各地妇联将'妇女之家'建设向各领域延伸。"② 方案也突出要求打造网上妇女之家。实施妇联上网工程。畅通网上联系妇女渠道，建好用好全国妇联旗舰网站特别是"女性之声"微信、微博、移动客户端，充分运用网络和新媒体建立与各族各界、各行各业妇女群众的广泛联系。③ 全国妇联已开通运营"女性之声"，"一网两微一端"八号综合服务平台和"妇联通"云办公平台，地市以上妇联全部开通官方微信，整个妇联系统建立新媒体平台近8000个、姐妹微信群90多万个，妇联组织的"朋友圈"越来越大。探索运用互联网手段部署妇联工作、开展妇联活动、服务妇女需求，三八红旗手网上推荐等活动吸引了数以亿计的网民参与，妇联组织在网上的传播力和全社会的影响力不断增强。④

---

① 《中办印发〈全国妇联改革方案〉》，《人民日报》2016年9月22日第1版。
② 《中办印发〈全国妇联改革方案〉》，《人民日报》2016年9月22日第1版。
③ 《中办印发〈全国妇联改革方案〉》，《人民日报》2016年9月22日第1版。
④ 黄晓薇：《高举习近平新时代中国特色社会主义思想伟大旗帜 团结动员各族各界妇女为决胜全面建成小康社会 实现中华民族伟大复兴的中国梦而不懈奋斗——在中国妇女第十二次全国代表大会上的报告》，《中国妇运》2018年第11期。

二　群团组织改革完善了职能的制度保障

妇联组织的制度保障可以分为体制保障和机制保障两个方面。体制是宏观层面的制度体系，机制是微观层面运行体系。群团组织改革坚持问题导向，为建设更加充满活力、更加坚强的妇联组织提供了保障。

（一）推进组织体制改革

第一，完善了党对妇联组织的领导体制。党委和妇联组织之间是领导和被领导的关系。2016年在《全国妇联改革方案》中强调双重领导制度。即"地方和基层组织接受同级党组织和上级妇女联合会的双重领导"[1]。强调党委的领导并不取代上级妇联组织对下级妇联组织的领导。如《中共中央关于加强和改进党的群团工作的意见》中提出："地方党委应该注意听取上级群团组织意见，加强沟通协调，形成工作合力。"[2] 肖扬也认为："党对妇联的领导并不是党对妇联业务工作和日常事务的具体领导，更不意味着可以将基层妇联等同于党政的一个部门，以党政工作取代妇联的业务工作，取代妇联组织内部的领导。"[3] 因此，理解双重领导制度需要注意两个方面：一是加强党委对妇联组织的领导，其目的不是强化"管控"而是加大"扶持"。当前各地以党建带妇联的形式推进改革取得了一定进展。党委以更大赋权提升妇联组织在政治体系中的地位。如地方党委要建立和完善研究决定群团工作重大事项制度："党委在每届任期内应该召开专门的群团工作会议；党委常委会应该定期听取各群团组织工作汇报，每年都要专题研究群团工作。"[4] 又如党委对妇联组织的领导务必实效化。党委"管理同级群团组织领导班子，协调群团

---

[1] 《中华全国妇女联合会章程》，《人民日报》2018年11月9日第12版。
[2] 《中共中央关于加强和改进党的群团工作的意见》，人民出版社2015年版，第8页。
[3] 肖扬：《对妇联组织变革动因及其途径的探讨》，《妇女研究论丛》2004年第4期。
[4] 《中共中央关于加强和改进党的群团工作的意见》，人民出版社2015年版，第8—9页。

组织同党政部门的关系及群团组织之间的关系。"① 确保妇联组织人员保障要到位："选好配强妇联领导班子，加大妇联干部培养选拔使用交流力度。"② 确保妇联组织阵地保障要到位，"统筹基层党群组织工作资源配置和使用，基层党组织活动阵地、党员服务站点的规划建设应该考虑群团组织需要"③ 等。二是进一步完善"党建带妇建"的考评体制。完善党建带群建制度体制，把党建带群建作为党建工作责任制的重要内容。④ 要求建立党委群团工作考核制度，要"推动把妇建工作纳入党委党建工作总体格局，同部署、同落实、同督导，提高妇建工作在党建工作考核中的比重。"⑤ 如一些地方原来是由党委常委、组织部长等分管妇联工作，改革之后由党委副书记管妇联工作，为妇联改革和妇联工作的开展提供了有力保障。重庆市江北区委全面深化改革领导小组增设了党的群团改革专项小组，建立了群团组织及相关单位负责人为成员的联席会议制度，加强对群团组织和群团工作的统筹。银川市在服务型党组织的星级评定中将妇联工作分值加大到 10 分，而星级评定与党组织成员的工资直接挂钩。⑥ 三是进一步增加经费保障。"对基层妇联组织的经费补贴应该落实到位，按人头划拨的经费重点向基层倾斜。"⑦ 2017 年，全国妇联和财政部联合下发了《关于进一步支持和推动基层妇联组织建设和基层工作的意见》（妇字〔2017〕32 号）。全国部分省份还探索了妇联基层组织工作经费的财政制度安排（如表 1-1 所示）。

---

① 《中共中央关于加强和改进党的群团工作的意见》，人民出版社 2015 年版，第 8 页。
② 《中办印发〈全国妇联改革方案〉》，《人民日报》2016 年 9 月 22 日第 1 版。
③ 《中共中央关于加强和改进党的群团工作的意见》，人民出版社 2015 年版，第 9 页。
④ 《中共中央关于加强和改进党的群团工作的意见》，人民出版社 2015 年版，第 9 页。
⑤ 《中办印发〈全国妇联改革方案〉》，《人民日报》2016 年 9 月 22 日第 1 版。
⑥ 张永英、李文、李线玲：《新时代妇联组织改革的创新实践与思考》，《妇女研究论丛》2019 年第 1 期。
⑦ 《中办印发〈全国妇联改革方案〉》，《人民日报》2016 年 9 月 22 日第 1 版。

表1-1　　　　　妇联组织基层工作经费制度保障情况

地区	发文单位	基层工作经费
山东省	山东省财政厅和山东省妇联	规定乡镇（街道）财政要将妇联专项工作经费列入财政预算，妇女人口3万人以上的每年不低于3.5万元，并规定财政状况较好的乡镇（街道）可根据需要适当提高标准
吉林省	吉林省委组织部与吉林省妇联	要求乡镇（街道）妇联工作经费纳入同级财政预算，社区按照女性人口每人不低于2元钱标准，在社区服务群众专项经费中列支妇联工作经费，落实村妇代会主任报酬，与其他村委会委员报酬同渠道、同方式、按时足额发放
辽宁省	辽宁省委组织部与辽宁省妇联	乡镇（街道）妇联工作经费纳入同级财政预算，做到逐年合理递增，村（社区）妇联组织工作经费可从村集体经济收入、基层党建工作经费、社区工作经费、村级组织运转经费中支付[1]
重庆市	《重庆市财政局》	在市与区（县）两级财政，全面建立共青团和妇联组织以其服务人数为基础的群团事业发展基金[2]

第二，增强了落实妇女相关法律法规的执法检查。政府和妇联组织之间是交互关系，因为我国政府没有设立专业的妇女部门，1993年国务院组建妇女儿童工作委员会，现在成员单位由原来的19个增加到35个（如图1-2所示）[3]。将办公室设在妇联组织中，政府配备专项资金以保障其工作的运行；强调要推进涉及妇联组织工作的立法；加强妇女工作相关法律法规的实施和执法检查；开启了对妇联组织执法监督权的探索；改进了妇联组织对政府执法的监督方式，对解决妇联组织"有责无权"的现状给出了较好的政策预设。这一举措有益于建构妇联组织和政府的互动关系。

---

[1] 宋秀岩：《深化妇联基层基础改革　推动解决基层"四缺"问题》，《中国妇运》2017年第10期。

[2] 陈晓运、谢素军：《共青团改革的实践创新——基于沪渝粤的实证分析》，《中国青年社会科学》2018年第1期。

[3] 中华人民共和国国务院新闻办公室：《平等　发展　共享：新中国70年妇女事业的发展与进步》，《人民日报》2019年9月20日第10版。

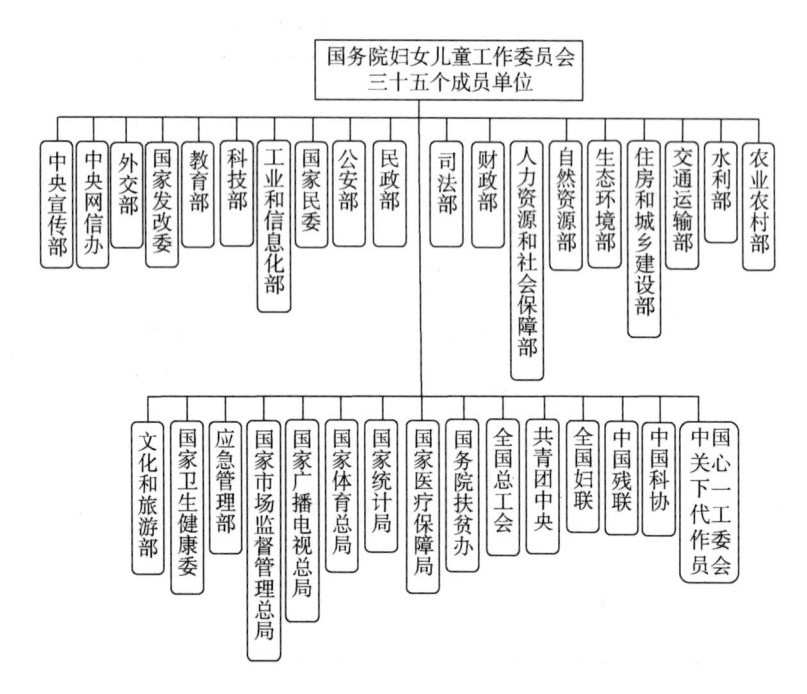

图1-2 国务院妇女儿童工作委员会成员单位构成①

第三，进一步完善参政议政体制。妇联组织作为我国八大人民团体②之一，有资格参与人大和政协会议，通过人大、政协监督党委、政府性别政策的制定和实施。通过参政议政监督党委政府立法。2016年《全国妇联改革方案》中强调要提高妇联组织的参政议政水平。推动代表所联系的妇女参与国家和社会事务的管理，参与民主决策、民主管理、民主监督，推动妇联协商民主向广泛、多层、制度化发展。首先，"各级党委、人大、政府及有关部门研究制定涉及群众切身利益的政策措施、法律法规、发展规划、重大决策，应该请相关

---

① 中华人民共和国国务院新闻办公室：《平等 发展 共享：新中国70年妇女事业的发展与进步》，《人民日报》2019年9月20日第10版。
② 八大人民团体是指在全国政协拥有议政席位的八个人民团体：中华全国总工会、中国共产主义青年团、中华全国科学技术协会、中华全国工商业联合会、中华全国妇女联合会、中华全国归国华侨联合会、中华全国台湾同胞联谊会、中华全国青年联合会。

群团组织参与调研和论证，充分听取意见、吸收合理建议，充分考虑相关群体利益。"① 其次，"各级政协要充分发挥人民团体及其界别委员在密切联系群众、增进社会各阶层和不同利益群体和谐中的作用，密切各专门委员会与人民团体的联系。"② 最后，"党委、人大要支持人民团体在县、乡人大代表换届选举中，依法按程序提名推荐代表候选人。县级以上人大代表、政协委员人选的提名推荐，应该加强与人民团体的沟通协商，落实好有关人选的比例规定和政策要求"③。

（二）推进组织机制改革

妇联组织机制是指妇联组织的内部机理即相互关系，泛指一个组织系统相互作用的过程和方式。以往妇联组织职权改革主要集中在组织机构的调整上，而对于组织机制调整涉及较少，这也是很多制度无法有效落实的关键性原因。因为妇联组织职权想要真正取得成效，还是需要组织机制调整与之相配合。此轮妇联组织改革，相比以往更加强调机制的健全与完善。

第一，加强了上级妇联组织对下级妇联组织的领导。上级妇联对下级妇联的关系由原来的"业务指导"提升为"对下级妇联的领导"，开启新时代妇联组织权力空间，并开展了一些有益尝试。如2016年辽宁省委组织部、辽宁省妇联在《关于坚持党建带妇建　加强基层妇联组织建设的实施意见》中提出："妇联组织换届时由同级党组织与上一级妇联组织共同考核妇联组织主要负责人提名人选。"④ 2018年，江西省宜春市妇联建立了市级妇联对下级妇联的业绩考评制度，探索了上级妇联组织对下级妇联组织如何实现人事协管的具体路径。

第二，完善了妇联组织干部队伍建设机制。首先，全国妇联出台

---

① 《中共中央关于加强和改进党的群团工作的意见》，人民出版社2015年版，第16页。
② 《中共中央关于加强和改进党的群团工作的意见》，人民出版社2015年版，第17页。
③ 《中共中央关于加强和改进党的群团工作的意见》，人民出版社2015年版，第17页。
④ 张永英、李文、李线玲：《新时代妇联组织改革的创新实践与思考》，《妇女研究论丛》2019年第1期。

了《全国妇联机关挂职干部选配和管理办法（试行）》《全国妇联机关兼职干部选配和管理办法（试行）》《全国妇联机关挂职和兼职干部经费保障办法》等。以专、兼、挂的形式探索丰富妇联组织干部队伍建设。在管理上，针对干部脱离群众的问题，积极探索群众参与的妇联干部考核机制，如福建省建立了专职干部下基层蹲点制度和群众评议干部制度。其次，对于挂职和兼职干部的待遇、考核和培训与激励制度，上海先行先试，建立了《上海市群团改革试点方案》。对来自"两新"组织等的挂职干部通过政府购买服务的方式向派出单位支付劳务费，年底进行评先评优并反馈原单位。[1] 长春还引进第三方评议机制，对兼职副主席工作情况进行满意度测评。[2]

第三，探索了引领女性社会组织机制。社会组织是新时代治理体系的重要主体和各项建设事业的重要力量。[3] 全国妇联改革中要求各地妇联组织要通过制定相关工作文件，成立社会工作部、女性社会组织服务中心等主管工作部门或机构，完善此项工作的顶层设计。实践中部分地区探索了一些操作方式。如北京市妇联成立北京幼儿园女园长协会，通过协调动员社会力量为儿童、家长提供切实有效的帮助服务。[4] 厦门市妇联成立女性社会组织孵化基地并由厦门市开心社工机构负责运营。[5] 部分地区的妇联还积极推动在妇女社会组织中建立党组织和妇联组织并向下延伸，引领女性社会组织听党话、跟党走，加强与社会组织的协商。湖北省妇联通过政府购买合作的方式，引导妇女社会组织发挥专长，精准服务妇女群众。如湖北省妇联实施"公益木兰"项目，组织 700 多个社会组织重点参与了关注留守儿童、

---

[1] 张永英、李文、李线玲：《新时代妇联组织改革的创新实践与思考》，《妇女研究论丛》2019 年第 1 期。
[2] 徐旭、李亚辉：《"娘家人"的服务越来越靠谱》，《中国妇女报》2017 年 9 月 15 日。
[3] 黄晓勇：《中国社会组织报告（2018）》，社会科学文献出版社 2018 年版，第 8 页。
[4] 北京市妇联：《积极培育建立有利于促进妇联儿童工作的社会组织》，《中国妇运》2011 年第 11 期。
[5] 张永英、李文、李线玲：《新时代妇联组织改革的创新实践与思考》，《妇女研究论丛》2019 年第 1 期。

第一章 新时代妇联组织职能的时代语境

自闭症儿童、创业妇女、农村老年妇女和单亲家庭等特殊妇女儿童群体的创投大赛和招标活动,实现了与群众需求的精准对接。①

第四,探索妇联组织机制体系化建设。此次改革在机制建立方面具有整体性的特点。通过梳理2015年《中共中央关于加强和改进党的群团工作的意见》、2016年《全国妇联改革方案》和中国妇女第十二次全国代表大会通过的《中华全国妇女联合会章程》(2018)等相关改革政策性指导文件,可以将妇联组织的机制体系归纳成14项举措。(如表1-2所示)

表1-2　　　　　　　　妇联组织机制改革举措

序号	机制	内容
1	上级妇联对下级妇联的人事协管制度	"妇女联合会应承担对下一级妇女联合会主席、副主席的协助管理职责。妇女联合会主席、副主席人选应事先征求上一级妇女联合会的意见,选举结果报上一级妇女联合会备案。"② 妇女联合会主席、副主席人选从先前的"需征求意见"变成了"应征求意见"的硬性规定,妇联组织内部紧密度进一步增强
2	机关干部直接联系妇女群众制度	全国妇联领导班子成员每年用3个月左右时间深入基层开展妇女工作制度,建立机关干部"双月下基层工作周"制度、机关干部到居住地社区妇联报到制度、妇女需求调研制度和妇联干部直接联系妇女群众制度
3	信访代理制	通过向各级国家机关提出有关建议,要求并协助有关部门单位查处侵害妇女儿童权益的行为
4	妇联公职律师制度	通过推动公益诉讼、依法参与调解仲裁等方式为受侵害的妇女儿童提供帮助
5	完善各级妇女代表大会制度和委员会制度	增强全国妇女代表大会和全国妇联执委会、常委会的广泛性代表性③
		建立重大事项报告制度,代表和委员履职述职制度和直接联系群众、接受群众评议制度,完善妇联组织事务公开制度

---

① 《培育激活社会力量　精准服务妇女儿童——湖北省妇女儿童社会组织孵化基地一年工作实录》,《中国妇运》2015年第12期。
② 《中华全国妇女联合会章程》,《中国妇运》2018年第11期。
③ 妇联组织职权机制改革要在全国妇女代表大会代表和全国妇联领导机构中,明显提高各族各界、各行各业劳动妇女和知识女性中的优秀代表比例。

续表

序号	机制	内容
6	加强组织建设	创新基层组织设置。① 重点做好村（社区）妇代会改建妇联和乡镇（街道）妇联区域化建设工作
		发挥基层阵地作用②
		加强对女性社会组织的联系引导③
		探索基层妇联与其他基层群团组织资源整合、协同发力的服务模式
7	改革全国妇联机关干部选拔任用方式	打造专职、挂职、兼职相结合的机关干部队伍④
8	探索妇联组织领导班子和领导干部综合考评机制	建立符合妇联工作特点的妇联组织领导班子和领导干部综合考评机制
9	全面加强妇联干部队伍建设	将妇联干部培训纳入干部教育培训总体规划，分级负责、分系统落实
10	参与政府购买服务	妇联组织承接政府转移职能要试点先行，承接职能后应该建立符合公共服务特点的运行机制
11	健全依靠所联系群众推进工作制度	以妇女群众参与率、满意率、受益率为重点，探索委托第三方开展妇联工作评估
12	群团组织基础信息统计制度	实施妇联上网工程。构建联系网、工作网、服务网整体合一的"互联网＋妇联"工作新格局。主动开展网上舆论斗争，为构建清朗网络空间发挥积极作用

① 妇联组织职权机制改革要积极推动在城乡社区普遍建妇联，重点抓好乡镇（街道）妇联组织建设，推动在新领域新阶层新群体中形式多样地建立妇女组织，指导城乡社区妇联组织向妇女生活最小单元扎根。

② 妇联组织职权机制改革要指导各地妇联将"妇女之家"建设向各领域延伸，切实做到哪里妇女群众集中，就把"妇女之家"建到哪里，把妇女工作做到哪里。

③ 妇联组织职权机制改革要培育扶持专业类、公益类、服务类女性社会组织，加强政治引领、示范带动和联系服务。

④ 妇联组织职权机制改革要打破年龄、学历、身份壁垒，注重基层一线工作经历、群众工作经历，不拘一格从基层、各个领域选用优秀人才，形成一支以专职干部为骨干力量、挂职兼职干部为重要支撑的充满活力的全国妇联机关干部队伍。

续表

序号	机制	内容
13	建立健全社会资金募集、管理、使用全过程公开制度	建立第三方监督评价机制，提高社会公信力
14	加强妇联工作学科理论研究	将妇联工作研究列入国家哲学社会科学研究规划

三 小结

妇联组织是党的群团组织的有机组成部分，妇联组织的职能是妇联组织所具有的特定职责和功能，以及组织应具有的职权。对妇联组织的职能研究也是国家治理现代化的重要内容。新时代是我国当前所处历史方位的科学定位，也是研究妇联组织职能的时代背景和逻辑起点。由于我国社会主要矛盾、社会体制、世界地位和科学信息技术都产生了新的变化，必然要求妇联组织职能因事而化、因时而进、因机而变、因势而新。本章在此基础上，探寻新时代妇联组织职能的价值目标。指出进一步促进妇女全面发展是妇联组织的根本价值，实现中华民族伟大复兴是妇联组织的时代价值。双重职能价值相辅相成，辩证统一于新时代中国特色社会主义的伟大实践之中。而群团组织改革健全了妇联组织机构和制度体系，为新时代妇联组织价值目标的实现提供了重要保障。

第二章　新时代妇联组织职能的三重定位

  2018年11月，习近平总书记在同全国妇联新一届领导班子成员集体谈话时指出："发挥桥梁纽带作用，当好得力助手，这是妇联组织的政治定位；代表和维护妇女权益、促进男女平等和妇女全面发展是妇联组织的基本职能。这些职能定位，概括起来就是引领、服务、联系。"① 这是习近平总书记站在全局高度，对新时代妇联组织职能的全新定位和深刻阐释，为妇联组织工作指明了方向、厘清了思路、划出了重点。列宁曾经指出："在分析任何一个社会问题时，马克思主义理论的绝对要求，就是要把问题提到一定的历史范围之内；此外如果谈到某一个国家（例如，谈到这个国家的民族纲领），那就要估计到在同一历史时代这个国家不同于其他各国的具体特点。"② 约翰·穆勒认为：组织职能可以分为必要职能和任选职能，所谓必要职能是组织在行使而未遭到质疑的那些职能，所谓任选职能是指可供选择的组织职能。③ 因此，任何组织的具体职能发挥上都存在着侧重，而其中必要的那些职能才是新时代职能定位的内容所需。

---

  ① 《坚持中国特色社会主义妇女发展道路　组织动员妇女走在时代前列建功立业》，《人民日报》2018年11月3日第1版。
  ② 中共中央马克思恩格斯列宁斯大林著作编译局编译：《列宁选集》第二卷，人民出版社2012年版，第375页。
  ③ 曹闻民：《政府角色与职能》，人民出版社2008年版，第43页。

第二章　新时代妇联组织职能的三重定位

新时代的妇联组织职能定位是我国全面深化改革的内容之一，是国家治理现代化的重要组成部分，也是维系组织运行的神经中枢。妇联组织职能定位作为中国政治民主发展的现实路径之一，也是理解新时代中国特色社会主义模式的切入点。改革开放之后，妇联组织职能定位研究日渐成为重要议题，学术界虽然基于不同学科背景认识观点不一，但一直在实践中反思探寻，相关概念理论也不断成熟和深化，取得了一些有价值的学术成果。如在理论逻辑上基于"国家—社会"关系视角，将妇联组织职能分为社会职能和政治职能来加以解析，阐述了双重职能"二元对立"的张力表现，职能定位趋向于政治职能向社会职能的转向；在现实研究中，则侧重于妇联组织社会治理领域的创新和功能的发挥。作为一个历史性范畴，新时代妇联组织职能定位应当处于动态发展中的某一个历史方位，聚焦于解决这一历史阶段的主要问题，其职能的具体类型必然会带有时代的印记。我们需要观照新时代的坐标，坚持动态的研究视野，以发展的思想、开放的情怀来审视妇联组织的职能定位，从而展开理论阐释。

第一节　角色丛理论与妇联组织的职能定位

关于新时代妇联组织职能的定位，全国妇联主席沈跃跃在2018年中国妇女研究会年会上的讲话中指出，要"深刻学习领会习近平总书记关于新时代妇联组织职能定位的重要论述，进一步增强研究服务妇联工作的责任感和使命感"[1]。美国社会学家罗伯特·金·默顿的角色丛理论为新时代妇联组织职能定位提供了理论依据。"角色丛"是基于同一社会地位而扮演的多个角色而产生的。社会人是这样，社会组织也同样如此。"妇联组织"作为具有一定社会地位的主体，也具有不同的角色，共同构成组织的角色丛。角色丛理论提示我

---

[1] 沈跃跃：《深入学习贯彻习近平总书记重要讲话精神　推动新时代妇女研究事业创新发展——在2018年中国妇女研究会年会上的讲话》，《妇女研究论丛》2019年第1期。

们在研究妇联组织职能定位时要理清以下几个问题：（1）妇联组织在社会中所担任的"角色丛"有哪些？（2）不同的角色职能的期待是什么？（3）角色丛中各个角色的不同职能构成一个稳定的角色丛关系，还是一个受到潜在威胁的角色丛关系？"角色丛稳定则社会结构有序，反之则社会结构失衡"。①

一 妇联组织的角色丛

妇联组织角色丛随着建设、改革和发展进程而不断调整、不断丰富，不断深化，我们可以从妇联组织的历次全国妇女代表大会《章程》中发现这一演进过程（如表2-1所示）。妇联组织逐渐由1957年单一的"群众组织"走向多重角色，形构角色丛。到2018年时，妇联组织已有三种角色共同构成，分别是：人民团体、群团组织和准政府组织。之所以说妇联组织是人民团体，是因为妇联组织是在中国共产党领导之下的社团组织；之所以说妇联组织是群团组织，是因为妇联组织是各族各界妇女为争取进一步解放和发展而联合起来的社会团体；之所以说妇联组织是准政府组织（GONGO），是因为妇联组织有别于纯粹的政府组织，它"不具备政府机构制定、执行法令、政策的职能与权限，在中国是正式注册的作为社会中间结构的群团组织"①。因此，当前主流观点认为妇联组织是准政府组织，这也比较符合中国实际。

表2-1　　　　　　　　妇联组织角色丛的演进

时间	会议	章程内容	意义
1957年	第三次全国妇女代表大会	中华人民共和国妇女联合会是全国各民族、各阶层、各种不同宗教信仰的妇女群众组织	将妇联的角色明确界定为"妇女群众组织"

---

① ［美］罗伯特·金·默顿：《社会理论和社会结构》，唐少杰等译，译林出版社2006年版，第568—569页。

续表

时间	会议	章程内容	意义
1978年	第四次全国妇女代表大会	中华全国妇女联合会,是中国共产党领导下的,以各族工农劳动妇女和革命知识妇女为主体,广泛团结各界妇女的群众组织,是党联系妇女群众的桥梁	第一次确定妇联的地位是"党联系妇女群众的桥梁"
1983年	第五次全国妇女代表大会	中华全国妇女联合会是中国共产党领导下的全国各族女职工、女农民、女知识分子和其他劳动妇女、拥护社会主义的爱国妇女和拥护祖国统一的爱国妇女的群众组织,是党联系妇女群众的纽带	从"党联系妇女群众的桥梁"强化为"党联系妇女群众的纽带"
1988年	第六次全国妇女代表大会	中华全国妇女联合会是全国各族各界妇女在中国共产党领导下争取进一步解放而联合起来的社会群众团体,是党和政府联系妇女群众的桥梁和纽带	依据政治体制改革党政分开的需要,将妇联的地位扩大到"对党委、政府的作用"。妇联组织"在国家政治生活中的地位不仅在党和政协活动中得到体现,而且在政府活动中也得到进一步确认"[①]。妇联与政府的关系的增补,也将妇联组织的政治功能发挥在国家体系内推向纵深。另外,第一次将妇联"妇女群众组织"明确为"社会群众团体"
2003年	第九次全国妇女代表大会	中华全国妇女联合会是全国各族各界妇女在中国共产党领导下为争取进一步解放而联合起来的社会群众团体,是党和政府联系妇女群众的桥梁和纽带,是国家政权的重要社会支柱	第一次将妇联组织地位明确界定为"国家政权的重要社会支柱"。在第五次全国妇女代表大会的基础上,除了肯定妇女在物质文明和精神文明中发挥积极作用外,又强调了政治文明的内容
2013年	第十一次全国妇女代表大会	中华全国妇女联合会是全国各族各界妇女为争取进一步解放与发展而联合起来的群众组织,是中国共产党领导下的人民团体,是党和政府联系妇女群众的桥梁和纽带,是国家政权的重要社会支柱	将妇联组织进一步完善为"群众组织"和"人民团体"。明确了"妇联"是集政治性、群众性于一体的组织,不同于一般的社会群众团体

---

① 付春:《性质转型、功能演化与价值变迁——建国以来我国妇联组织的转型分析》,《兰州学刊》2004年第4期。

续表

时间	会议	章程内容	意义
2018年	第十二次全国妇女代表大会	中华全国妇女联合会是全国各族各界妇女为争取进一步解放与发展而联合起来的群团组织，是中国共产党领导下的人民团体，是党和政府联系妇女群众的桥梁和纽带，是国家政权的重要社会支柱	中国特色社会主义进入新时代，民间女性社会组织不断兴起，妇联组织的对象不再局限于"妇女群众"，还应包括"妇女团体"。第一次将妇联组织由"群众组织"改为"群团组织"。表明了妇联组织不仅是妇女联合起来的组织，也包括了团体形式的妇女组织

二 妇联组织角色丛的职能定位

不同的妇联组织角色对应不同的职能期待，都是对时代问题的回应。新时代妇联组织职能定位为三重职能，分别是引领职能、服务职能和联系职能。

（一）新时代妇联组织三重职能定位

首先，新时代人民团体角色需要妇联组织具有引领职能，即"团结、引导广大妇女坚定不移地走中国特色社会主义妇女发展道路，在统筹推进'五位一体'总体布局和协调推进'四个全面'战略布局中发挥积极作用，为实现'两个一百年'奋斗目标、实现中华民族伟大复兴的中国梦而奋斗"[1]。其次，准政府组织角色需要妇联组织具有服务职能，即"代表和维护妇女权益，促进男女平等和妇女全面发展"。最后，群众组织角色需要妇联组织具有联系职能。联系职能具有双向性，一方面联系着党和政府，另一方面联系着妇女群众和妇女团体，从而构成党和政府的桥梁纽带，成为国家政权的重要社会支柱（如图2-1所示）。妇联组织三重角色正好对应三重职能，即人民团体角色对应引领职能，准政府组织角色对应服务职能，而群团组织角色对应联系职能。

---

[1] 《中华全国妇女联合会章程》，《人民日报》2018年11月9日第12版。

第二章　新时代妇联组织职能的三重定位

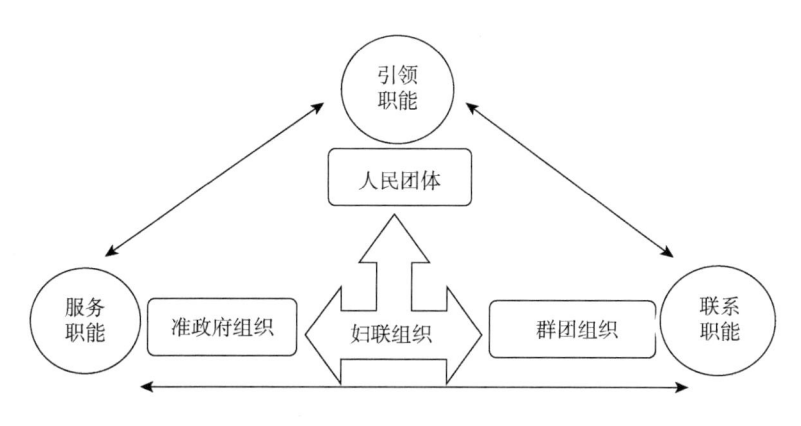

图 2-1　新时代妇联组织三重职能定位

（二）新时代妇联组织职能关系

新时代妇联组织职能包含引领职能、服务职能和联系职能三方面内容，在内涵逻辑关系上是相互联系、互为影响的复合体。引领职能是首要职能，供给方向，供给信仰，是新时代妇联组织的政治保障，确保执政党、国家和社会三者之间统一于实现中华民族伟大复兴的时代主题；服务职能是核心职能，体现着妇联组织的本质属性和独特价值；而服务职能往往又是借助引领职能中的政治属性优势，依托行政体制、机制和资源优势来实现的。联系职能是工具职能，搭建党和政府的桥梁纽带，使引领职能和服务职能在联系职能中相融合，实现政治系统"输入—输出"间的平衡循环。虽然三种职能有时存在一定的"张力"，但并非相互替代、非此即彼，而是相互统一、相辅相成。三种职能构成新时代妇联组织的职能定位，共同支撑着妇联组织的现实运行。引领职能为服务职能和联系职能的发挥提供强有力的政治保障，服务职能为引领职能和联系职能的发挥提供坚实的社会基础，联系职能为引领职能和服务职能提供沟通的平台。因此，新时代妇联组织职能体系涉及引领、服务、联系三种职能、多个维度。妇联组织职能体系的不断健全，不断深化就是要让角色丛中各个角色的不同职能形构一个稳定体系，致力于谱写妇联组织职能和谐三重奏，通过三重职能共振共建我国现代化国家社会结构。

三 妇联组织与相关组织的职能辨析

要理解妇联组织职能三重定位的全貌，还需要将其与相关有着密切联系的组织主体进行职能对比。通过对比，我们可以发现，妇联组织职能与西方妇女组织职能相比具有中国化特点，与民间女性社会组织职能相比具有整体性特点，与工会和共青团组织职能相比更具有针对性特点。

（一）妇联组织与西方妇女组织的职能辨析

每个国家的妇女组织职能不尽相同，即便是在同一历史背景下，由于处于不同发展阶段的国家，其经济、政治、社会、文化、法治等发展阶段都不相同。因此，需要从历史的角度和发展的眼光看待不同国家对妇女组织职能定位的不同界定。西方妇女组织多以民间的妇女社会组织为主，和我国妇联组织职能的关系，既有相同之处，也有不同之处。两者都是以性别为结社依据的组织体，都具有公共服务的职能内容等，但是也有诸多不同。

第一，职能经济基础的根本属性不同。组织的性质和职能是由其赖以存在和发展的经济基础所决定的，并随着经济社会条件的发展而不断变化。我国妇联组织职能建立在以生产资料公有制为基础的社会主义国家基础上，在广大人民利益的基础上实现妇女的整体利益，以马克思主义妇女观为指导思想，以国家富强、民族振兴和妇女发展为己任。西方各类妇女组织代表的是不同妇女阶层的特殊利益，以西方女权主义为指导思想开展资产阶级女权运动，受新自由主义影响，比较强调妇女利益的独立性。因此，西方各类妇女组织预设了资本主义国家观、社会观和世界观。

第二，职能的组织性质不同。西方妇女组织具有明显的非政府特征，规模体量较小，以扁平化组织管理形式为主，强调政府和妇女组织在政治上的互动和制衡。相比之下，中国妇联组织除了群团组织性质外，还呈现出人民团体和准政府组织（GONGO）的特征。中国妇联组织是一个覆盖全国的大规模组织，以科层组织管理形式为主，坚持中国共产党的领导，坚持民主集中制，具有较强的核心意识和大局观念。

第三，职能的资金来源不同。中国妇联组织职能实现的资金来源主要依靠政府的财政支持，但也逐步增加吸纳社会资金的能力；西方妇女组织职能运行的资金来源则以社会资金为主，国家资金为辅。

（二）妇联组织与工会、共青团组织的妇女职能辨析

工会、共青团和妇联组织都是共产党领导下的群团组织，兼具政治和社会双重属性。虽然三者因有女性服务对象而具有一部分类似的职能，但存在根本区别。妇联组织职能相较于工会和共青团而言，对妇女权益的保护更具针对性和全面性。

第一，从组织资格来看。工会和共青团对妇女权益的保障是有条件的，如工会以职工身份和缴纳会费等为条件。2018年中国工会第十七次全国代表大会通过的《中国工会章程》明确规定："凡在中国境内的企业、事业单位、机关和其他社会组织中，以工资收入为主要生活来源或者与用人单位建立劳动关系的体力劳动者和脑力劳动者，不分民族、种族、性别、职业、宗教信仰、教育程度，承认工会章程，都可以加入工会成为会员。""会员没有正当理由连续六个月不交纳会费、不参加工会组织生活，经教育拒不改正，应当视为自动退会"。共青团以年龄和缴纳团费为入团条件，如2018年《中国共产主义青年团章程》中也明确规定："年龄在十四周岁以上，二十八周岁以下的中国青年，承认团的章程，愿意参加团的一个组织并在其中积极工作、执行团的决议和按期交纳团费的，可以申请加入中国共产主义青年团"。妇女则是分属于各阶级、各个阶层，由于性别的同一性而有着某些共同境遇与利益、文化特征的特殊社会群体。她们往往与其处境相对照的比较系——男性，在社会地位上存在整体差异。因而在多数社会中，性别分层是社会分层的一个重要标志。妇联组织就是只以女性性别为资格条件建立的妇女公益组织，别无其他附加条件，也不收取会员费用。

第二，从组织职能侧重来看。首先，共青团侧重在促进14—28周岁青少年妇女的健康成长，以培养中国共产党的助手和后备军为目标。所以，更加注重的是妇女群体中的较为先进优秀的部分人员的成长、成才；而妇联组织不仅关注这一年龄段优秀妇女的发展，更要关注这一年龄段弱势妇女的权益保障。如留守女性儿童、妇女的发展问题。其次，工会和妇联虽然都侧重于维权和服务，但工会多限于经济和劳动关系领域，如参与本单位的民主管理和民主监督，参与协商劳动关系和调解劳动争议，维护女职工的特殊利益，尤其是职场的性别隔离和性别歧视等。因此，工会组织中强调得更多的是"女职工"身份；而妇联组织则更加强调妇女除经济领域外，在各领域的全方位发展。在妇联组织中，妇女既可以是职工，还可以是农民、知识分子、企业家、自由职业者等多种身份，不再限于职工的身份定位。妇联组织维护的不仅是妇女和单位的互动关系，还包括妇女在国家中的政治民主地位和家庭权益等。

（三）妇联组织与民间妇女组织的职能辨析

首先，女性社会组织就是关注妇女发展和男女性别平等的社会团体和民办非企业单位，可以依其章程实行会员制，也可以实行非会员制，但都是公益性或互益性组织。与妇联组织相同的是，它们都是以某类女性为主要服务对象而结群的组织，都具有一定的公益性质。主要包括三种类型：民政注册的妇女组织、工商注册的妇女组织和非正式草根妇女组织。它们是市场经济多样化滋生妇女需求多元化而产生的组织形式。但是妇联组织在服务对象上、职能设置上和组织规模上更具有整体性，具有更强的公益性。因此，"今天中国仍没有一个民间妇女组织能与妇联的影响相比较，也没有一个民间妇女组织能与妇联的权威地位相比拟"①。其次，妇联组织是人民团体，具有较强的政治属性。女性社会组织则更多的是社会主义市场经济发展后涌现出的民众组织，基于诸多需求而拓展的结社空间，具有灵活性、高效性

---

① 金一虹：《妇联组织：挑战与未来》，《妇女研究论丛》2000年第2期。

和专业性等特点，可以填补妇联组织的"治理盲区"和"技能空白"，但在组织格局和利益诉求上而言具有较强的群体属性，与妇联组织的宏观站位存在差别。最后，女性社会组织不属于妇联组织体制，也不同于妇联组织的团体会员，其资金来源主要依靠组织自筹。但是，通过合作，妇联组织可以在女性社会组织自愿的前提下，将其发展成为团体会员，共同服务于妇女群体。

第二节 新时代妇联组织的引领职能

妇联组织职能是指妇联组织所具有的特定职责和功能以及组织应具有的职权。因此，职责是妇联组织职能的重要内涵。任何组织都是按照一定的宗旨建立起来的集体。组织稳定性的强弱之别也就在于其组织价值的公共认可度。因此，组织的存续一定需要构建价值共识。妇联组织作为人民团体，有别于简单的女性社会组织，是具有大局观、整体观和远大抱负的政治组织。因此，妇联组织要把思想政治引领贯穿于妇联工作的各方面、全过程。精耕细作，厚植共同奋斗的思想基础和价值取向。

一 引领职能的具体内容及其实践

全国妇联主席沈跃跃强调：要"引领广大妇女树立四个意识，坚定四个自信，做到两个维护，坚定理想信念、弘扬爱国主义，践行社会主义核心价值观。对噪音杂音不盲目跟风，在大是大非面前态度鲜明，在维护国家核心利益上立场坚定，立足岗位，爱岗敬业，奋斗新时代，为实现中国梦贡献半边天力量"[①]。团结带领广大妇女建功新时代，就是要进一步增强她们的使命感、责任感，进一步发挥她们的积极性、主动性、创造性。各级妇联组织要切实提高广大妇女对时

---

① 沈跃跃：《深入贯彻落实习近平总书记重要讲话精神 做深做细做实妇女思想政治引领工作——在加强妇女思想政治引领工作交流会上的讲话》，《中国妇运》2019年第5期。

代主题的认识,通过思想引领、政治引领、价值引领,不断增进广大妇女对习近平新时代中国特色社会主义思想的政治认同、思想认同、情感认同,自觉把自身的前途命运同国家和民族的前途命运紧紧联系在一起,自觉把人生理想、家庭幸福融入国家富强、民族振兴、人民幸福的伟业中,使"建功新时代"成为广大妇女内生的追求。[①]

(一) 思想引领

习近平新时代中国特色社会主义思想是马克思主义基本原理与中国国情和实践相结合的产物,它以全面建成小康社会、实现中华民族伟大复兴和建设社会主义现代化强国为目标,以制度化改革为突破口,提出了治国理政的基本路线和方略。它反映着时代精神的诉求,指引着中国特色社会主义建设与改革,表达着对人类命运共同体的价值关切,是科学性和革命性、系统性和针对性、价值性和理论性的高度统一,是马克思主义中国化的最新成果。

第一,思想引领就是把学习习近平新时代中国特色社会主义思想作为首要任务,纳入妇联组织的行动指南。把握好这一思想的历史发展、时代品格、主体归属、内容体系和指导价值。用妇女群众听得懂、能接受的形式学深悟透,用科学的理论武装头脑,筑牢信仰之基,补足精神之钙,把稳思想之舵。如妇联组织引领广大妇女群众深入开展习近平新时代中国特色社会主义思想和党的十八大、十九大、十九届四中全会精神等学习宣传活动,大力弘扬时代主旋律,凝聚广大妇女团结奋斗的强大精神力量。号召广大妇女"巾帼心向党·建功新时代"[②],开展一系列的主题活动。如"我与中国梦""巾帼心向党·扬帆新征程""巾帼心向党·喜迎十九大""巾帼心向党·礼赞新中国""党史故事接力传播""喜讯捎给总书记""三八红旗手

[①] 中国妇女报·中国女网评论员:《把握时代主题 团结带领广大妇女建功新时代》,《中国妇女报》2018年11月14日第1版。

[②] 黄晓薇:《高举习近平新时代中国特色社会主义思想伟大旗帜 团结动员各族各界妇女为决胜全面建成小康社会 实现中华民族伟大复兴的中国梦而不懈奋斗——在中国妇女第十二次全国代表大会上的报告》,《中国妇运》2018年第11期。

巡讲活动"等。①

第二，思想引领就是要坚定走中国特色社会主义妇女发展道路。邓小平同志也曾指出："党是搞什么的？工会是搞什么的？共青团是搞什么的？妇联是搞什么的？还不都是做政治工作的？政治工作是要做的，而且是要好好地做。"② 讲政治是妇联组织本质属性的集中体现。妇联组织要引领妇女及妇女团体进一步树立"四个意识"，坚定"四个自信"，坚决做到"两个维护"。不断提高妇联组织迎接"四种考验"和"三大危险"的能力。勇于面对现实矛盾，提高分析和解决问题的能力。引导广大妇女善于明辨是非，坚定不移走中国特色社会主义妇女发展道路，建树正确的女性与男性、妇女与国家的关系。

(二) 政治引领

"群团事业是党的事业的重要组成部分，党的群团工作是党治国理政的一项经常性、基础性工作，是党组织动员广大人民群众为完成党的中心任务而奋斗的重要法宝。"③ 坚持中国共产党的领导，坚决贯彻党的基本理论、基本路线、基本方略，妇联组织要承担起引导群众听党话、跟党走的政治任务，把妇女群众最广泛、最紧密地团结在党的周围。

第一，团结引导各族各界妇女听党话、跟党走是妇联组织职能的政治责任。引导各族各界妇女群众坚定听党话、跟党走的信念信心，使之内化于心外化于形。首先，妇联组织要始终把自己置于党的领导之下，开展党史教育，使广大妇女在思想上、政治上、行动上始终同党中央保持高度一致，自觉维护党中央权威，坚决贯彻党的意志和主张。其次，服务港澳工作和对台工作大局。组织开展妇联系统港澳执

---

① 黄晓薇：《高举习近平新时代中国特色社会主义思想伟大旗帜　团结动员各族各界妇女为决胜全面建成小康社会　实现中华民族伟大复兴的中国梦而不懈奋斗——在中国妇女第十二次全国代表大会上的报告》，《中国妇运》2018 年第 11 期。

② 中华全国总工会、中共中央文献研究室：《毛泽东邓小平江泽民论工人阶级和工会工作》，中央文献出版社 2002 年版，第 136 页。

③ 《中共中央关于加强和改进党的群团工作的意见》，人民出版社 2015 年版，第 1 页。

委和特邀代表赴内地考察交流活动，举办海峡妇女论坛、两岸家庭教育高峰论坛、两岸女大学生创新创业大赛，鼓励港澳妇女同胞积极参与内地扶贫赈灾、公益慈善活动，促进两岸社区、家庭、基层妇女组织结对交流，厚植促进港澳长期繁荣稳定、推动两岸关系和平发展的妇女民意基础。①

第二，围绕中心、服务大局是工作主线。2013年习近平总书记在同全国妇联新一届领导班子成员集体谈话中强调："紧紧围绕党和国家工作大局谋划和开展工作，这是妇联组织发挥作用的根本遵循，是妇联工作不断前进的重要保障。妇联组织要把工作放到大局中去部署、去开展，把党的主张转化为广大妇女的自觉追求和实际行动。"妇联组织要引领广大妇女以主人翁姿态参与改革开放和社会主义现代化建设。引导广大妇女迈进新时代，开启新征程、续写新篇章。"在大众创业、万众创新浪潮中，在乡村振兴、脱贫攻坚、生态环保主战场，在载人航天、深海探测、量子通信、大飞机、高铁等重大科技攻关前沿，在社会服务各领域，在教科文卫体等各条战线，在保家卫国、守护平安第一线，在促进港澳长期繁荣稳定、推动两岸关系和平发展的进程中，在日益广阔的国际交往大舞台"②建功立业。为改革发展的伟大事业最广泛地团结凝聚各方面的优秀女性，形成不懈奋斗、团结奋斗的生动局面。

（三）价值引领

实现中华民族伟大复兴是新时代妇联组织职能的时代主题。贯彻男女平等基本国策，促进妇女全面发展是根本追求。

第一，要引导妇女群众自觉践行社会主义核心价值观。习近平总

---

① 黄晓薇：《高举习近平新时代中国特色社会主义思想伟大旗帜　团结动员各族各界妇女为决胜全面建成小康社会　实现中华民族伟大复兴的中国梦而不懈奋斗——在中国妇女第十二次全国代表大会上的报告》，《中国妇运》2018年第11期。
② 黄晓薇：《高举习近平新时代中国特色社会主义思想伟大旗帜　团结动员各族各界妇女为决胜全面建成小康社会　实现中华民族伟大复兴的中国梦而不懈奋斗——在中国妇女第十二次全国代表大会上的报告》，《中国妇运》2018年第11期。

第二章 新时代妇联组织职能的三重定位

书记指出:"要以先进引领后进,以文明进步代替蒙昧落后,以真善美抑制假恶丑,教育引导广大人民群众不断提高思想觉悟和道德水平,坚定走中国特色社会主义道路,自觉践行社会主义核心价值观,真正成为党执政的坚实依靠力量、强大支持力量、深厚社会基础。"[①]通过价值引领,使广大妇女在理想信念上、价值理念上、道德观念上紧紧团结在一起,自觉增强政治敏锐性和政治鉴别力,为党凝聚妇女群体的价值共识,为社会主义进步增添正能量,为民族复兴凝聚巾帼力量。另一方面要进一步推动全社会形成重视、尊重女性人才的良好机制,推动社会性别意识主流化,为女性创业创新营造良好发展条件和舆论氛围。

第二,要关注、关心、关爱妇女群众,增进情感认同。习近平总书记指出"群团组织和群团干部特别是领导机关干部要深入基层、深入群众,争当全心全意为人民服务宗旨的忠实践行者、党的群众路线的坚定执行者、党的群众工作的行家里手"[②]。因此,要更多关注、关心、关爱普通妇女群众,尤其是特殊困难妇女群众。在直接联系群众、走亲连心中进万家门、访万家情、结万家亲,从妇女群众最关心的问题入手,着力解决群众的操心事、烦心事、揪心事,实现好、维护好、发展好妇女群众的利益,不断提升妇女群众的获得感、幸福感和安全感,增进对群众的真挚感情。

第三,要引导妇女群众自尊、自信、自立、自强。习近平总书记在2018年新春贺词中指出:"幸福都是奋斗出来的。"在2019年新春贺词中,习近平总书记又指出:"我们都在努力奔跑,我们都是追梦人。"因此,妇女的发展过程中,妇女不是被动和消极的客体,而是发展过程的主体。无论是妇女群众对于美好生活的向往,还是梦想的实现,"等、靠、要"都不是正确的打开路径。因此,要引导妇女群

---

① 《切实保持和增强政治性先进性群众性 开创新形势下党的群团工作新局面》,《人民日报》2015年7月8日第1版。
② 《切实保持和增强政治性先进性群众性 开创新形势下党的群团工作新局面》,《人民日报》2015年7月8日第1版。

众发挥主体意识，发扬"四自"精神，以奋斗拼搏为荣，引领妇女群众立足本职，不忘初心，创造美好生活，做走在时代前列的奋进者、开拓者、奉献者，做对社会、对国家有责任，对家庭有贡献的新时代女性。

二　坚持党的领导是引领职能的本质特征

党的十九大报告指出："坚持党对一切工作的领导。党政军民学，东西南北中，党是领导一切的。"2018年新修订的《宪法》第一条中也明确规定："中国共产党领导是中国特色社会主义最本质的特征。"坚持党的领导也是妇联组织引领职能最本质的特征，妇联组织从诞生到发展再到壮大的整个历程都离不开中国共产党的领导。

（一）中国共产党对妇联组织的领导是历史的选择

历史上成功和失败的经验告诉我们，只有坚持中国共产党的领导才能解放和发展妇女。戊戌维新时起，中国妇女就认识到结社合群的重要性，但是大多妇女独立运动都以失败告终。国民革命期间成立的妇女团体参加或支援革命，涌现出何香凝、秋瑾、徐宗汉、张昭汉、唐群英等一批女中豪杰和妇女领袖。中华民国成立后，妇女组织掀起了第一次参政运动，[1] 却也在失败中陷于沉寂。之后，新文化运动带来了马克思主义妇女理论，再一次激起了妇女的爱国救国的热情和自我解放的渴望，并尝试在教育、参政、社交公开、婚姻自由等方面探索实现妇女权利，掀起了第二次妇女参政运动。各省女界代表组织女

---

[1] 1912年1月5日林宗素代表女子参政同志到南京谒见临时大总统孙中山，提出"要求承认女子完全参政权"的要求，得到首肯。1912年2月20日全国统一的女子参政同盟会成立，唐群英任会长，并上书请愿在《临时约法》中加入男女平权等相关内容。3月11日，《中华民国临时约法》正式公布时，条文中没有男女平等的规定，更勿论女子参政。事后唐群英等人多次向参议院提出抗议，并声言："若不容许，必诉武力"。4月1日，袁世凯上台，8月10日《参议院议员选举法》《众议院议员选举法》正式公布，均未有女子选举的条款，为此60多名妇女拥人参议院质问："与男子同功，何以革命成功竟弃女子置于不顾？"8月25日国民党成立大会上，在会议表决时，男女平等一条依旧从国民党政纲中被删除。10月，袁世凯复辟，11月，各省的女子参政活动被勒令解散，妇女参政运动失败，进入低潮。（引自顾秀莲主编《20世纪中国妇女运动史》上卷，中国妇女出版社2013年版，第110—115页。）

界联合会，积极争取选举权、教育权等女性应有的权利。然而，随着各地"联省自治"的消隐，证明这种政治体制也无法在中国得以实现，第二次参政动运也趋于沉寂。这二次的妇女参政运动也说明了资产阶级革命的虚伪性和妇女自身力量的脆弱性都无法实现妇女的解放与发展。直到中国共产党领导妇女运动后，以强大的力量和科学的理论推动妇女解放和发展，尤其突出表现为在占人口多数的农村广泛开展了妇女解放运动。此后，妇女也一直是我国建设和改革的各个阶段经济社会成果的参与者与分享者（如表2－2所示）。因此，引领妇女群众听党话、跟党走成为了妇联组织的首要职能。

表2－2　　中国共产党领导的妇女解放发展的典型事例（1949—2019）

发动时间	运动名称	主要内容
1950—1952	土地改革	通过土地改革，妇女同男子一样可以分田地，有的地方制止了将妇女附在家庭内不分土地的做法，极大地提高了农村地区男女平等意识，某些地区溺弃女婴的陋习得到遏制。[1]到1956年，全国75.6万个农业生产合作社中，70%—80%的社有女社长或女副社长，约计50余万人。1958年，全国解放出来的妇女劳动力有5000万人以上[2]
1950—1952	企业民主运动	1951年2月政务院公布《中华人民共和国劳动保险条例》，明确规定女职工生育享有56天产假。1952年全国女职工数量比1950年增加74%，且妇女职业领域不断扩展。1958年，中国科学院女科学工作者占研究人员总数的22%，女工程技术人员已有3.5万人[3]
1950—1953	《婚姻法》的出台与推行	1950年5月1日，毛泽东签发命令予以公布《中华人民共和国婚姻法》，并于1951年5月1日正式施行。随后，在全国范围内（少数民族地区和土改未完成的地区除外）开展大规模宣传婚姻法和检查婚姻法执行情况的群众性运动，依法惩处虐杀妇女及干涉婚姻自由并造成严重恶果的犯罪分子

---

[1] 全国妇联妇女研究所：《当代中国妇女运动简史（1949—2000）》，中国妇女出版社2017年版，第2—6页。

[2] 全国妇联妇女研究所：《当代中国妇女运动简史（1949—2000）》，中国妇女出版社2017年版，第80页。

[3] 全国妇联妇女研究所：《当代中国妇女运动简史（1949—2000）》，中国妇女出版社2017年版，第108—111页。

续表

发动时间	运动名称	主要内容
1949—1956	禁娼运动	禁娼运动从北京、天津、上海等大城市开始，向全国各地展开，1956年前后基本结束。通过设立教养所、医治疾病、组织参加劳动等，使妓女成为自食其力的劳动者，重新获得人格尊严和社会价值
1950—2017	扫盲教育	1949—1953年全国共扫除文盲701万人，其中数量众多的妇女脱盲。新中国成立之初90%的妇女是文盲，农村妇女文盲率高达95%，[1]全国15岁及以上女性人口文盲率由新中国成立前的90%降至2017年的7.3%，实现历史巨变
1953—1982	计划生育	1955年3月中共中央发布《关于控制人口问题的指示》，1962年中共中央、国务院联合发布《关于认真提倡计划生育的指示》，[2]1973年6月第一次把人口控制指标纳入国民经济发展计划。1978年3月首次将"国家提倡和推行计划生育"写进宪法，1982年9月党的十二大将"实行计划生育"确定为基本国策。1981年设立国家计划生育委员会，统一管理全国的计划生育工作。因此，妇女不再被禁锢在持续生育子女之上，对于保护中国妇女健康起到了积极作用
1949—2018	妇女与保健	1949年11月中央人民政府组建卫生部，下设妇幼卫生局，制定全国妇幼卫生事业发展规划。另外，加大技术创新，如1957年大力推广新法接生，大城市新法接生率已达95%，大大降低了婴儿死亡率和产妇死亡率。[3]2012—2016年，农村孕产妇住院分娩项目累计补助约4800万人，2017年共为1173万名农村计划怀孕夫妇提供免费检查，目标人群覆盖率平均达91.7%。[4]20世纪80年代初开始建立妇幼卫生年报系统。[5]女性平均预期寿命不断提高，据统计，2015年，中国女性人口平均预期寿命达79.43岁[6]

---

[1] 全国妇联妇女研究所：《当代中国妇女运动简史（1949—2000）》，中国妇女出版社2017年版，第49—50页。

[2] 全国妇联妇女研究所：《当代中国妇女运动简史（1949—2000）》，中国妇女出版社2017年版，第117页。

[3] 全国妇联妇女研究所：《当代中国妇女运动简史（1949—2000）》，中国妇女出版社2017年版，第50—52页。

[4] 中华人民共和国国务院新闻办公室：《改革开放40年中国人权事业的发展进步》，《人民日报》2018年12月13日第13版。

[5] 全国妇联妇女研究所：《当代中国妇女运动简史（1949—2000）》，中国妇女出版社2017年版，第202页。

[6] 杨菊华：《改革开放40年公共领域性别平等进展》，《中国妇女报》2018年10月30日第5版。

续表

发动时间	运动名称	主要内容
2007—2016	打拐运动	出台《中国反对拐卖妇女儿童行动计划（2008—2012年）》《中国反对拐卖人口行动计划（2013—2020年）》《关于依法惩治拐卖妇女儿童犯罪的意见》。2009年，公安部建立了世界上第一个打拐DNA信息库，目前已帮助5500余名被拐儿童与家人团聚；③ 2016年，公安部建立"团圆"打拐系统，截至2018年9月，平台发布儿童失踪信息3419条，找回3367人，找回率达98.4%③
2017—2019	脱贫攻坚	截至2018年年底，全国农村贫困人口从2012年的9899万减少到1660万，贫困发生率从2012年的10.2%下降至1.7%，减少的贫困人口中约一半为女性①

（二）中国共产党是妇联组织发展的最大动能

中国妇女社会解放与发展始终不是一个孤立的形态，而是在中国共产党的领导下，走出了一条符合中国国情的中国特色妇女解放道路，带领中国妇女在一个半殖民地半封建的国家基础上不断实现妇女解放与发展。因此，中国共产党是妇联组织发展的最大优势。客观来看，妇联组织的主体性建构是在中国共产党的领导下，在中国特色社会主义革命、建设、改革和复兴的实践中逐步发展起来的，而非自发生成的。改革开放前，中国的"国家—妇联组织"关系主要是国家影响妇联组织。改革开放之后，中国共产党敢于不断自我革新，不断让渡治理空间，不断推动着妇联组织的成熟壮大，其职能范围逐步从参与"社会事务"发展到参与"国家和社会事务"、从"民主监督"到"民主决策"等，不断赋权赋能，显示了执政党的格局以及对妇联组织的信任，使妇联组织取得了较高的国家、社会和国际地位，日益成为国家治理现代化和国际对外交流的重要力量。

综上，历史和实践经验都证明，推动新时代妇女运动发展，我们

---

① 中华人民共和国国务院新闻办公室：《平等 发展 共享：新中国70年妇女事业的发展与进步》，《人民日报》2019年9月20日第10版。

应当坚持中国共产党的领导。发挥各级妇联组织的思想政治引领作用，这既是我们对自己特色的坚守，也是妇联组织始终保持先进性的重要原因。

三 引领职能的时代价值

习近平总书记强调："坚持党的领导，是做好党的妇女工作的根本保证。"①"群团组织要始终把自己置于党的领导之下，在思想和政治行动上始终同党中央保持高度一致……把自己联系的群众最广泛最紧密地团结在党的周围。"② 新时代突出引领职能，有利于巩固党执政的阶级基础和群众基础，整合社会意识形态，实现时代主题，加强国际交流。

（一）巩固党执政的阶级基础和群众基础

马克思主义认为，任何政党都是阶级的政党，都必须有自己的阶级基础，否则政党是无法存续的。毛主席也曾经有一个关于政治的著名论断："什么是政治？政治就是把自己的人搞得多多的，把敌人搞得少少的。"③ 所谓阶级基础是指："在阶级社会中政党赖以产生、存在和发展的有着共同利益和要求的政治社会集团。"④ 无产阶级政党是工人阶级组织的最高形式，中国共产党的阶级基础仍然是工人阶级。因此，巩固党的执政基础就是要加大对工人阶级的动员和团结，增强执政党的凝聚力。这就需要我们在新时代，发挥好妇联组织阵地，科学把握当下女性职工的具体情况，团结好产业工人、干部群众、专业技术人员和知识分子中的妇女群体，切实维护其合法权益。

---

① 中国妇女报·中国女网评论员：《坚持党的领导 强化思想政治引领》，《中国妇女报》2018年11月13日第1版。
② 《切实保持和增强政治性先进性群众性 开创新形势下党的群团工作新局面》，《人民日报》2015年7月8日第1版。
③ 宋秀岩：《深入学习贯彻习近平总书记重要讲话精神把政治贯穿于妇联改革和工作全过程——在省区市妇联主席培训班上的报告》，《中国妇运》2017年第7期。
④ 谢俊春：《中国共产党的阶级基础和群众组织研究》，中国社会科学出版社2006年版，第1页。

此外，阶级基础和群众基础既相互联系又相互区别。党的阶级基础体现着党的先进性，而党的群众基础决定着党的稳固性。毛泽东同志也曾经提出："单有党还不行，党是一个核心，它必须要有群众。我们的各项具体工作，包括工业、农业、商业、文化教育等等工作，90%不是党员做的，而是非党员做的，所以，要好好团结群众，团结一切可以团结的人一道工作。"① 当前中国发展的内外环境正在发生深刻的变化，中国共产党面临着前所未有的挑战和考验，人心向背关系党的生死存亡。因此，巩固中国共产党的执政地位，核心是保持党同人民群众的血肉联系，必须加强和改进党的妇女工作，最大限度把广大妇女群众团结在党的周围，打造抵御国内外敌对势力的干扰破坏和"颜色革命"的铜墙铁壁，夯实党执政治国的群众基础。作为党的得力助手，妇联组织始终把扩大党的群众基础作为重要任务，与时俱进地提升做群众工作的能力和水平。紧紧围绕更好保障和改善广大妇女群众利益，促进社会性别公平正义，深化经济政治社会文化领域制度创新，推进基本公共服务两性均等化发展，巩固了党的妇女群众基础。

（二）整合社会意识形态

2015年，习近平总书记在中央党的群团工作会议上发表重要讲话，首次提出了增强群团组织的政治性、群众性和先进性，并把政治性放在首位，鲜明指出政治性是群团组织的灵魂。② 首先，讲政治就是要建立统一的价值理念和思想共识，对于妇联组织来说，这也是引领职能的意义所在。伍复康也指出："政治体系的有序运行、社会系统的稳定运转，既要靠雄厚的经济基础和国家强制力量，也要有全社会范围内统一的思想作支撑。"③ 新时代妇女群体，思想愈

---

① 毛泽东：《毛泽东文集》第七卷，人民出版社1999年版，第88页。
② 《切实保持和增强政治性先进性群众性 开创新形势下党的群团工作新局面》，《人民日报》2015年7月8日第1版。
③ 伍复康：《社会治理中共青团组织价值的新发展》，《中国青年政治学院学报》2014年第3期。

发独立、行为愈发多变、职业愈发分散、利益诉求愈发多元、特点愈发复杂，自组织能力愈发明显，其稳定性和向心力愈发需要建立在统一的核心价值理念的基础之上。面对新妇女、新组织、新特点、新挑战和新机遇，需要统一思想，化解矛盾，整合妇女社会的意识形态。

其次，当前，由于西方女权运动和女权主义思想的重大影响，激荡着中国妇女社会的思想，部分国际势力拿群团组织做文章，质疑党对群团组织的领导，离间党群关系，鼓动群团组织应当强调"独立""中立"，兜售西方的"女权至上"。基于东西文化传统历史和国情等诸多原因，妇联组织需要清醒和深刻地认识到加强妇女思想政治引领工作的极端重要性、现实紧迫性，提高政治自觉、思想自觉、行动自觉。新时代的中国妇联组织在国际上要有运筹帷幄的外交能力，在扬弃中继承西方女权理论，积极融入国际女权运动，学会在国际平台上代表中国妇女发声，讲好中国妇女的故事，展示我国妇女运动所取得的举世瞩目的成就，迎接全球化时代与全球治理的到来。积极参与"一带一路"建设，推动构建人类命运共同体，为维护世界和平、促进共同发展做出贡献。

最后，新时代的时代主题也是妇联组织的时代主题。离开了时代主题，妇联组织价值目标就易庸俗化，将自身的职能沦为一般"女权组织"，不再肩负民族和时代使命。中国社会发展正经历由站起来、富起来向强起来的伟大飞跃。当前，我国治国理政面临的形势之复杂、任务之艰巨、挑战之严峻前所未有。妇联组织要始终坚持党的领导，主动服务大局，引领妇女群众参与到实现中华民族伟大复兴的实践中去，引导广大妇女坚定理想信念，弘扬爱国主义，做新时代的建设者，做敢于追梦的奋斗者，不断推进全面建成小康社会、全面深化改革、全面依法治国、全面从严治党，解决改革发展各种难题，为实现"中国梦"凝聚起"半边天"力量。

第三节 新时代妇联组织的服务职能

公共服务职能是政府的重要职能之一。妇联组织之所以具有服务职能是因为我国并没有专门的妇女行政部门,因而妇联组织承接了准政府组织的职能。2007 年党的十七大报告中明确指出"支持工会、共青团、妇联等人民团体依照法律和各自章程开展工作,参与社会管理和公共服务"[1],妇联组织开始参与国家和社会事务的管理。正是因为这样,妇联组织相较于一般的妇女社会组织,具有了更多的职权和资源。妇联组织的服务职能内容主要聚焦于"代表和维护妇女权益,促进男女平等和妇女全面发展"。

一 服务职能的重要意义

马克思主义妇女观肯定了妇女对人类发展的贡献,特别是妇女对人类自身生产的特殊贡献,强调要尊重妇女、保护妇女。与此同时,还指出了妇女的价值不仅体现在人类自身生产中,也体现在经济社会发展进步中。江泽民同志也曾经指出:"尊重妇女,保护妇女,是社会进步的一个重要标志,是文明社会应有的法律规范和道德风尚。"[2] 2010 年,胡锦涛同志在纪念"三八"国际劳动妇女节 100 周年大会上的讲话中也强调:"在人类社会发展的历史长河中,妇女始终是推动文明进步的伟大力量。没有妇女的解放,就没有全人类的解放;没有妇女事业的进步,就没有全社会的进步。"2015 年,习近平同志在全球峰会讲话时就明确强调:"妇女是物质文明和精神文明的创造者,是推动社会发展和进步的重要力量。"因此,

---

[1] 胡锦涛:《高举中国特色社会主义伟大旗帜 为夺取全面建设小康社会新胜利而奋斗》,《人民日报》2007 年 10 月 25 日第 1 版。

[2] 江泽民:《江泽民文选》第一卷,人民出版社 2006 年版,第 107 页。

妇联组织服务职能的实现，即是妇女社会发展的需要，也是国家发展的需要。面对现实中的妇女社会问题，国家需要健全妇女领域的国家治理体系，提高治理能力水平，以此化解和减少妇女社会矛盾。与之相适应的是，服务职能的实践过程，也推动了国家和妇联组织的发展。

（一）服务职能的发挥有利于推动国家治理体系的现代化

新时代，国家治理进入了现代化转型阶段。妇女群体的现实矛盾客观上反映了国家治理体系存在着有待提升和完善之处。妇联组织的服务职能强调了妇女发展的全面性，从而推进性别平等与妇女发展状况的总体改善；通过突出发展的平衡性建构新型两性和谐关系；通过注重发展的充分性促进妇女群众和各类妇女团体的发展。可以说，妇联组织的服务职能有利于推动国家治理体系的现代化。

习近平总书记指出："中国共产党党章规定：中国共产党除了工人阶级和最广大人民群众的利益，没有自己的特殊利益。中国共产党及其领导的国家是代表最广大人民根本利益的，其一切理论和路线方针政策，其一切工作部署和工作安排，都应该来自人民，都应该为人民利益而制定和实施。"[①] 妇联组织的服务职能代表广大妇女的根本利益，以广大妇女为工作的中心，通过协调妇女群体利益关系，不断推进与化解社会主要矛盾，并将法治理念贯穿于妇联服务职能的始终。"推进国家治理体系和治理能力现代化，就是要适应时代变化，既改革不适应实践发展要求的体制机制、法律法规，又不断构建新的体制机制、法律法规，使各方面制度更加科学、更加完善，实现党、国家、社会各项事务治理制度化、规范化、程序化"[②]。当前，我国已经建立了以《婚姻法》《妇女权益保障法》《反家庭暴力法》等为基础的包含了国内法律、法规、条例

---

① 中共中央文献研究室：《习近平关于社会主义政治建设论述摘编》，中央文献出版社2017年版，第69页。
② 中共中央文献研究室：《习近平关于社会主义政治建设论述摘编》，中央文献出版社2017年版，第6页。

和政策以及国际条约在内的妇女权益保障体系。每一部法律的制定过程,妇联组织都是重要的参与者。如妇联组织下属的全国妇女研究所每隔十年开展一次全国规模的中国妇女社会地位调查,深入开展一系列重大国内国际研究课题,并组织了关于《就业促进法》、《社会保险法》、《劳动合同法》、《物权法》、《女职工劳动保护条例》(修改草案)、"性别平等的退休政策"等法律、政策的研究;开发了中国性别平等与妇女发展指标体系,并向政府有关部门提出了将妇女发展和性别平等指标纳入全面建设小康社会指标体系的建议。这一系列的成果反映了妇联组织以广大妇女为工作中心、服务妇女、维护妇女利益、主动表达妇女心声、促进其全面发展的服务职能。

(二) 服务职能的发挥有利于强化妇联组织的社会合法性

随着社会改革的不断深入,服务型政府的呼声日益高涨,人们越来越多地强调政府的服务功能。妇联组织也正进一步促进其服务型组织的生成。妇联组织通过服务职能的发挥,可以更好地稳定妇联组织的妇女基础,更好地满足广大妇女的需求,从而巩固组织的社会合法性。社会合法性不仅对民间社会组织是至关重要的,而且也是其他一切社会组织开展活动的基础。[1]妇联组织通过服务职能的发挥,可以有效地维护广大妇女的共同利益,达成共识,提高妇女成员对妇联组织的关注度与参与度,从而使妇联组织具备代表性。习近平总书记强调,新时代的改革,必须以促进社会公平正义、增进人民福祉为出发点和落脚点。妇联组织服务职能强调的正是:代表和维护妇女权益,促进男女平等和全面发展。因此,妇联组织是一个代表妇女利益表达的组织,是一个切实从妇女的自身需求出发,使妇女获得自决、自立和自我解放机会的组织。一旦丧失了这一独特职能,则会失去妇女群众的支持与信任,将导致组织覆

---

[1] Jeffrey Pfeffer, Gerald Salancik, *The External Control of Organizations: A Resource Dependence Perspective*, Stanford: Stanford University Press, 2003: 98.

灭，农会就是前车之鉴。① 服务型妇联组织与管理型妇联组织不同，管理强调有目的、有意识的主动控制；而服务则更强调满足妇女的需求。妇联组织也正是通过服务职能的发挥，才不断增加了妇女的获得感、幸福感和安全感，才能得到妇女群体的拥护与支持，才能调动妇女群众参与社会治理的积极性、主动性、创造性。服务型妇联组织通过协调妇女之间的社会关系，通过制度安排保证每个妇女成员都能获得社会合作所带来的合理利益，从而保障妇女基本人权的实现。妇联组织也正是在服务型组织的建设和发展过程中，才得以参与构建国家和社会的关系，提升妇联组织的能力，保障妇联组织的社会合法性。

二 服务职能的实践成果

妇联组织的服务职能是组织的核心职能。新时代，必然需要突出服务妇女的职能指向，在维护整体利益的情况下，针对当下"为谁发展，靠谁发展，怎样发展"的时代题本，切实转变职能导向，对症时代问题，促进妇女全面发展，包括经济发展、政治民主、社会救助和家庭服务等方面。处理好妇女发展不平衡不充分的主要矛盾，不断满足妇女对日益增长的美好生活的向往。妇联组织服务职能的发挥涉及领域涵盖教育、医疗、就业、婚姻家庭等；服务内容包括性别意识培育、创业就业、扶贫救助、妇女权益保护立法；服务载体有协会、基金、研究所等多种类型；服务的对象也根据地域、阶层、类型

---

① 农会，在1949年以前，是农民的群众组织，同时，还是乡村基层社会的最高权力机关。新中国成立初期，农会仍具有双重性质。1950年，政务院通过的《农民协会组织通则》就规定农会为"农民自愿联合的群众组织"。《中华人民共和国土地改革法》和《农民协会组织通则》又规定农会为"农村改革土地制度的合法执行机关"。农会的社会基础薄弱，其代表功能逐渐丧失。随着国家政权的逐步巩固和体系的日益完善，农民协会原来行使的基层政权职能逐渐由乡村政府取代，农会骨干转为乡村干部，农会代表（大）会改为人民代表大会；在组织体系方面，由于国家政权介入农村社会的日益加强，广大农民被纳入农村行政组织的框架之中，成为一个日益高度化的"组织人"，农民协会的群众团体功能也很快被农村社会国家化的趋势所湮没，农民协会隐退。实际上，农会的隐退原因就是缺乏组织利益代表的独立性与组织的价值目标。

第二章 新时代妇联组织职能的三重定位

等做了分类，如有针对母亲的、有针对女童的，针对流动妇女的，针对农村妇女的，针对创业妇女的，等等，显示了妇联组织服务职能的不断成熟（如表2-3所示）。

表2-3　　　　　新时代服务职能实践探索的部分成果

维度	项目	内容
经济发展	妇女小额贷款	截至2019年，中国政府实施鼓励妇女就业创业的小额担保贷款财政贴息政策，2009—2018年全国累计发放3837.7亿元，中央及地方落实财政贴息资金408.6亿元，获贷妇女656.9万人次，妇女就业创业得到大力支持[1]
	@她创业	截至2019年年底，"@她创业计划"项目已累计发放循环金近3.6亿人民币，覆盖20余个省（区、市），帮助近42万名女性实现创业和再就业，辐射带动355万多人脱贫致富[2]
	劳动保护	截至2017年9月，全国共签订女职工权益保护专项集体合同136.6万份，覆盖女职工近8000万人；建立女职工休息哺乳室的基层企事业工会近30万个，覆盖女职工1849.4万人[3]
政治民主	基层、企业民主	2017年，村委会成员中女性比例为23.1%，比2000年提高7.4%。妇女在居委会中的人数比例始终保持较高水平，2017年居委会成员中女性比例为49.7%，居委会主任中女性比例为39.9%。妇女参与企业民主管理比例稳步提升，2017年，工会女会员占比38.3%，企业职工董事和职工监事中女性比例分别为39.7%和41.6%。[4]
社会救助	母亲邮包	截至2019年，各界爱心人士通过身边的邮政营业网点、有关网络和到中国妇女发展基金会直接捐赠等多种渠道即可捐购"母亲邮包"，已覆盖全国31个省（区、市），共发放邮包83万余个[5]

---

[1] 中华人民共和国国务院新闻办公室：《平等　发展　共享：新中国70年妇女事业的发展与进步》，《人民日报》2019年9月20日第10版。

[2] 中国妇女发展基金会，https：//www.cwdf.org.cn/index.php? m = content&c = index&alists&catid = 98，2020年1月17日。

[3] 中华人民共和国国务院新闻办公室：《平等　发展　共享：新中国70年妇女事业的发展与进步》，《人民日报》2019年9月20日第10版。

[4] 中华人民共和国国务院新闻办公室：《平等　发展　共享：新中国70年妇女事业的发展与进步》，《人民日报》2019年9月20日第10版。

[5] 中国妇女发展基金会，https：//www.cwdf.org.cn/，2019年9月19日。

续表

维度	项目	内容
社会救助	母亲健康快车	截至2019年，以保障母子平安和妇女儿童健康权益为目的，降低妇科病发病率的"母亲健康快车"项目已覆盖30个省（区、市），发车2200多辆，受益人数达6670多万①
	母亲水窖	截至2019年，已帮助311万人获得安全饮用水。②
	两癌救助	截至2017年，全国妇联实施的"两癌"免费检查和救助项目累计使8762万名农村妇女受益，救助贫困患病妇女10.22万人。③
	儿童快乐家园	截至2018年，共投入资金1.065亿元，建设"儿童快乐家园"④1065个，受益儿童60余万名。⑤
	春蕾计划	截至2019年年底，"春蕾计划"实施30周年，已资助373.4万名贫困女童，发放217万套护蕾手册，2019年新增受助春蕾女童4.4万人次，受益女童人数约12.5万⑥
家庭建设⑦	生育政策	2015年，中共中央、国务院印发《关于实施全面两孩政策改革完善计划生育服务管理的决定》增强家庭抚幼和养老功能，支持女性生育后重返工作岗位，鼓励用人单位制定有利于职工平衡工作与家庭的措施，促进社会性别平等。2021年"三孩生育"政策出台，妇联组织要更加注重妇女劳动权利保障，消除就业创业中的性别歧视。
	婴幼服务	2019年，国务院办公厅发布《关于促进3岁以下婴幼儿照护服务发展的指导意见》，提出建立健全婴幼儿照护服务的政策法规体系和标准规范体系，为家庭育儿提供政策支持。妇联组织是重要的责任单位之一
	家庭教育	截至2017年年底，共建立各类家长学校42.6万个、培训7086万人次，创办网上家长学校1.7万个、短信微信服务平台6.5万个。越来越多的城乡家庭享受到普惠性、公益性的家庭教育指导服务

---

① 中国妇女发展基金会，https：//www.cwdf.org.cn/，2019年9月19日。

② 中国妇女发展基金会，https：//www.cwdf.org.cn/，2019年9月19日。

③ 黄晓薇：《高举习近平新时代中国特色社会主义思想伟大旗帜　团结动员各族各界妇女为决胜全面建成小康社会　实现中华民族伟大复兴的中国梦而不懈奋斗——在中国妇女第十二次全国代表大会上的报告》，《中国妇运》2018年第11期。

④ 深化留守儿童关爱服务工作，探索农村、社区关爱留守儿童的有效模式，全国妇联与中国儿童少年基金会共同推出"儿童快乐家园"公益项目。

⑤ 《中国儿童少年基金会2018年年度报告》，中国儿童少年基金会，https：//www.cctf.org.cn/report/year/2019/06/26/5106.html？v=2，2019年6月26日。

⑥ 《中国儿童少年基金会2019年年度报告》，中国儿童少年基金会，https：//www.cctf.org.cn/report/year/2020/06/23/5505.html？v=2，2020年6月23日。

⑦ 中华人民共和国国务院新闻办公室：《平等　发展　共享：新中国70年妇女事业的发展与进步》，《人民日报》2019年9月20日第10版。

三 新时代促进妇女全面发展是服务职能的核心内容

新时代必须坚持以习近平新时代中国特色社会主义思想为指导，将性别视角纳入新发展议程各个领域，切实增强妇女群众的获得感、幸福感和安全感，更加突出促进妇女的全面发展。党的十八大报告首次将"坚持男女平等基本国策"写入党的代表大会报告。2006年3月，"十一五"规划纲要首次将妇女发展作为国家经济社会发展规划目标。此后，全国妇联妇女研究所研究开发了中国性别平等与妇女发展指标体系，并向政府有关部门提出了将妇女发展和性别平等指标纳入全面建设小康社会指标体系的建议，并在《中国妇女发展纲要（2001—2010年）》中期指标的调整和《中国妇女发展纲要（2011—2020年）》指标论证中得到了充分采纳。[1] 2016年国民经济和社会发展"十三五"规划纲要专列章节对"促进妇女全面发展"作出部署，内容更加丰富，目标更加明确，措施更加有效。各地普遍注重将妇女发展目标任务纳入地方法规政策、纳入地方经济社会发展规划、纳入地方财政预算、纳入民生实事项目、纳入督查考核内容，全国29个省区市建立了法规政策性别平等评估机制。[2] 2018年，《中华全国妇女联合会章程》将"促进妇女的全面发展"列入了妇联组织"基本职能"的内容，这预示我国妇女运动从"妇女解放"到"妇女维权"再到"全面发展"的阶段性转型飞跃。因此，新时代妇联组织服务职能的关键就是要在全面建成小康社会的进程中促进妇女的全面发展。

（一）新时代强调妇女发展的全面性

马克思和恩格斯在批判地继承前人优秀思想的基础上提出了人的全面发展学说，并在《德意志意识形态》一书中第一次正式使用

---

[1] 全国妇联妇女研究所：《中国妇女研究年鉴（2006—2010）》，社会科学文献出版社2015年版，第37页。
[2] 黄晓薇：《高举习近平新时代中国特色社会主义思想伟大旗帜 团结动员各族各界妇女为决胜全面建成小康社会 实现中华民族伟大复兴的中国梦而不懈奋斗——在中国妇女第十二次全国代表大会上的报告》，《中国妇运》2018年第11期。

"个人全面发展"这个概念,指出人的全面发展"就是全面发展自己的一切能力"。之后,马克思和恩格斯关于人的全面发展思想在《共产党宣言》《资本论》以及《反杜林论》中又得到了更加系统地阐释。"妇女全面发展"是一个综合概念,与聚焦于妇女经济收入增长的观点有着本质的差别,因为后者只是让妇女能够发展的手段,而不是目的。因此,"妇女全面发展"是指妇女经济、政治、文化、社会的综合地位的整体提升,即妇女在经济、政治、文化、社会领域中所能享有和控制的资源程度的提升。习近平总书记指出:"要采取措施确保所有女童上得起学和安全上学,发展面向妇女的职业教育和终身教育,帮助她们适应社会和就业市场变化。""要增强妇女参与政治经济活动能力,提高妇女参与决策管理水平,使妇女成为政界、商界、学界的领军人物。""支持妇女建功立业、实现人生理想和梦想。"因此,"促进妇女的全面发展"是一个综合性概念,要让妇女平等依法行使民主权利、平等参与经济社会发展、平等享有改革发展成果。新时代,妇女走向全面发展意味着妇女的发展不再停留在强调"经济独立"的表意层面,而是要突破原有的狭隘的物质生存空间范畴,追求更开放的社会关系和精神世界,寻求全方位的发展。只有这样才能实现马克思所倡导的"任何一种解放都应是把人的世界和人的关系还给'自己'"。诚然,中国社会主义市场经济的发展为妇女解放提供了前提条件,但是社会主义市场经济发展并不意味着至少并不等同于妇女的解放和发展,后者更多地受妇女本身综合地位的制约。蒋永萍也在《中国性别平等与妇女发展指标的研究与应用》的实证调研中发现:"性别平等与妇女发展综合指数的排序与人均GDP排序之间并不存在简单的相关关系",印证了"经济发展并不必然带来性别平等与妇女发展改善"的理论观点,只有将性别平等意识纳入经济社会发展,才会带来性别平等与妇女发展状况的总体改善。[①]

[①] 刘伯红主编:《中国妇女研究年鉴(2001—2005)》,社会科学文献出版社2007年版,第359—360页。

(二) 新时代突出妇女发展的平衡性

随着中国经济实力和妇女实力的稳步增长,新时代要推动妇女从"初级解放阶段"向"高级阶段"过渡。一是注重权利与义务的平衡。从过去单向强化妇女作为力量源泉向权利中心发展;从过去培养妇女成长到鼓励妇女领军发展。二是注重两性发展的平衡。即在社会性别理论中注重从"他者"走向"她者"的主体自觉和身份认同,注重建构新型两性和谐关系,最终回归女人的人本实现。三是注重妇女内部发展的平衡。强调弱势妇女群体的发展,如突出维护农村妇女土地权益、扩大农村妇女宫颈癌和乳腺癌检查项目覆盖范围等相继纳入中央文件和国家重大民生项目,开展"巾帼脱贫行动"和"乡村振兴巾帼行动",反对职场性别歧视等。2019年6月26日,北京人力资源和社会保障局等9部门联合发布《关于进一步加强招聘活动管理促进妇女就业工作的通知》,明确"单位招聘不得询问妇女婚育状况,不得将限制生育作为录用条件,对拒不改正的用人单位、人力资源服务机构,处1万元以上5万元以下的罚款"。

(三) 新时代注重妇女发展的充分性

新时代的妇女全面发展既注重公共场域民主法制化,也注重私人场域家庭建设的社会化。妇女在家庭领域发挥着特殊的作用,在老龄化日益严重、三孩时代相继到来的当下有十分重要的社会继替功能,需要处理好家庭关系、家庭教育和家务劳动的性别分工问题,同时也强调全社会要共同参与家庭建设。自2016年3月起,《反家庭暴力法》正式施行,预防和制止家庭暴力成为国家、社会和每个家庭的共同责任,这也是妇联连续6年向人大和政协提交建议后取得的巨大成果。2019年国务院出台了《关于促进家政服务业提质扩容的意见》,推进家务劳动社会化。此外,妇女的全面发展既包括妇女群众的发展,还包括各类妇女团体的发展。妇联组织需要为妇女社会组织供给思想、供给政策、供给平台、供给人才、供给榜样、供给责任、供给权益、供给资源(经济资源、物质资源、信息资源、管理技术资源等)。注重自上而下的国家赋权的同时,也注重自下而上的妇女群体主体行为自觉。

综上，新时代妇女的全面发展，是从"经济发展"向"经济与妇女社会共同发展"，从"部分妇女发展"向"全体妇女发展"，是从"关注妇女群众发展"向同时"关注女性社会组织发展"，是从"社会公领域"向"家庭私领域并重"的全面发展，是一次历史性的飞跃。这一时期，要更加聚焦于三个场域的职能发挥。首先，聚焦经济领域，服务妇女就业创业。新时代，妇女就业创业的需求相较以往都更加迫切，妇女就业创业的能力相较以往更加强劲，妇女就业创业的层次相较以往更加高端。妇联组织服务职能要适应阶段特征，在妇女就业创业服务基地建设、培训品牌打造、金融服务供给、商业平台对接、奖励资金配套等方面积极作为。其次，聚焦家庭领域，服务家庭建设。新时代，伴随社会形态的变化，当下的家庭结构、文化教育、风俗习惯相较传统社会产生了重要而又深刻的改变，中国的家庭建设面临多方挑战。妇联组织要在建设什么样的家庭、怎样建设家庭以及如何做好家庭服务供给等重大理论和实践问题中引领破局，融洽代际关系、夫妻关系、亲子关系、工作与家庭关系，塑造适合中国生活方式、民族性格和文化心态的家庭观。最后，聚焦社会领域，服务妇女维权。三胎生育人口政策出台后，要更加注重妇女劳动权利保障，消除就业创业的性别歧视；在财产分配层面，要切实保障农村征地拆迁、土地确权、财产分配等领域的妇女权益；在政治参与层面，要防止权力尖端女性缺损，基层妇女政治参与虚置问题；在社会保障层面，要更替男女有别的政策规定；在性别犯罪方面，要形成强烈反对家庭暴力、性侵欺凌的社会共识，完善法制规范，严惩此类犯罪。

第四节 新时代妇联组织的联系职能

群众路线是中国共产党的根本工作路线，也是中国共产党的生命线，是党在长期建设、改革和发展中制胜的法宝。"群众组织是民主的人民政权之最重要的支持与依靠,他们是党与工人群众及一般劳苦群众的联络桥梁,是党的政治影响的传达者,是人民政权的纽带。一切群众组织必须在他们本身的民主化的基础上,活跃他们的工作,经过每个组织本身的特有的任务的完成以吸收和动员群众巩固民主共和的制度与人民政权"①。联系职能是妇联贯彻群众路线的重要表征,妇联组织离开了群众路线,我们就不可能真切地了解妇女需要什么,也不能给妇女群众带去什么,这将致使联系职能输入不充分,组织政策输出不全面,联系职能落空虚置,充斥形式主义,将严重影响妇联组织权威和公信力,丧失妇女的群团阵地。

一 联系职能的具体内容

美国戴维·伊斯顿(David Easton)提出的政治系统分析理论认为:"政治生活在环境中构成一个开放的系统,这些系统需要对环境带来的干扰所产生的压力做出反应。需要通过'输入(包括需求和支持)—输出(包括政策和执行)—反馈'机制产生反作用,把国家决策过程和公民社会的反馈结合起来,以调节自己的行为,推动政治系统互动为社会权威性地分配价值,实现政治系统最大的效用以持续生存。"② 妇联组织联系职能很大一部分在于它能有效收集妇女需求,输入我国的政治系统,再通过法律、法规、规章和政策及其贯彻执行等多种方式加以输出,并在现实实践中反馈其适应性结果,以不断加以修正完善,再次供给公共服务产品,最终形成良性性别秩序。妇联组织的信息反馈能力很大程度上影响着妇联组织联系职能,使其具有双向性,一方面联系着党和政府,另一方面联系着妇女群众和妇女团体。从而构成党和政府联系广大妇女群众的桥梁和纽带。(图2-2)

---

① 中共中央组织部:《中国共产党组织史资料(1921.7—1949.9)》(上),中共党史出版社2000年版,第487页。

② [美]戴维·伊斯顿:《政治生活的系统分系》,王浦劬译,人民出版社2012年版,第158页。

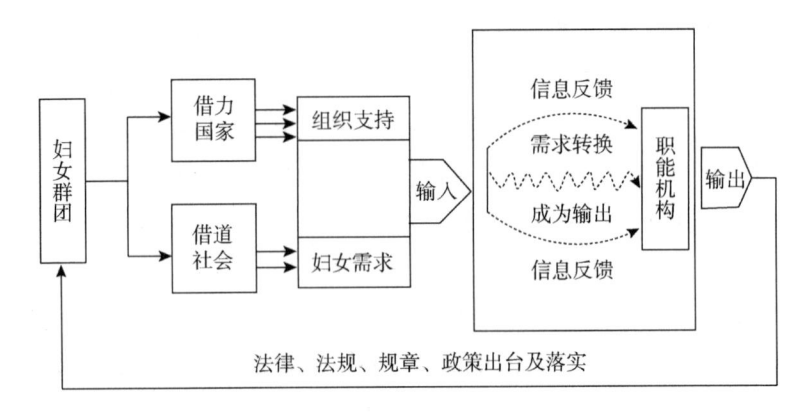

图 2-2 妇联组织联系职能政治系统反应模式

（一）联系广大妇女群众和妇女团体

新时代妇联组织要通过建立组织支持机构，制定系统有效的体制机制，构筑以科层制为中心，结合代表制（妇女代表大会及常委会）与会员制（团体会员）一体化的混合类型组织机构。广泛联系妇女群众和妇女团体，探寻建立社会化、法治化、智能化和专业化的现代社会组织体制，从而有效地形构需求输入系统。

《中华全国妇女联合会章程》（2018）明确了妇联组织是"群团组织"的角色定位，说明了当下妇联组织团结的对象除了广大妇女群众，还有众多妇女团体。强调要把重心放在基层。习近平总书记也多次强调："要做好新形势下妇联工作，一定要把重心放在基层……把党和政府的关怀、妇联'娘家人'的温暖送到广大妇女心中，使妇女工作常做常新，充满活力。"[1] 为此，必须改革妇联"倒三角"[2]的组织架构；此外，还要注重新领域新阶层的妇联组织建设，重点向

---

[1] 《坚持男女平等基本国策　发挥我国妇女伟大作用》，《人民日报》2013年11月1日第1版。

[2] "倒三角"组织架构是原本应当覆盖面较大的基层妇联组织机构、人员应当健全而充分，形成妇联组织机构的三角架构的坚定底座，而现实中，国家、省、市妇联机构、人员相对健全，而基层"三无"（无场地、无人员、无经费）现象普遍，形成机构倒置的"倒三角"。

非公经济组织、妇女社会组织、城乡社区等领域和女农民工、自由职业者等群体延伸,加强高校、机关和事业单位、社会组织中的妇联组织建设,形成完整的组织体系,实现有效覆盖,减少联系"盲区"和"空白点",搭建纵横交错的组织网络格局,确保信息顺畅。最后,利用现代化的科技信息手段,建设"网上妇联",做到哪里有妇女,哪里就有妇女组织,怎么有利于联系妇女,就怎么建好网络妇联组织。

(二)联系党和政府

新时代,妇联组织要通过有效的制度安排嵌入政治体系,联系党和政府。例如进一步通过发挥妇联在人大、政协、政党、政府协商中的作用,形成社会表达、社会参与和社会监督的对接机制,提高妇女在政治生活中广泛、持续、深入的参与权利,能够将整理筛选过的妇女需求通过政治系统成功输出为法律、法规、规章、政策等,且能落地执行,并根据实际情况适时调整,推动妇联组织精准输出公共服务。

习近平总书记指出:"协商民主是中国社会主义民主政治中独特的、独有的、独到的民主形式。"[1] 中国特色社会主义治理的本质是以代表最广大人民群众的根本利益为出发点,妇联组织应当在推进社会协同治理创新,实现协商民主合作,为国家与妇女群众的有效沟通搭建桥梁纽带。加强联系党政的职能,推动妇联协商民主广泛、多层、制度化发展,统筹推进妇联组织在人大协商、政协协商、政党协商、政府协商中的作用。形成完整的制度程序,保证妇女在日常政治生活中有广泛且持续深入的参与权利,这一过程也是我国全过程民主的重要表现内容之一。

第一,参与人大协商。我国的国体是人民民主专政,即工人阶级领导的、以工农联盟为基础的人民民主专政的社会主义国家。其政体是人民代表大会制,人民代表大会制是人民民主专政的组织形式,人

---

[1] 习近平:《在庆祝中国人民政治协商会议成立65周年大会上的讲话》,人民出版社2014年版,第15页。

民代表大会是国家的权力机关，它拥有立法权和对其他国家机关的组织、领导和监督权，可以组建行政、军事、司法、监察①等其他国家机关。1989年4月，全国人大内务司法委员会妇女儿童专门小组成立，并设立妇女青少年室，部分地方人大常委会成立了妇女工作组，作为妇女参政议政的重要平台。全国妇联主席一般担任全国人大常委会委员或副委员长，从而组织动员相关群体提交妇女议案。2018年第十三届全国人民代表大会女代表比例达到24.9%，比1954年第一届提高12.9%。②

第二，参与政协协商。多党合作是我国的政党制度，政治协商是它的组织形式。政治协商制度的主体是各党派、人民团体及社会各界人士，主要职能是政治协商和民主监督，组织形式是定期召开的各级政治协商会议，主要目的是要介入重大问题的决策和执行。因此，政治协商制度是人民民主专政的重要内容，也是人民代表大会制度的有效补充，更是中国共产党贯彻群众路线和统一战线的重要形式。妇联组织作为我国的群团组织通常具有参与政协会议，发挥协商、监督、参政和议政的职能。2018年政协第十三届全国委员会女委员比例达到20.4%，比1949年第一届提高14.3%。③

第三，参与政党协商。在中国妇女第八次全国代表大会上，中国共产党将"工会、共青团、妇联等群众团体要在管理国家和社会事务中发挥民主参与和民主监督作用"列为健全社会主义民主制度的重要内容。④ 妇联组织通过与党委建立了研究妇联工作重大事项制度，如全国妇联每年要向中央书记处汇报工作，反映妇女要求；通过

---

① 2018年3月11日，第十三届全国人民代表大会第一次会议通过宪法修正案，在《宪法》第三章"国家机构"增加第七节"监察委员会"。
② 中华人民共和国国务院新闻办公室：《平等 发展 共享：新中国70年妇女事业的发展与进步》，《人民日报》2019年9月20日第10版。
③ 中华人民共和国国务院新闻办公室：《平等 发展 共享：新中国70年妇女事业的发展与进步》，《人民日报》2019年9月20日第10版。
④ 全国妇联妇女研究所编：《当代中国妇女运动简史（1949—2000）》，中国妇女出版社2017年版，第240页。

把妇联组织建设纳入党建工作总体部署,以党建带妇建的方式完善妇联工作保障制度,来获取更多的政策支持和经费资源;此外还可以通过非正式方式加强沟通,如以平时工作的汇报、邀请党委主要领导出席相关活动、表彰和调研、将社会性别专题内容引入党校课程系统,加强领导干部对妇女工作法律理论政策的学习研究等为主要形式。党的十八大以来,妇联组织协商制度化建设不断完善。《中华全国妇女联合会章程》(2018)规定"地方妇女联合会主要负责人应参加或列席同级党委有关工作会议。乡镇、街道妇女联合会主要负责人可列席同级党委有关会议"[1]"重大决策社会稳定风险评估机制,应该吸收群团组织参加"[2]。

第四,参与政府协商。一是通过国务院妇女儿童工作委员会运行体制有效地参与政府沟通与协商。二是《中共中央关于加强和改进党的群团工作的意见》也明确提出:"政府可通过召开会议或其他适当方式,定期向人民团体通报重要工作部署和相关重大举措,加强决策之前和决策实施之中的协商。"[3]

二 新时代妇联组织联系职能的特征及意义

新时代妇联组织联系职能和以往相比,更加强调基层妇女和妇女团体的联系职能,从以纵向联系为主切换到纵横联系有机结合;更加突出党政联系职能,从以自上而下单向联系为主切换到联系职能的双向互动。

(一)更加强调联系职能的纵横并重,有益于整合社会资源

组织作为职能的载体,两者在概念上有分有合。所谓"合"指的是职能的实现不可能没有组织载体,所谓"分"指只要职能相同,组织可以被更具职能实现能力的另一组织所替代,这就称为"组织

---

[1] 《中华全国妇女联合会章程》,《人民日报》2018年11月9日第12版。
[2] 《中共中央关于加强和改进党的群团工作的意见》,人民出版社2015年版,第16页。
[3] 《中共中央关于加强和改进党的群团工作的意见》,人民出版社2015年版,第17页。

替代"。因此,妇联组织的职能如果长时间不能有效发挥,将面临组织替代危机。尤其是当前女性社会组织不断增多的情形之下,更是如此。萨拉蒙认为,社会组织是弥补"政府失灵"和"市场失灵"的产物,它们在提供公共物品和公共服务方面发挥着重要作用。① 社会组织可以撬动社会中各类服务资源,具有社会治理杠杆的作用。社会组织是公民参与社会治理的重要渠道,国家对社会组织的管制逐步放开,鼓励扶持,因此,各种类型的社会组织蓬勃发展。联系职能发展模式上经历了从"发展科层组织"向"开拓横向组织"再向"纵横并重"发展的演进历程。

改革开放前,妇女社会内部阶层分化并不明显,相对单一。妇女群体可以简单归为城市妇女和农村妇女两大类型,基于当时城市的单位体制和农村的熟人社会历史背景,妇联组织联系的妇女群众仅以纵向的科层组织即可实现全覆盖。因此,这个阶段妇联联系职能的方式主要表现在不断强化组织合法性并健全完善科层体系。一是解决好"妇联"组织的合法性问题。新中国成立之后,除了妇联组织外,各省也建立了妇委组织②,隶属于党委且形成了一定的科层建制。但是由于"妇联"和"妇委"之间职能交叉、分工不明长达6年之久,需要在两个组织间作出去留选择。1958年12月中共中央决定撤销"妇委",保留"妇联"。各级妇委和妇联党组的组织问题如何解决由当地党委自行决定。③ 这也说明妇委会所没有而妇联组织拥有的群团联系职能的重要性。二是完善妇联科层组织体系。1957年第三次全

---

① [美]莱斯特·M.萨拉蒙:《公共服务中的伙伴——现代福利国家中政府与非营利组织的关系》,田凯译,商务印书馆2008年版,第42—51页。

② 中共中央妇女工作委员会的前身是中共中央妇女部,1927年中央临时政治局在上海召开扩大会议时取消了中央妇女部,1928年党的第六次全国代表大会召开中央委员会再次设立妇女运动委员会,1933年,中共临时中央政治局被迫迁至瑞金,中央妇女运动委员会改名为中央局妇女部,1937年恢复中央妇女运动委员会。1949年10月,中共中央妇女委员会改名为中共中央妇女工作委员会。

③ 参见1958年11月18日中共中央批转全国民主妇联党组《关于撤销中央妇委扩大全国妇联党组的报告》。

国妇女代表大会在修改的章程中明确指出"按照国家的行政区划建地方各级组织",意味着妇联组织开始借助国家力量建立妇联组织科层体系,广泛联系妇女群体。

改革开放之后,社会主义市场经济和全球化不断发展。妇女群体开始出现裂变和分化,在农村和城市之间流动,且流向城市的妇女不再局限于原有的单位体制之中,民营企业等非公企业吸纳妇女的能力逐步提升,妇联组织面临"找不到人"的状况,追不上、摸不着流动着的社会妇女,过去的科层体系的联系作用有所下降。因此,妇联组织的联系职能开始开拓横向网络。

进入新时代,一方面,妇女社会团体加速成长,具有"两新化"、灵活性、高效性和专业性等特点,据统计,2016年10月,全国非公经济组织中有妇女组织241804个,社会组织中有妇女组织19398个。[①] 它们形构了妇女社会的另一结社空间。另一方面,妇女群体的阶层多元化、社会流动化、发展信息化进一步加剧,互联网等一系列新兴的就业方式破局原有传统的妇女行业,需要妇联组织充分发挥桥梁纽带作用,延伸联系触角,转向"纵横并重"的发展模式,这必然对妇联组织提出了更多期待,需要通过构建枢纽型立体化的组织形态,整合其他妇女组织力量,提供特色公共服务,联系广大妇女群体。使妇联组织在妇女社会组织体系中占据主导和核心地位,增强组织社会吸纳能力,助推社会治理创新,才能适应新时代的职能要求。

(二)更加突出联系职能的双向互动,有益于推进国家治理现代化

塞缪尔·P. 亨廷顿(Samuel P. Huntington)认为"一个政府强大与否,稳定不稳定,全凭它能否在完善其政治制度化的速度与扩大群众参与水平二者之间求得最佳值,适时适度地调频这二者之间的相互共振,奏出政治上的协调"[②]。首先,新时代中国特色社会主义党

[①] 宋秀岩:《深化妇联基层基础改革 推动解决基层"四缺"问题》,《中国妇运》2017年第10期。

[②] [美]塞缪尔·P. 亨廷顿:《变化社会中的政治秩序》,王冠华等译,上海人民出版社2008年版,第5页。

和妇联组织联系的关系是良性互动的模式。需要强调的是，政治国家的消亡是一个漫长的过程，需要市民社会的发展为其创造客观条件，即需要强大的经济基础，需要建立真正的社会民主，需要有高度的思想文化水平能够实现自我管理。其次，马克思所指的"国家消亡"并不是自由主义所倡导的无政府主义泛滥，而是在普遍参与的新型民主中建立起来的社会取代了国家。此后，20世纪资本主义发展到国家垄断阶段，马克思国家理论在实践中不断被补充、丰富和发展，开始关注"国家的相对自主性"。国家的相对自主性主要表现在国家职能由政治职能向社会职能的转向，即由暴力统治的工具职能向社会管理的公共服务职能的转向。在这个过程中，学界从关注"国家的消亡"走向了关注"国家的复归"。这种"复归"是对马克思主义国家理论的延续，于是"治理"理论应运而生，即强调社会参与，多元共治。在各主体治理作用的讨论上，英国鲍伯·杰索普（Bob Jessop）在总结"新自由主义"失败的经验基础上提出了"元治理"（Meta-governance）理论，国家被视为"同辈中的长者"，是"治理中的治理"。需要强调的是"元治理"的提出更加侧重于国家的责任而非权力。[①] 因此国家需要赋权，不是控权；需要领导，不是垄断。

因此，马克思主义"国家—社会"理论指导下的新时代中国特色社会主义党和妇联组织关系，不是突出两者之间的张力的对抗性理论，因为"国家—社会"关系的此消彼长的理论体系事实上是对马克思主义国家理论的误读，是剥离了现实性的抽象理论。在大多数情形下，强调的是两者之间的互助与包容，是一种互嵌，而非是一种脱嵌的过程。实际上是将国家属性以制度化的方式输入妇联组织，也是国家赋权妇联组织的权力让渡的表达。"社会决定国家"的历史判断论证了妇联组织所代表的妇女群众是国家政权的重要社会支柱；"国家相对自主性"所衍生的"元治理"理论坚定了中国共产党对妇联组织领导的正确性，两者统一于新时代中国特色社会主义的国家性质

---

① 李澄：《元治理理论综述》，《前沿》2013年第21期。

和伟大实践中。

(三) 更加突出信息媒介互联互通,有益于推动妇联组织现代化

伴随新时代互联网的发酵作用,"提速降费"连续3年被写入了政府工作报告,搭建起了一个跨空间的"网上高速"。据统计,截至2019年6月底,全国4G用户规模达12.3亿户,手机上网用户数达13亿户。① 在2019年9月20日召开的国新办发布会上,工信部部长苗圩表示,预计明年我国正式大规模投入建设独立组网的5G网络。② 网络的基础设施的搭建,使网络空间呈现前所未有的重要性。网络已经成为妇女生活生产的重要方式。习近平总书记认为:"人类经历了农业革命、工业革命,正在经历信息革命。"③ 并指出:"移动互联网已经成为信息传播主渠道。随着5G、大数据、云计算、物联网、人工智能等技术不断发展,移动媒体将进入加速发展新阶段。要坚持移动优先策略,建设好自己的移动传播平台,管好用好商业化、社会化的互联网平台,让主流媒体借助移动传播,牢牢占据舆论引导、思想引领、文化传承、服务人民的传播制高点。"④ 因此,网上妇联的建立势在必行,要与线下妇联组织的"妇女之家"形成有效对接,实现网上网下互联互通。为适应"互联网+"新趋势,妇联组织构建起了融纸媒、网媒为一体的媒介矩阵,当前,由全国妇联主办或主管的纸媒平台有《中国妇女报》《婚姻与家庭》《妇女研究论丛》《农家女》(原名《农家女百事通》)以及《中国女性》(中文海外版)等,网络媒体有中国妇女网、女性之声官方手机客户端以及中国妇女报官方客户端。此外,各省市妇联组织也都创建了自己的

---

① 《中国为什么被称为"流动的中国?"》,人民网,http://gz.people.com.cn/n2/2019/0902/c344124-33312783-2.html,2019年9月2日。
② 《明年我国正式大规模投入建设独立组网的5G网络》,新华网,http://www.xinhuanet.com/politics/2019-09/20/c_1125020513.html,2019年9月20日。
③ 习近平:《在网络安全和信息化工作座谈会上的重要讲话》,人民出版社2016年版,第2页。
④ 中共中央党史和文献研究室:《习近平关于网络强国论述摘编》,中央文献出版社2021年版,第82页。

"三微一端"服务平台，成为妇女群体的情感心理顾问、维权投诉平台、信息供给渠道、性别文化传播阵地和思想理论交流高地，促进了妇女联系渠道线上线下有机融合，全力打通妇联组织联系和服务妇女群众的"最后一公里"。

三 小结

妇联组织职能贯穿于妇联组织运行的始终，与妇联组织相伴而生。妇联组织职能定位反映其所代表的组织性质和活动的基本方向，具有鲜明的阶级性和时代性。本书以新时代习近平总书记关于妇联组织职能定位的观点为基本论点，从新时代妇联组织人民团体、准政府组织和群团组织的角色丛出发，研究解释新时代妇联组织的引领、服务和联系三重职能定位及其辩证关系。引领职能是首要职能，它包含思想引领、政治引领和价值引领，其意义在于巩固党执政的阶级基础和群众基础以及整合社会意识形态；服务职能是核心职能，包含着促进妇女经济发展、政治民主、社会维权和家庭服务四个主要方面内容。新时代服务职能重点在于促进妇女的全面发展，它推动了国家治理体系的现代化，强化了妇联组织的社会合法性；联系职能是工具职能，它使妇联组织既联系着党和政府，也联系着妇女群众和团体。新时代妇联组织的桥梁纽带作用进一步彰显，更加强调联系职能的纵横并重，更加突出联系职能的双向互动。

第三章 新时代妇联组织职能实现的问题症结

马克思指出:"一个时代的迫切问题,有着和任何在内容上有根据的因而也是合理的问题共同的命运,主要的困难不是答案,而是问题。"① 习近平总书记指出:"男女权利、机会、资源分配仍然存在不平等现象,社会对妇女潜能、才干、贡献的认识仍然不充分。针对妇女的各种形式歧视依然存在,虐待甚至摧残妇女的事情时有发生"。② 全国妇联党组书记黄晓薇也发现,当前"重男轻女、男尊女卑的落后观念尚未根除,城乡之间、区域之间、不同群体之间的妇女发展还不平衡,农村特别是边远贫困地区妇女的权益保护和民生保障相对薄弱,妇女在就业、人身财产、婚姻家庭等方面平等权利的落实仍面临一些现实困难,要在更高水平上促进妇女事业与经济社会同步协调发展,必须持续不懈努力"③。妇联组织工作始终是紧紧围绕职能来展开的,在几十年的实践中,妇联组织形成了特有的政治优势、组织优势和群众优势,在中国妇女争取社会平等权利上起着无可替代的作

---

① 《马克思恩格斯选集》第1卷,人民出版社1995年版,第203页。
② 习近平:《促进妇女全面发展 共建共享美好世界——在全球妇女峰会上的讲话》,《人民日报》2015年9月28日第3版。
③ 黄晓薇:《高举习近平新时代中国特色社会主义思想伟大旗帜 团结动员各族各界妇女为决胜全面建成小康社会 实现中华民族伟大复兴的中国梦而不懈奋斗——在中国妇女第十二次全国代表大会上的报告》,《中国妇运》2018年第11期。

用。毋庸置疑的是，无论是妇女的解放和发展，还是民族的解放和发展，我们都取得了巨大的成绩，为开创中国特色社会主义铸就了"半边天"新的辉煌。但受现阶段生产力发展水平、国家现代化水平、中国封建传统文化，以及组织的能力局限性等主客观原因影响。时至今日，妇联组织职能离妇女群众的期盼还有一定的差距。妇联组织职能的突出问题依然没有得到彻底解决，从而牵制了引领、服务和联系三重职能的实质效能。

第一节 妇联组织引领职能的价值理性存在认知疏离

妇联职能是妇联组织所具有的特定职责和功能以及组织应具有的职权。其中妇联组织职责是妇联组织职能独有的价值追寻和应然的品质规律，表征着妇联组织的价值追求。理解妇联组织职能的问题，首先就要审视组织是否建立了自有的职能价值，且所建立的价值体系是理性而符合时代需求的。引领职能是妇联组织的重要职能之一。如前所述，新时代妇联组织的价值目标有双重含义：一是进一步实现各族各界妇女的发展；二是实现中华民族伟大复兴。两者辩证统一，彰显组织价值理性。一旦偏离辩证统一，过于强调或忽视双重价值中的任何一方，都将直接影响组织的聚合能力。

一 国家制度过度安排与组织价值立场模糊并存

引领职能的现实表达存在着国家制度过度安排现象，部分地区过度突出国家话语而隐匿了妇女话语，突出义务话语，而忽视权利话语。将妇联组织行为全部交给国家去受理与支配，导致妇联组织不断放弃和忽略实现妇女发展的独有价值和主体作用，这容易形成国家对妇联组织制度的过度安排，致使组织职能价值的自主性逐渐减弱。由于这种价值误读，一方面，部分地方党委政府对妇联组织职能的发展趋势、规律及作用认识不足，在一定程度上限制了妇联组织职能的发挥，将妇联组织当成一般的政府职能部门安排工作,而妇联的主业工作相对没有考核的硬性指标和规定,自然而然地成为组织的"副业"。如笔者2018年调研J省某区妇联的年度考核情况时,与某区妇联主席进行的访谈中,该妇联主席指出:"我区妇联的年度考核由其他区直部门,根据平时的工作情况打分,取平均分值作为全年工作业绩的评定结果。而作为妇联组织是没有考核其他区直部门社会性别领域工作开展落实情况的资格。也就是说妇联组织只是一个被考核的对象。另外,尽管区妇联也需要接受市妇联的年度考评。考评内容更加聚焦主业,具有专业化,但是在考评结果的应用上与区党委的考评相比,并不具有同等的影响力。这种考核机制必然形成妇联组织工作以满足区党委、政府及区直各部门平时的工作安排为先。"另一方面,也源于妇联组织价值立场模糊。部分妇联组织呈现极强的政治体系依附性表征。只等着或只完成党和政府的指示,等、靠、要的工作思维惯性严重,组织独立的自主性、能动性和作为性不强。陈伟杰就曾指出:"妇联工作的内容泛化,时常附着于其他部门的任务之上……妇联组织与党委政府在职能上经常缺少显见的区分。由于自身在这一结构中并不占据政治与资源优势,因而显得有些多余。"[1] 导致这种结果,一定程度上是由于嵌入化的体制传统和行政化的工作惯性,但还有很大一部分原因是妇联组织对自身价值的领悟不到位。"群体之成为主体,是就其与其所面对的对象的关系而言的。要成为自主的、主动的、能动的作用的发出者,才具有主体的性质和意义。"[2] 郭湛将主体性分为四个阶段、十种形态。分别是初级阶段的自在主体性、自然主体性、自知主体性、自我主体性;转折阶段的自失主体性;高级阶段的自觉主体性、自强主体性、自为主体性和自由主体性以及后期主体性退行演化阶段。[3] 在这个意义

---

[1] 陈伟杰:《社会网络视角下的政治整合与群团改革——以妇联组织为例》,《中华女子学院学报》2018年第3期。
[2] 郭湛:《主体性哲学——人的存在及其意义》,中国人民大学出版社2010年版,第80页。
[3] 郭湛:《主体性哲学——人的存在及其意义》,中国人民大学出版社2010年版,第57—67页。

上讲，妇联组织需要对当前所处的自失形态进行自我反思与审视。

二　组织价值存在性别对立取向

琼·斯科特曾指出："要把妇女确立为历史的主体，必须把她们置于特定的时空中去认识，基于她们所处的环境来解释产生这些行动的可能性。"[①] "妇女至上"的组织价值观把妇女群体的具体利益理解为妇联组织职能的唯一价值，把妇联组织视为超越阶级、超越地域、跨越时空的一元化的非历史存在。主要表现为将妇女的性别利益与男性相对立。这种过度夸大妇女的自觉性、能动性和主体性的观点，忽略了妇女的生存环境和掣肘的真实力量，有严重的西方激进女权主义倾向。将会把妇联组织引向"阶级斗争"或"激进性别组织"的错误道路。马克思指出"男女关系"是人所以为"人"的重要标志。男女之间的关系是人与人之间最自然的关系。我国两性解放走过了从"女性屈从"到"两性对抗"到"两性平等"再到"两性发展"的历程。实际上，男女两性在谋求社会化的过程中，都会被所规定的两性角色所束缚，男性同女性一样被固化在了社会角色中。因此，男性也"越来越看清了他们建构社会制度的代价，他们为这些常使他们恐惧和痛苦的角色而生，甚至为之而死"。[②] 实现妇女发展不仅是妇女自己的事，同时也是男性发展的一种诠释。男女只有在彼此解放和发展的情况下，才能实现真正的自由而全面的发展。关于这一点，部分先哲有着深刻的领悟。中国的妇女解放过程中，起着重要作用的是具有先进思想觉悟的男性。如19世纪末20世纪初，以康有为的《大同书》为檄文，金天翮的《女界钟》问世为政治宣言，给予了黑夜中前行的中国妇女以醍醐灌顶之思想，发出"女权万岁"的呼喊，"唤醒深闺之妖梦"。[③] 此后，以孙中山先生为代表的资产阶级革命派的

[①] 郭湛：《主体性哲学——人的存在及其意义》，中国人民大学出版社2010年版，第57—67页。

[②] 潘萍：《马克思主义妇女解放理论研究》，人民出版社2014年版，第95页。

[③] 金天翮：《女界钟》，上海古籍出版社2003年版，第5页。

全民政治理想中，妇女解放、男女平权成为三民主义中"民权"的重要组成部分，主张女子在政治、经济、社会和教育等各方面享有同男子同样的权利。十月革命后，李大钊从妇女与民主、男女互补、妇女的解放与理解等各个方面实现了马克思主义妇女观的初步中国化。中国的妇女运动男女两性之间从来不是简单的冲突与对立，相反，更多的是启蒙与合作。因此，妇联组织要始终坚持马克思主义妇女观为指导，倡导正确的男女平等价值取向，更加强调男女平等的真实性、协调性和共享性。不能贬低男性以抬高女性，从而追逐极端女权，使妇女社会陷入崇尚女性"特权""强权"甚至是"霸权"的性别异化陷阱。

三 以组织"工具性价值"取代组织"目的性价值"

德国政治学家罗伯特·米歇尔斯说："组织从当初的手段变成了目的，那些当初仅仅是为了政党机器良好运转的制度和规范（如服从、全体成员间的团结一致、等级关系、审慎、行动上分清轻重缓急，等等），最终却获得了比该机器的实际作为更为重要的地位。此后，首要的任务就是避免任何可能阻碍这架机器正常运转的东西。"[①]也就是说，组织"工具性价值"并不等于"目标性价值"。如果实践中仅仅只是强调做强、做大妇联组织机构，而忽略了为什么需要做强、做大妇联组织机构。甚至有时为了做大组织而牺牲妇女利益，那么妇联组织本身也就成了组织价值实现的阻力。加上，妇联组织具有组织的劣根，比如科层制的官僚主义、既得利益的维护者等。如果妇联组织发展到一定规模而没有监管及自律，也可能会出现集体行动"搭便车"行为。如果缺乏对维护妇女合法权益的职能价值的坚守，缺少对妇女群体呼唤的回应，从而遗失了对妇联组织职能价值特性的正确理解和妇女利益代理者的组织使命，那么这样的妇联组织就会因

[①] ［德］罗伯特·米歇尔斯：《寡头统治铁律——现代民主制度中的政党社会学》，任军锋等译，天津人民出版社2003年版，第322页。

其功利性而丧失持续发展的现实可能,最终将沦为纯粹的组织工具。如果妇联组织工作人员把妇联组织当成利益机构,组织只是个人利益实现的工具。对于妇联领导班子而言,组织只是政绩的生产车间、升迁的跳板;对于妇联干部而言,组织只是一份糊口的工作、一个生存的饭碗;对于团体会员而言,组织只是其获得社会公信力的背书者,甚至成为套取政府资金的平台。那么,当妇联组织成为纯粹的利益实现工具,其追求的组织职能价值就会下降。

四 社会性别意识主流化面临现实挑战

当前主流媒体中出现的栏目、剧种、电影所展现的现代女性的要素虽被时代弘扬,却也被现实裹胁。BaekGwangjoon 在研究中国性别教育问题时就指出:"1. 缺乏基础教育;2. 妇女与教育脱节;3. 课程内容仅仅局限于对政府官员的培训;4. 自古以来一直延续的道德教育实际上正在恶化。"[1] 现实中,在基层,"嫁出去的女,泼出去的水""嫁一夫,从一主"等传统封建思想,以村规民约的名义替代法律在公共政策中大量适用。男女有别的传统思想复归的可能依然存在。例如2018年,新东方董事长俞敏洪在谈及如何改变教育方向时用女性举例:"现在是因为中国女性的堕落导致整个国家的堕落"[2],因带有明显的性别误导引发热议。此外,近年来在山东、广州等地还出现形形色色的"女德班""女德学堂"等,打着"复兴国学""弘扬核心价值观"的幌子,宣扬女人打不还手,骂不还口,逆来顺受,绝不离婚,要做女强人就得切掉子宫、切掉乳房,放弃所有女性特点等封建思想糟粕,侮辱女性人格尊严,严重践踏了社会主义核心价值观。[3] 显然,

---

[1] Baek, G., "The Translations of 'Education among the Chinese' of The Chinese Repository with an Added Commentary", *The Chinese Repository*, 2018, (42): 269.

[2] 《女性堕落导致国家的堕落?俞敏洪道歉了,网友却说……》,中国新闻网,http://www.chinanews.com/sh/2018/11-19/8680376.shtml, 2018年11月19日。

[3] 谭琳:《2013—2015:中国性别平等与妇女发展报告》,社会科学文献出版社2016年版,第26—27页。

妇联组织在社会性别意识领域的引领力有待加强。先进的社会性别教育、基础教育并未普及。2017年，国务院女儿工委才启动实施了中小学性别平等教育进课堂项目，且当前实施力度有限。就连部分妇联组织自己的业务培训中都鲜少涉及性别意识培育（如表3-1所示）。

表3-1 2018年J省某市女性能力建设研修班课程安排

序号	课程名称	备注
1	新时代干部队伍建设——打造卓越学习型组织	①全市副县（含副县）级以上女性领导干部及县市区妇联主席共60人 ②学习地点：中山大学 ③时间：一周
2	当前国际局势与中国外交挑战	
3	建设具有强大凝聚力和引领力的社会主义意识形态	
4	国学智慧与领导艺术	
5	粤港澳大湾区建设构想：挑战、机遇与前景	
6	中美贸易形式分析	

材料来源：J省某市妇女性能力建设研修班课程安排会议资料。

第二节 妇联组织服务职能的发挥存在组织公信力困境

社会组织的信用是其获得公众信任的基础和前提，因此，社会组织只有获得公众的信任，其自身的信用才有价值。社会组织公信力体现了社会组织与公众之间的互动关系。[①] 传统观念认为，妇联组织的组织公信力因得到党委政府认可而与生俱来，名正言顺。但是，现实生活中，无论是在行为自由的程度上，还是在社会地位的平等上，抑或是权利实现的公平上，还是在妇女权益保护法律体系的实现上，妇女价值依然存在背离。随着妇联组织不能有效满足妇女的期望，组织公信力开始受到了一定的质疑。

---

① 许巍：《社会组织公信力问题探究》，《行政与法》2017年第7期。

一 经济发展权益保障不力

妇女要成为生活的主人,掌握自己的命运,不仅要有平等的政治地位,还须有平等的经济地位。正如鲁迅先生提出的:"一切女子,倘不得到和男子同等的经济权,我以为所有好名目,就都是空话。"马克思对市民社会进行了全面考察,认为市民社会的矛盾主要表现在经济关系上,由此开启了从政治批判向政治经济学批判的转向。他在《1844年经济学哲学手稿》中系统论述了异化劳动理论:"劳动在特定的社会形成的本质以及在劳动过程中形成的各种关系,构成了市民社会的本质方面,所以,对劳动的本质及其关系的考察,自然是理解市民社会全部秘密的前提。"[1] 妇女解放的首要基础是物质生活生产方式,妇女的社会地位是由社会生产方式和社会制度决定的,是受社会生产发展状况以及妇女在社会劳动中的地位和发挥的作用状况制约的。因此,妇联组织要把促进妇女经济发展放在服务职能的首位。然而,现实境况中,仍然存在妇女经济发展的种种阻力。

(一)分配权益保障不力

在农村的征地拆迁、土地确权、财产分配等重要领域中,妇女权益仍未受到有效保护。妇女在财产继承、土地承包权、就业等方面权益依然存在受侵害现象,导致贫困妇女、失地妇女、留守妇女、老年妇女和残疾妇女等特殊群体依旧处于社会底层。2018年笔者曾对J省C市某县一国家重点水库移民安置拆迁区的妇女群体做了实地调研,发现妇联组织"应然规范"是明确的,然而"实然表现"的路径与方式是曲折而难尽人意的(如表3-2所示)。即便在城市,妇女在市场资源占有、社会分工、成果享有等方面也面临着严峻的挑战。全国妇联开展的第三期中国妇女社会地位调查显示:2010年没有土地的农村妇女占21%,比2000年增加了11.8%,高于男性9.1%。其中因婚姻变动而失去土地的占27.7%。2011年,进京访、集体访增多,仅全国妇

---

[1] 荣剑:《马克思的国家和社会理论》,《中国社会科学》2001年第3期。

联就受理信访投诉1267起,比上年增长了62%。①而失婚妇女,尤其是学者离婚妇女常常因没有自己的土地而丧失居所。时至今日,农村女儿仍然没有实质性的继承权,对家庭日常生活性资产虽可分享(使用权),但也无支配权。金一虹指出:"出嫁前女儿如有个人收入,一般也没有支配权,如有个人收入,只能算不合法的'私房钱'。"②妇联组织要切实推动妇女对于生产资料的支配权与使用权。

表3-2　　2018年J省某区水库移民安置拆迁区中"外嫁女"权益调研情况

项目	妇女价值"应然规范"	妇女生活"实然表现"
安置政策	《中华人民共和国妇女权益保障法》第三十二条规定:"妇女在农村土地承包经营、集体经济组织收益分配、土地征收或者征用补偿费使用以及宅基地使用等方面,享有与男子平等的权利。"	《×××水利枢纽工程移民安置工作实施方案》第十条规定:移民户按以下原则进行界定:"一个家庭有两个或两个以上儿子只要年满16周岁,可以给予分户。"意味着女儿年满16周岁不可分户
外嫁女	《中华人民共和国妇女权益保障法》第三十三条第一款规定:"任何组织及个人不得以妇女未婚、结婚、离婚、丧偶等为由,侵害妇女在农村集体经济组织中的各项权益。"	①《关于禁止在×××水利枢纽工程建设征地范围内新增建设项目及迁入人口的通告》下发后,外嫁离婚回迁的人员一律不予认定。②《×市×××水利枢纽工程移民人口核定登记办法》第五章第十三条规定:符合下列条件之一的,不列为搬迁安置人口:在建设征地范围内,已婚出嫁到建设征地范围以外且户籍未迁出的人口
土地征收或者征用补偿费	《J省实施〈中华人民共和国妇女权益保障法〉办法》第三十条规定:"村民委员会、村民会议、村民代表会议及村民小组制定村民自治章程、村规民约或者决定土地权益等事项时,不得以妇女未婚、结婚、离婚、丧偶等为由,侵害妇女在土地承包经营、集体经济组织收益分配、土地征收或者征用补偿费使用分配以及宅基地使用等方面依法享有的与男子平等的权益。"	土地征收或者征用补偿费由村组按村民自治讨论决定。现实中大部分妇女没有资格分配或同等分配土地征收、征用补偿费

---

① 全国妇联权益部主编:《维护农村妇女土地权益报告》,社会科学文献出版社2013年版,第5页。

② 金一虹:《中国新农村性别结构迁研究:流动的父权》,南京师范大学出版社2015年版,第86页。

（二）就业权益保障不力

习近平总书记在党的十九大报告中指出："就业是最大的民生。"因此，妇女就业成为妇女经济领域的核心问题。但是随着中国的改革开放，妇女发展模式受到冲击。体现为人口危机相伴而生的妇女就业危机，妇女就业保护与企业效益的冲突，等等。刘璞还提出"就业性别歧视的表现形式包括就业机会歧视、薪酬歧视、怀孕歧视、晋升歧视、性别隔离、退休年龄及退休金待遇不平等"[1]。2013年《人民日报》和人民网的调查显示，超过九成的人表示自己或朋友求职中遭遇过性别歧视；2014年"针对招聘性别歧视行为的平等就业监管机制研究"课题组对北京、河北、山东部分高校毕业生调查发现，高达86.6%的女大学生受到过"招聘信息显示招男性或男性优先""拒不接收或不看女性简历"等一种或多种招聘性别歧视，其中有64.1%的女大学生遭遇过5种及以上性别歧视。[2] 2017年就业人员性别构成中女性占比43.5%，比男性少了13%。[3] 全国总工会统计显示执行了《女职工劳动保护特别规定》的企业占比只有71.2%。谭深、马春华还发现："大量的流动妇女通过自身能力获得社会地位，但到她结婚生子后职业规划将'止于婚姻'，大量让与男性。"[4] 因此，新时代妇联组织仍需在持续改善妇女就业环境上下足功夫。

（三）妇女创业支持乏力

改革开放后，市场经济乃至全球经济的竞争，加之国内的消费升级和国外的贸易摩擦，妇女创业机遇与挑战并存。当前我国妇女创业

---

[1] 全国妇联妇女研究所：《中国妇女研究年鉴（2006—2010）》，社会科学文献出版社2011年版，第232页。

[2] 谭琳：《中国性别平等与妇女发展报告（2013—2015）》，社会科学文献出版社2016年版，第24页。

[3] 国家统计局社会科技和文化产业统计司编：《2018中国妇女儿童状况统计资料》，中国统计出版社2018年版，第38页。

[4] 全国妇联妇女研究所课题组：《社会转型中的中国妇女社会地位》，中国妇女出版社2006年版，第675—681页。

面临前所未有的挑战。科技部、中国工商联、工业和信息化部、国家发展和改革委员会对国内创业项目扶持中,妇女项目占比不高,没有针对妇女设立专项发展口径。首先,妇联组织的创业扶持和奖励资金匮乏,平台搭建尚不成熟,社会宣传成果不显,导致部分地区举办的妇女创业创新大赛默默无闻,号召能力不强。其次,当前妇联组织举办的妇女素质培训覆盖面不广,专业性不强,就业输送可持续力不高,妇联组织结合本土实际,实现项目和就业的无缝对接的培训安排有待进一步完善。

二 政治民主参与不足

妇女的民主参与是指妇女参与国家和社会事务决策、管理和监督的行为。可以分成权力参与和非权力参与。权力参与是有话语权的实质性参与,非权力参与则属于外围参与。总的来说,当前妇女的权力参与程度低,影响力有限,存在妇女政治参与度不高、政治权力尖端女性缺乏、基层妇女权力地位虚置现象。

(一)妇女政治参与度不高

首先,妇女参政具有"政治冷漠"(Political Apathy)的特征。政治冷漠是与"政治参与"相对应的一个概念,指"一个国家的公民对政治活动不感兴趣,不愿花时间和精力参与某项政治活动,即对政治活动的'心理卷入'度较低。这种现象有违现代民主的社会自由"[1]。张永英研究发现:"各级妇女参与权力和决策的比例,距联合国倡导的30%目标都有一定差距,人大女代表比例在国际议会联盟女议员排名的位次持续下滑,由1994年的第12位,降至目前(2015年1月)的第53位。"[2] 金一虹认为:"妇女对社区公共事务关注度和参与度低,重要原因是基于公私领域的划分和男主外女主内的性别

---

[1] 黄莉、龚华香:《我国县域政治系统中公民政治冷漠成因分析——以伊斯顿政治系统论为视角》,《湖北行政学院学报》2009年第6期。

[2] 张永英:《妇女参与权力和决策》,《中国妇运》2015年第6期。

分工模式，使女性活动范围更多被局限在私人领域和家务事中。其次，女性参与公共事务管理的途径也更为狭窄。"① 由此，需要进一步鼓励扩宽妇女参政的渠道，建立各级妇女议事平台和渠道，建立议事制度，逐步形成合力。

（二）处于政治权力高层的女性仍然较缺乏

2017 年第十九届中国共产党代表大会中央委员会性别构成中女性占比4.9%，第十九届中央政治局委员性别构成中，女性占比4%，中央纪律检查委员会委员性别构成女性占比为 6.8%。② 据 2018 年中国共产党党内统计公报显示，截至 2018 年 12 月 31 日，中国共产党党员总数为 9059.4 万，其中中国共产党女党员 2466.5 万名，占比 27.2%。但李慧英指出中国妇女的参政特点是："女部长、女人大代表的比例超过世界同期比例，位于世界前列；但在权力的顶端，至今没有出现过一位女性首脑，甚至女性从未担任过中央政治局常委，……可以说权力尖端缺失；民主参政的意识弱，范围有限，妇女的权力参与和民主参与之间不能形成自然有机的联系。"③ "在权力和决策领域，女性任正职比例低的问题依然无大的改变，女领导的工作分布仍旧集中在教科文卫和群团组织等领域。"④

（三）基层妇女权力地位虚置

首先，据国家统计局社会科技和文化产业统计司统计显示：2017年村民委员会中女性成员比重只占 23.1%，其中担任主任的女性占比为 10.7%，相较 2014 年的 12.3%，下降了 1.6%。⑤ 陕西省妇女

---

① 金一虹：《中国新农村性别结构迁研究：流动的父权》，南京师范大学出版社 2015 年版，第 440—441 页。
② 国家统计局社会科技和文化产业统计司编：《2018 中国妇女儿童状况统计资料》，中国统计出版社 2018 年版，第 59—60 页。
③ 全国妇联妇女研究所：《中国妇女研究年鉴（1991—1995）》，中国妇女出版社 1997 年版，第 369 页。
④ 张永英：《妇女参与权力和决策》，《中国妇运》2015 年第 6 期。
⑤ 国家统计局社会科技和文化产业统计司编：《2018 中国妇女儿童状况统计资料》，中国统计出版社 2018 年版，第 63 页。

第三章　新时代妇联组织职能实现的问题症结

理论婚姻家庭研究会副秘书长在"女村干部示范"项目启动前曾到合阳调查发现："各村一般就一个女村委,基本只管计划生育工作。开会时,男村委们议事,女村委就负责烧烧开水,打扫打扫卫生,她们在村级事务中的发言权是要打问号的。"① 其次,妇代会主任往往是由村两委任命,活动经费依赖村两委拨付,政治上除了计划生育,都要配合党的中心工作。大多数村民自治组织中的妇女在村治中仍然只能扮演无关痛痒的角色,反映了女性在村庄权力系统中被边缘化的处境。②

三　社会保障不均衡

女性虽然社会地位不断提高,但也经历了农业女性化、下岗女性化、贫困女性化、低端职业女性化等一系列问题。高小贤提出:"农村女性在非农化过程中的障碍是一种结构性障碍,在某些地区已形成'男工女耕'的模式,是农业现代化又一次重复了以牺牲女性个人发展为代价的历史老路。"③ 这表明当前中国社会弱势人群中妇女依旧占比较大,妇联组织应进一步加大妇女社会权益保障力度。

（一）社会保障服务男女依然有别

妇女参与社会保障服务体系中,性别差序依然明显（如表3-3所示）。大多数扶贫开发政策及规划中,仍缺乏面向不同贫困妇女的具体有效措施。

---

① 彭竞平:《聚焦女村官:如何主政,乡村上升之路是否通畅》,《人民日报》2011年3月28日。

② 金一虹:《中国新农村性别结构迁研究:流动的父权》,南京师范大学出版社2015年版,第450页。

③ 高小贤:《当代中国农村劳动力转移及农业女性化趋势》,《社会学研究》1994年第2期。

表3-3　　　　　　2017年社会保障服务体系性别结构①

社会保障		性别构成（%）		性别差（%）
		男	女	
城镇职工基本养老保险参保人数		56	44	12
城镇职工基本医疗保险参保人数		52.8	47.2	5.6
城乡居民基本养老保险参保人数	城镇居民	55.9	44.1	11.8
	农村居民	59.6	40.4	19.2
城镇居民基本医疗保险参保人数		56.4	43.6	12.8
失业保险参保人数		57.7	42.3	15.4
工伤保险参保人数		62.2	37.8	24.4
生育保险参保人数		56.3	43.7	12.6
培训机构面对社会开展的职工技能培训人数		55.7	44.3	11.4
纳为农村特困人员保障		86.8	13.2	73.6

（二）性侵欺凌案件依然频发

2012—2014年，全国妇联系统接收的性侵女童投诉案件增加10%。2013—2014年，媒体曝光的性侵女童案件约200起，2015年约340起，如广西百色助学网负责人性侵多名女童案、福建政和县6个月女婴遭性侵案、贵州习水7名小学女生遭性侵案。②"滴滴顺风车女性频频遇害"③等新闻引起社会巨大反响。2018年1月至4月，全国检察机关共批准逮捕侵害未成年犯罪5.42万人，起诉6.76万人，④2017年至2019年6月，全国法院共审结猥亵儿童案件8332件。⑤

---

①　国家统计局社会科技和文化产业统计司编：《2018中国妇女儿童状况统计资料》，中国统计出版社2018年版，第39—47页。
②　谭琳：《中国性别平等与妇女发展报告（2013—2015）》，社会科学文献出版社2016年版，第24—25页。
③　孙冰：《顺风车"生死局"》，《中国经济周刊》2018年第5期。
④　《未成年人保护形势严峻！最高检态度坚决：一号检察建议要"没完没了"抓下去》，中华人民共和国最高人民检察院，https：//www.spp.gov.cn/spp/tt/201907/t20190707_424210.shtml，2019年7月7日。
⑤　最高法：《性侵儿童情节极恶劣者坚决死刑》，澎湃，https：//www.thepaper.cn/newsDetail_forward_3992487，2019年7月24日。

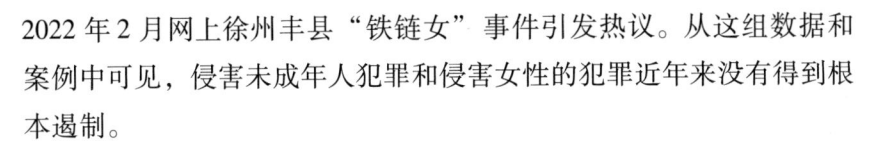

2022年2月网上徐州丰县"铁链女"事件引发热议。从这组数据和案例中可见,侵害未成年人犯罪和侵害女性的犯罪近年来没有得到根本遏制。

(三)弱势妇女群体处境依然堪忧

"就养老金制度安排看,退休前与男性收入相同的女性退休后的收入有可能仅为男性的40%左右。"[1] 有数据显示,2015年退休后女性拿到保障金的比例为65.8%,男性为85.4%,比女性高了近20%。[2] 陈卫民、李莹指出:"中国男女职工退休年龄的不同,确实导致了男女职工退休后养老金差距较在职时的工资差距有扩大倾向。"[3] 姜秀花、范红霞研究指出:"老年妇女罹患慢性疾病的概率大,但医疗和照顾资源不足,加上社会养老体系不完善,影响了老年妇女的生活和健康,社区保障存在一定'盲区',流动妇女享有医疗保障的比例仅为60%。孤独、焦虑、抑郁等心理健康问题也困扰着留守妇女。"[4]

四 家庭服务供给有待加强

习近平总书记强调,无论时代如何变化,无论经济社会如何发展,对一个社会来说,家庭的生活依托都不可替代,家庭的社会功能都不可替代,家庭的文明作用都不可替代。无论过去、现在还是将来,绝大多数人都生活在家庭之中。我们要重视家庭文明建设,努力使千千万万个家庭成为国家发展、民族进步、社会和谐的重要基点,成为人们梦想启航的地方。要注重家庭、注重家风、注重家教。

---

[1] 全国妇联妇女研究所:《中国妇女研究年鉴(2006—2010)》,社会科学文献出版社2015年版,第189页。

[2] 江西女性:《半个世纪过去了,女性在哪些行业实现了逆袭》,http://lady.163.com/18/1203/09/E23GDMP900267VA9.html,2018年12月3日。

[3] 全国妇联妇女研究所:《中国妇女研究年鉴(2001—2005)》,社会科学文献出版社2007年版,第446页。

[4] 谭琳:《中国性别平等与妇女发展报告(2013—2015)》,社会科学文献出版社2016年版,第26—27页。

发挥妇女在家庭领域的特殊作用。① 但是，我国家庭服务社会化发展起步较晚，大部分教育孩子和赡养老人的义务都是妇女群体在承担。

（一）家务劳动供给不足

马克思指出，妇女解放的先决条件是参加社会劳动。否则妇女始终还是"家庭奴隶"，是"终日关在卧室、育儿室和厨房里的奴隶"②。列宁曾经指出："直到现在，妇女还处于被称为奴隶的地位；妇女被家务压得喘不过气来，能够把妇女从这种地位中拯救出来的只有社会主义。"③ 当前，基于"男主外女主内"的性别分工和财产分配制度没有根本上改变。妇女大体上仍是家务劳动的主要承担者，赡养、抚养责任女性化使女性在家庭结构中形成了一种性别结构性障碍。刘伯红认为："政府未能充分认识平衡工作家庭的政策作用，未在解决工作家庭冲突中承担应有的责任，制约了女性职业发展，降低了女性收入和社会保障。"④ 因此，妇联组织要进一步推进家务劳动社会化进程，提升妇女家务劳动价值的社会认可度。与此同时，国家和社会在家庭劳务供给服务体系中也应充当更加重要的角色。

（二）家庭暴力防治效果有待加强

习近平总书记指出，要积极传播中华民族传统美德，传递尊老爱幼、男女平等、夫妻和睦、勤俭持家、邻里团结的观念。然而，2010年全国妇联开展的第三次"中国妇女社会地位调查"数据显示，24.7%的女性曾在婚姻生活中遭受配偶不同形式的家庭暴力，其中5.5%的女性明确表示遭受过殴打……最新的一份抽样调查显示，我

---

① 习近平：《在会见第一届全国文明家庭代表时的讲话》，中国共产党新闻网，http://cpc.people.com.cn/n1/2016/1216/c64094-28953602.html，2016年12月16日。
② 中华人民共和国妇女联合会编：《马克思恩格斯列宁斯大林论妇女》，人民出版社1978年版，第242页。
③ 中华人民共和国妇女联合会编：《马克思恩格斯列宁斯大林论妇女》，人民出版社1978年版，第242页。
④ 全国妇联妇女研究所：《中国妇女研究年鉴（2006—2010）》，社会科学文献出版社2015年版，第232页。

国的家庭暴力发生率高达 29.7%—35.7%，且受害人多为妇女、儿童和老人，而妇女是最主要的受害者。① 因此，妇联组织要加大反对家庭暴力的法律救济、提高维权信访处置能力、强化媒体监督曝光频率、改进公益诉讼效果、拓宽婚姻情感调解渠道等。与此同时，也要重视政治、法律、道德、宗教、文化等上层建筑因素对家庭文明建设的多维互动。

（三）家庭教育服务供给不足

习近平总书记指出，家庭是人生的第一个课堂，父母是孩子的第一任老师。要帮助孩子扣好人生的第一粒扣子，迈好人生的第一个台阶。② 然而，2011 年全国家庭调查报告显示："在家中照顾未成年子女的，主要是母亲。无论是东部或是中部、西部地区，母亲作为主要照料者的比例均在 72% 左右。照料者为父亲的中东部地区为 13.6%，西部地区为 14.3%。排在主要照料者序列第三位的是奶奶，比例为 3.5%—5.5% 之间。"③ 值得强调的是，2021 年出台"三孩生育"政策之后，以祖辈照护为主的托育供给机制无法满足多孩需求，婴幼儿"无人照护"问题进一步凸显。妇联组织既要增加妇女家庭教育的培训，也要推动男性家庭教育参与主动性，与此同时，国家要进一步加大家庭教育的投入力度。

第三节 妇联组织联系职能实现的局限与障碍

妇联组织职能运行是一个实践性的问题。妇联组织改革取得了一

---

① 傅立群：《共筑反家暴防线——〈反家庭暴力法〉解析》（上），《杭州日报》2016 年 3 月 7 日第 1 版。

② 习近平：《在会见第一届全国文明家庭代表时的讲话》，中国共产党新闻网，http://cpc.people.com.cn/n1/2016/1216/c64094-28953602.html，2016 年 12 月 16 日。

③ 全国妇联儿童工作部：《全国家庭教育调查报告》，社会科学文献出版社 2011 年版，第 27 页。

定的成果，但不可否认的是，经过两年多的改革实践，妇联组织建设总体上仍处于"预热"阶段，与妇女群众的要求还有差距。如组织机构的"四化"弊病明显，组织社会整合能力不足，组织制度尚不健全。

一 组织机构"四化"弊病明显

妇联组织自身能力建设不足，社会监督有待加强。机关化、行政化、贵族化、娱乐化弊病依旧明显存在。

（一）妇联组织的机关化没有彻底改善

妇联组织的机关化就是指人员堆积在机关，工作完成在机关，不下基层，不搞调研，不接地气，不看症结，不出实招，缺乏深入基层深入群众的工作作风，说到底就是"官僚主义"，是将组织机构演化成为"大机关"而不是"大基层"。

一是基层妇联区域化建设薄弱。部分地方的妇女之家只"建"不"管"；村（社区）妇代会改建妇联只"改"不"联"。尤其是村级妇联"会改联"的实效不显，缺乏资金、人才、社会支持和专业技术支撑，部分地方"三无"问题没有得到有效解决，"倒三角"的组织结构缺陷没有根本改变，基层妇联组织联系群众不够，兼职过多，履职不全，服务形式和内容单一，难以满足妇女群体多元需求；基层阵地的"妇女之家"使用率不高，凝聚性不强，服务力较弱，资源优势可持续的后劲不足。二是虽然设置了网上妇联以提高工作效率，然而总体上妇联组织的信息化建设还只是初具雏形，使用成效不显。如网上网下深度融合尚不通达，渠道粘性和威信不足。妇联组织对弱势妇女群体引领、服务、联系不够精准。

（二）妇联组织的行政化没有根本解决

组织行政化就是指妇联组织滥用行政手段制约职能发挥的现象。去行政化就是要突出行业、职业的主导地位。一是当前部分地方妇联组织"代表谁、联系谁、服务谁"组织职能定位模糊。维护妇女权益、促进男女平等和妇女全面发展等方面主业能力不强。丁娟等在江苏、山东、内蒙古、江西、浙江等省市以地市级及以下的妇联干部为主要对象开展的"关于妇联组织的基本职能问题"调查显示"有42.3%的妇联干部对这个问题的认识存在一定偏离,其中将妇联组织的性质'代表党和政府联系妇女群众'误认为是妇联组织基本职能的占到30.4%",在"决定您所在单位重要工作的最主要因素是什么"问题中,10.3%的妇联干部选择"当地妇女需要",而46.2%的妇联干部选择了"当地党和政府要求",27.9%的妇联干部选择了"上级妇联要求",13.1%的妇联干部选择了"单位自己决定"。[①] 在一定程度上反映了现实妇联的工作思维逻辑。二是推动改革工作内容和方式过于陈旧单一,落实工作的动员力下降,工作围着办公室,以会场代替现场惯性依旧较大。以强制性指令为主要执行手段,未充分考虑基层组织的人、财、物力情况,下级被动参与的取向明显。葛瑞芳、王志英指出:"妇联往往是以妇联组织为本,把自己看作是政府的代言人,以行政命令的方式,要求妇女参与自己的活动,把妇女当成单纯的受教育者、受助者和工作对象,忽视了妇女群众的主体性。"[②] 隋琳在研究新时代妇联组织职能转型调研时也发现:"妇联干部的主要问题中,深入妇女群众不够,服务意识不强占32.4%,妇联的服务与群众实际需求是有差异的,这就造成群众不喜欢妇联的一些服务,参与度自然不会高,久之就促成了脱离群众的局面。"[③]

(三) 妇联组织的贵族化没有全面消除

组织的"权威角色不仅能够在结构上有助于把系统成员粘连在一起,而且能够导引以系统的名义采取的集体行动的方向"[④]。一旦组织贵族化就易丧失组织权威性。当前,妇联组织的贵族化没有全面

[①] 丁娟:《妇联干部对妇联组织的认知与评价——关于妇联组织能力建设状况的调查研究》,《中华女子学院学报》2008年第1期。
[②] 葛瑞芳、王志英:《新时期妇联组织职能定位的思考》,《探索与求是》2003年第2期。
[③] 隋琳:《新时代妇联组织职能转变研究——以长春市妇联组织为例》,硕士学位论文,延边大学,2018年。
[④] [美]戴维·伊斯顿:《政治生活的系统分析》,王浦劬译,人民出版社2012年版,第5—6页。

消除，表现在以下几方面。一是工作方式贵族化现象。妇联组织依然存在忽视服务妇女的政绩观。迎检能力强，服务能力弱。在资金使用上缺乏监督和绩效考核，导致部分资源使用盲目浪费。二是妇女代表大会贵族化现象。代表选举产生制度不够规范，部分地方的代表"官员人群"占比过高，社会化参与率有待提高。代表大会议案制没有建立，代表缺乏联系群众的制度管理，显得过于松散随意。三是荣誉表彰贵族化现象。妇联组织开展的表彰活动，如全国三八红旗手、全国巾帼建功标兵、全国最美家庭等获奖人员的社会化选拔渠道少，社会知晓度、关注度不高。

（四）妇联组织的娱乐化没有完全扭转

妇联组织开展活动的方式大多呈现娱乐化的状态，深入基层，连通社会，聚焦主业，形成品牌的能力不足。一是部分活动目的庸俗。突出表现为活动的"享乐主义"。二是部分活动质量不高。问题意识不强，解决妇女社会问题的成效不足。三是活动品牌宣传不足。当下妇联组织媒介资源虽然形成了媒介矩阵，但总体上仍然停留在宣传政策上，对社会性别的主流传播、妇女维权、妇女发展、妇女服务等领域聚焦不够，代替妇女发声不强。如在一些重要女性侵权事件中，妇联组织监督缺失，没有第一时间在舆论中发声成势，和"3·15消费者权益日晚会"相比，其社会影响力、监督力、组织权威输出明显逊色于后者。因此，建议推出"3·8国际妇女节维权晚会"品牌，形成女性权益保护活动品牌。

二 组织社会整合能力不足

马克思的国家理论论证了社会既是国家的起点，也是国家的归宿。亚历克西·德·托克维尔（Alexis de Tocqueville）在《论美国的民主》里对于社会资本在现代民主制度中的政治作用作了很好的阐释。① 罗伯特·D.帕特南（Robert D. Putnam）在《使民主运转起

---

① ［法］托克维尔：《论美国的民主》，吉家乐编译，江西人民出版社2014年版。

来——现代意大利的公民传统》中提出:"建立社会资本并非易事,然而,它却是使民主得以运转的关键因素。"[①] 当前,我国全面深化改革的总目标是国家治理体系和治理能力现代化,治理理念的提出就是要实现"国家—社会"的良性互动关系。而妇联等群团组织正是推动这一互动的重要力量,可以加快促进社会资本的成长成熟,成为改革与发展的力量主体。2015年,《中共中央关于加强和改进党的群团工作的意见》指出:"群团组织要通过服务来引导和促进社会组织健康有序发展。推动政府治理和社会自我调节、基层群众自治良性互动,促进多元治理主体协同协作协调、互促互补互融"。早在妇女代表大会"五大""六大"确立的工作要求中,就提出过:"要认识到妇联组织是群众团体,开展工作的力量源泉在群众之中,要善于动员社会各方面力量,争取社会各方面人力、物力、财力的支持。"[②] 1993年在妇女"七大"报告中,社会化的工作方式被明确为妇联工作改革的中心任务。1999年妇女"八大"提出"坚定地推行社会化、开放式的工作方法和原则"[③]。2003年妇女"九大"将"进一步提高妇联工作的社会化、开放化程度"这一经验作为今后五年妇联组织的四项工作重点之一。然而,妇联组织职能所展现的社会化"整合器"的效能依然存在现实困境。主要表现在社会资金、社会人力资源以及社会组织的整合能力不强。

(一)社会资金的整合能力不强

首先,妇联组织工作的开展虽然需要依靠财政供给,但是,有效吸纳社会资金也是市场经济体制下妇联组织的必修课。妇联组织现有的资金运行能力和方式都较为传统。基金的管理、项目的策划、活动

[①] [美]罗伯特·D.帕特南:《使民主运转起来——现代意大利的公民传统》,王列、赖海榕译,中国人民大学出版社2015年版,第237页。

[②] 顾秀莲:《以"三个代表"重要思想为指导 团结动员全国各族各界妇女为全面建设小康社会而奋斗——在中国妇女第九次全国代表大会上的工作报告》,《妇女儿童工作文选(2003年1月—2003年12月)》,中国妇女出版社2004年版,第135页。

[③] 顾秀莲:《风雨兼程五十年——写在中华全国妇女联合会成立50周年之际》,《妇女儿童工作文选(1998年8月—1999年12月)》,中国妇女出版社2000年版,第376页。

的宣传、互联网的运用等尚处于初级阶段。除了"春蕾计划""母亲邮包""两癌救助"等已成品牌外，对于其他妇女人群的覆盖关注不够。其次，妇联组织经营企业和事业单位的能力较弱。1988年国家就明确鼓励"各级妇联可因地制宜开展各种经营活动，兴办经济实体，所获经济效益，应完全用于发展妇女儿童事业"。1993年，第七次全国妇女代表大会增加了对妇联"事业发展经费"的财政保障，并强调"国家交给各级妇联占有、使用的不动产和妇联所兴办的实体受法律保护，任何个人和单位不得侵占"。2008年又进一步规定"妇女联合会所属的企事业单位，其隶属关系不得随意改变"。但是总体上而言，当前妇联组织的经营活动和事业单位现代化管理能力较弱。

（二）社会人力资源的整合能力不强

首先，为了改变组织"倒三角"不合理的结构形式，妇联组织通过专、兼、挂机制解决了部分干部队伍建设问题，但是现实中依然存在着专职干部少，晋升交流机会少，兼职、挂职干部激励机制少，难以吸引和留住人才，队伍的稳定性和共同体感有待进一步加强。其次，群团组织工作强调"运用社会化、群众化的工作方式，联络各方力量和人士，共同推进妇女儿童事业发展"[①]。现实中，妇联组织与妇女群众的关系普遍存在义务为主的导向。如安排巾帼志愿者活动较多，而培育妇女议事小组、群众工作评议机制、维权行动等开展不足。妇女群众对妇联组织的归属感不强。

（三）社会组织的整合能力不强

新时代，妇女社会组织发展迅速。陆春萍将妇女社会组织大体分为四类："行业型"社会组织如中国女企业家协会、女科学家协会、女医师协会和妇女经济类行业协会等；"学会型"社会组织如妇女学

---

① 顾秀莲：《以"三个代表"重要思想为指导　团结动员全国各族各界妇女为全面建设小康社会而奋斗——在中国妇女第九次全国代表大会上的工作报告》，《妇女儿童工作文选（2003年1月—2003年12月）》，中国妇女出版社2004年版，第135页。

学会、婚姻家庭研究会、家庭教育研究会等；"社会服务型"社会组织如打工妹之家、反家暴社区维权网络、北大妇女法律研究与服务中心、北京红枫妇女心理咨询服务中心、农家女文化发展中心、农村妇女互助小组；"联谊型"社会组织如欧美同学会妇女委员会等，主要包括按兴趣、爱好组织的联谊会、沙龙等。① 不同类型的组织紧密度应当不同，都是在试图改变妇女原先封闭的生活方式，女性社会组织的出现也将改变妇联组织单一化的格局。在一定程度上对妇联组织带来了挑战。因此，部分地区妇联组织将女性社会组织的关系定性为"竞争关系"，这一工作导向使妇联组织欠缺与女性社会组织的交流沟通。而事实上，基于中国妇女社会规模和对公共服务的实际需求，女性社会组织的出现并没有挤占妇联组织的空间，妇女组织无论是哪种类型，对妇联组织的服务供给都起到了很好的补充作用。现代社会治理理念是建立在"权力分享"而不是"权力垄断"的基础上。因此，新时代下，妇联组织首先应正视自身组织能力的危机，不能片面地将妇女的社会组织视为领地的竞争者，当下妇联组织和民间女性社会组织不是"竞争关系"，而是"合作关系"。应改变妇联组织官方垄断的组织形象，实现"从以支配性为诉求的单维权力运行模式的平面化同心型组织形态，向以引领性为诉求的多维权力运行模式的立体化枢纽型组织形态转变"②。积极培育和支持女性社会组织的发展。其次，由于各地经济发展水平不一，培育妇女社会组织的制度各地发展的标准不一，需要分别探索发达地区妇联组织对社会组织引领性的政策和不发达地区社会组织的培育模式。

三 组织制度建设不够健全

组织职能的运行不仅是一个技术性问题，而且也是一个政治过

---

① 陆春萍：《妇联组织横向合作网络的建构》，《甘肃社会科学》2014年第3期。
② 伍复康：《社会治理中共青团组织价值的新发展》，《中国青年政治学院学报》2014年第3期。

程，需要以系统性方式消除结构性障碍。当下，不可否认的是，国家仍然是众多领域稀缺资源的分配者，掌控着权力部门、法律制定、人事任命、物资占有等公共物品和制度的生产与分配。部分研究者将妇联组织职能运行问题的主要原因聚焦于组织能力不足的自我批判，而让国家淡出研究视线，忽视了国家对此产生的作用和意义。这种研究路径会有意无意地遮蔽和消隐现实中存在的部分制度赋权的不完善性。事实上，当下中国妇联组织职能运行实然困境还须从制度方面发现问题。

（一）法律保障制度仍需强化

首先，虽然我国改革开放之后逐步形成了以《婚姻法》《妇女权益保障法》《反家庭暴力法》为主体的包括国家各种法律法规、地方性法规和政府各部门行政规章在内的一整套保护妇女权益和促进性别平等的妇女法律体系。[①] 明确规定了男女平等，妇女参与政治经济社会活动在法律上已经没有障碍，妇女接受教育、婚姻自由、职业自由等已经成为社会共识。但是马忆南也曾发现："立法追求高、大、全就不免失之空洞。针砭时弊而不能提出有效的解决办法，则给人以软弱无力、不能解渴的感觉；过分宣言化、纲领化而不注意法律的实际操作性，则会导致法律实施的困难。"[②] 如虽然我们经常讨论"歧视妇女"话题，但目前中国现行法律中，尚没有对"歧视妇女"做出明确的界定，因此，实践中就难以对"歧视妇女"进行定义、预防、惩戒并给予救济。其次，男女平等作为我国社会的一项基本国策实施效力常付阙如，尤其在农村，妇女法律体系的效力远不及村规民约。吴帆也从"就业—生育"冲突的角度阐述母职惩罚问题。[③] 因此，当下妇联组织职权从形式平等到实质平等仍有差距，问题的焦点也从"制度供给不足"转向了"制度供给不足和执行不力"并重。

[①] 妇女法律体系是指国家制定或认可的，调整妇女与他人相互作用的领域里形成的一系列社会关系，确认和保障妇女的各项权利，以实现性别公正的法律规范的总称。

[②] 马忆南：《中国法律与妇女人权》，《妇女研究论丛》1993年第2期。

[③] 吴帆：《家教家风与基层社会治理现代化》，《妇女研究论丛》2019年第6期。

（二）组织职能体制仍需完善

社会和政治的根本变革源于人们有目的的组织行动。因此，必须拥有组织职权方能实施组织行为。组织成熟到一定程度，都会争取社会运行背后实质的权力分配格局。所以，组织职能运行需要构建妇联组织职权体制和机制。

第一，组织体制保障依然不足。制度本应是达成"目的"的工具，而不仅仅只是达成"共识"的工具，但是妇联组织在现有的政治体系下陷于制度保障不力的困境，即制度只赋予妇联组织职责，却不赋予妇联组织职权，从而导致妇联组织在决策、执行、监督各环节"有名无实"，不能有效发挥实质性功能，仍然停留在满足程序合法的"在场"作用。一是从人大体制来看。虽然《妇女权益保障法》第十条明确规定"制定法律、法规、规章和公共政策，对涉及妇女权益的重大问题，应当听取妇女联合会的意见"。但是"应当听取"的执行力度有待加强。此外，虽然历届人大的女性参政比例在不断增加，但是在常委中的人数有时甚至出现比例下降的情形。历年来，人大关于妇女权益的议案比例占比依旧不高。二是从政协体制来看。妇女界别在人民政协中的地位日益弱化。1954年第二届全国政协的工作机构开始设有妇女组，但是，从1988年第七届全国政协起逐渐被撤销。此外，虽然政治协商的各党派均设有妇女工作委员会，并在日常工作中接受妇联组织的业务指导，但是实际工作交流甚少，议事合力较弱，代表性不足。三是从党委体制来看。通过召开会议进行集体决策是党委行使权力的主要形式。《中华全国妇女联合会章程》（2018）明确了妇联组织的列席资格，但现实中妇联组织的意见对决策的影响力较弱。"妇联的制度化参与渠道非常有限，妇联的很多有效参与都与中央分管领导的重视程度和妇联主要领导的影响力和政治技巧有很大的关系。"[1] 因此，现实中，妇联组织职权发挥具有明显

---

[1] 陈琼：《型塑与变革：现代国家建构进程中的妇联组织研究》，博士学位论文，华中师范大学，2009年。

的人格化特征。四是从政府体制来看。虽然赋予了妇联组织对侵害妇女权益行为的提出意见、建议、申诉、控告、检举和揭露批评的权力,但面对政府职能部门不接受、不作为、不纠错的情形,妇联组织常常权威失效。目前虽然在探索妇联组织的执法检查权,但是没有进入实质性的操作阶段。五是从群团体制来看。工青妇等群团组织资源整合、协同发力的服务模式还需要具体的配套措施,需要党委统筹设计,进一步引领明确。陈琼也指出:"女工委与妇联在组织发展领域内有文件规定分割,企业主要是女工委的领地,妇联在企业外发展乡镇企业农村除外,一般难以进入企业,机关事业单位是交叉地带,一般既有女工委又有妇委会,或一套人马两块牌子。非公企业兴起后,妇联一度想突破这个发展壁垒,但在工会及女工委抵制下难有成就,最后又退回原来的阵地。"[①]

(三)组织机制配套性不足

转变妇联组织职能的过程也是我国社会组织现代化建设的过程。此次妇联组织改革全国妇联在顶层设计层面提出了一系列的举措和机制,但仍有待完善。一方面还需继续出台整体有序的配套机制;另一方面也要抓实机制的落地。

第一,从机制设计上来看。妇联组织的自身组织系统是以科层制为中心,结合代表制(妇女代表大会及常委会)与会员制(拥有团体会员)的一种混合类型。当下妇联组织自上而下的科层制体制日益庞大,着力于构建的"横向到边、纵向到底"的妇联组织结构,虽然具有较强的覆盖面,努力兑现"哪里有妇女,哪里就有妇联组织"的组织承诺。但是,妇联组织自身发展能力还不够充分。党委政府重视的落实力度还不够到位,人、财、物的制度配套和落实情况不够理想,妇联组织达成自己设立的目标存在一定困难。一是组织改革方面侧重基层,但是基层组织中的机关和事业单位、社会组织妇委

[①] 陈琼:《型塑与变革:现代国家建构进程中的妇联组织研究》,博士学位论文,华中师范大学,2009年。

会或妇工委的建设工作并没有提上议程。机关和事业单位、社会组织的妇委会或妇工委以及"两新"妇联组织作用不显。此外，一部分与职能发挥成效密切相关的领域也没有得到足够重视。如我国基层妇联组织薄弱，当前县一级妇联仍是上通下达的中枢，而县一级妇联组织改革鲜有配套举措；再如，虽然在组织机构上强调从纵向组织为主转向纵横并重发展，但现实中由于现有的结构、机制和妇联组织承载能力的关系，妇联组织和团体会员的关系十分松散。总体而言，在制度设计上没有安排好妇联组织横向发力的职权抓手，难以形成组织合力。二是妇联组织内部科层体制的层级管理结构整体性不强，职能重叠严重，容易产生行政管理难题。一般来说群体的规模越大，它的力量也就越强大，但事实上并不完全如此。因为群体的整合需要有效性，而组织的规模越大，所要求的投入即成本就越高。规模巨大的群体如果缺乏有效的组织，不能作为整体发挥作用，形同一盘散沙，在其现实性上是不能被看作主体的。[1] 向羽、袁小良、邱俊华在珠海市前山街道办妇联调研时就发现：基层妇联"工作事无巨细，现行机制滞后，无法适应现实需要"[2]。因此，组织体系间如何形成合理的分工机制，建立可操作且富有妇联特色的考核机制，依旧是组织职能有效实现的现实难题。

　　第二，从机制落实上来看。机制改革的整体性有待加强，机关干部直接联系妇女群众制度没有做到常态化；妇女代表选拔方式随意，缺乏代表性与广泛性，妇女代表对自身角色定位和职责不清，对身份重视不足，被动性参与明显，"往往是等待上级妇联工作人员'派任务、给指示'"[3]；信访代理制、妇联公职律师制度推行困难；部分党

---

[1] 郭湛：《主体性哲学——人的存在及其意义》，中国人民大学出版社2010年版，第82页。

[2] 向羽、袁小良、邱俊华：《"有机再造"：基层妇联组织的拓展与升级——以珠海市前山街道办妇联试点改革项目为例》，《中共珠海市委党校珠海市行政学院学报》2017年第8期。

[3] 向羽、袁小良、邱俊华：《"有机再造"：基层妇联组织的拓展与升级——以珠海市前山街道办妇联试点改革项目为例》，《中共珠海市委党校珠海市行政学院学报》2017年第8期。

政领导干部培训制度并没有将党的妇女工作理论和男女平等基本国策纳入党政领导干部教育培训规划和教学内容安排；政府购买中妇女项目适时满足妇女需求的对接能力有待提高，尤其是精准服务弱势妇女人群的落实程度不够。此外，基层妇联组织的专职干部配备不足和兼职过多的"老毛病"依旧顽固。妇联主业工作的重要性往往排在最后，致使干部队伍缺乏进取意识和创新精神；组织运行经费保障乏力。当前，妇联组织的经费没有固定的制度性保障，基本依据地方党委的重视程度和财政实力予以随机安排，部分地区不予安排。尤其基层妇联组织除解决工资待遇外，基本没有工作和活动经费，因此，存在工作疲软现象。

四 小结

新时代妇联组织职能存在实践困境，本书通过理性审视问题症结，从引领、服务和联系三重职能现实发挥情况全面展开论述。从引领职能层面上看，突出国家、民族与妇女的命运紧紧相依的价值理性，阐述现实中存在的价值认知疏离。主要表现为国家制度过度安排与组织价值立场模糊并存、价值导向存在性别对立倾向、以组织"工具性价值"取代组织"目的性价值"以及社会性别意识主流化面临现实挑战；服务职能层面上来看，服务职能实现存在组织公信力困境。如妇女经济发展权益保障不力、政治民主参与不足、社会保障不均衡、国家对家庭服务供给匮乏；联系职能层面上来看，突出分析职能发挥存在的局限与障碍。分别陈述组织机构"四化"弊病、组织社会整合力场不足和组织制度建设尚不健全等。据此，为下一步全面深化组织职能改革凝练经验、辨明思路。

第四章　新时代妇联组织职能发挥的影响因素

整个物质世界是由多层次的子系统所构成的庞大系统。任何给定事物都是由其要素组成的有机整体。因此，任何组织职能的运行都处于一个系统之中，且这一系统并不是真空，而是处于环境的包围中的系统，呈现整体性、动态性和开放性。妇联组织也是一个组织系统，它所面临的总体环境包括国际环境、国家环境和组织环境。新时代妇联组织职能也受到国际、国家和组织三重因素的影响。国际影响因素主要是指经济全球化、国际交流与合作和西方女权主义文化；国家影响因素则囊括了社会主义市场经济、政治体制、社会结构和传统文化等；组织影响因素则包括组织价值、组织机构和组织制度三个方面。本书就从国际、国家和组织三个维度的多个因子进行具体阐述，透过现象从宏观、中观、微观展开分析，以求进一步把握研究的重点，抓住问题的关键，进而寻求妇联组织职能影响因素的当代启示和意义。

第一节　宏观视角：国际影响因素

新时代下，妇女运动全球化推动着我国妇女从"国内发展"向"跨国发展"前行。世界正处于大发展、大变革、大调整时期，世界多极化、经济全球化、社会信息化、文化多样化深入发展，全球治理体系和国际秩序变革加速推进，各国妇女间相互联系日益加深，国际环境必然对中国妇联组织的职能带来诸多影响。

一 经济全球化对妇联组织职能的影响

所谓"经济全球化"是指各国通过商品和服务贸易，对外直接投资和资本流动等而形成的高度融合与高度依赖的经济关系。[①] 也有的观点认为经济全球化是人类社会发展到一定阶段，市场机制成为世界经济运行的主导规律时，全球经济走向紧密合作、相互依存的一种必然趋势，在宏观上表现为各种生产要素如资本人才、信息等在全球范围内流动，在微观上表现为企业与企业之间在资金、技术、信息、管理等各个方面的既合作又竞争的关系。[②] 经济全球化是新时代的重要内容，它以不可逆的趋势席卷全球，也大量地将世界资本带入了中国，形成了一个庞大的国际资本市场，这对于中国的妇联组织职能发展的影响利弊兼有。

（一）积极影响：有利于促进妇女经济发展

妇联组织的重要职能就是要促进妇女发展，而妇女要发展，首先必须有妇女的主体性认知和经济身份。经济全球化有利于培养妇女的主体性和社会身份意识。马克思继承了康德、黑格尔等前人的主体思想，并提出在实际生产中："我们的出发点是从事实际活动的人。"[③] 因此，主体性就是自由自觉活动的人，要实现自由自觉的活动，必须通过社会实践。一个有自由意志（能自主活动的人），如果并不参与实践，那（她）就只是可能的主体而非现实的主体。所以黄楠森说："主体是人，但并不等于人，人只有作为某种活动的发出者才是主体。"[④] 因此，妇女要获得社会"主体"身份的认可，首先必须具有"主体性"。而经济全球化基于对我国妇女人力资源的青睐，推动我

---

① 谢瑞巧：《经济全球化理论的新进展》，《经济理论与经济管理》2004年第5期。
② 吴志鹏、方伟珠、陈时兴：《经济全球化理论流派回顾与评价》，《当代经济研究》2003年第1期。
③ 《马克思恩格斯选集》第1卷，人民出版社1995年版，第73页。
④ 黄楠森：《论人的活动的主体性》，《阵地》1991年第6期。

国妇女大规模地进入职业市场，形成了规模巨大的"打工妹"群体，还有一部分有能力有素质的女性还成为高薪的"丽领阶层"，如外资企业高级管理人员或企业的最高领导者，极大地提高了妇女社会化参与的进程。就业机会使妇女更多地获得经济独立和学习机会，妇女的社会和家庭中的从属和依附性地位得到了较大的提高，妇女的社会关系和资源得到极大的拓展。因此，这种劳动参与对于我国妇女群体主体性的建构起了很大的帮助作用。

(二) 消极影响：隐藏了对妇女的资本剥削

经济全球化对我国妇联组织防范国际势力在资本的运行体系下建构劳动力市场的性别等级制度提出了更高的要求。妇联组织在大规模动员妇女参与社会劳动的同时，也必须注重保障我国劳动妇女的合法权益，加大对弱势妇女群体的技能培训。在全球化的进程中，进一步维护社会主义市场经济的宏观平衡；进一步客观认识我国妇女劳动力在世界经济的比较优势背后需要支付的代价，以便营造有利于妇女公平发展的经济环境。美国经济学博士戴维·科顿曾指出："'全球化新资本主义'把金钱与财富混同起来，只关注盈利和创造金钱，而世界的真正财富则迅速受到破坏，如世界的自然生存资本（环境、资源），人力资本（人的素质），社会资本（家庭体系、社会体系）和制度资本（制度的公平、有效、廉洁）均受到金融资本扩张的冲击和破坏。"[①] 面对外资企业、国际现代农业的竞争，中国的各类工业产品和农业产品正在接受外来产品的竞争，在城镇企业依然存在大量将妇女劳动力工具化的情形：如部分外企工作的妇女劳动强度过大，女工工资廉价，克扣"五险一金"基本福利等现象普遍存在；在农村，消费升级的压力使中国的农村妇女面对更多来自国外的农产品的竞争与替代。正如安南在《联合国千年报告》中所说："全球化对许多人已经意味着更容易受到不熟悉和无法预测的力量的伤害，这

---

① 庄礼伟：《全球财富地图》，《南风窗》2000年第2期。

些力量有时以迅雷不及掩耳的速度造成经济不稳和社会失调。"[1] 这些都在一定程度上滋长了全球资本的剥削,并制造了新的社会性别差异和社会的不平等,反映了国际影响的复杂性和局限性。

二 国际交流与合作对妇联组织职能的影响

新时代下,中国正在迎接妇女全球化与全球治理时代的到来。随着国际交流合作与开放的常态化和包容化,妇女问题由原来的一国问题日益演变成国际问题,纳入评定国家人权的重要指标体系,影响着国家对妇联组织的重视程度,需要在权力配置上进行重新考量。国家高度重视并支持妇女和以妇联为代表的妇女组织积极同世界各国妇女互鉴学习、共促发展,扩大中国妇女的"朋友圈",进入全方位、宽领域、多层次的国际交流与合作阶段。因此,国际交流与合作对中国妇女的影响力显著增强,成为影响妇联组织职能的重要因素。

(一) 有利于推动妇联组织职能发展

首先,在国际上,中国的妇联组织被定性为非政府组织(NGO),并且国际社会为妇联组织提供了很多国内环境以外的资源,如国际资金、项目援助、能力培训、学术交流等,加上国际性非政府组织在中国从事和开发的各类妇女服务项目,涉及扶贫、环保、艾滋病防治等领域,都给中国妇联组织带来了巨大的启迪。特别是国际妇女组织开展工作的方式方法、妇女参与程度、对社会的影响程度、与妇女群众利益直接挂钩等实践,对我国的妇女及妇女工作产生了直接而深远的影响,促使妇联必须尊重社会需求,重新审视自己。[2] 妇女的社会参与、先进的女权主义思想也越来越得到社会的认可,使妇联组织合法性[3]得到

---

[1] 科菲·安南:《联合国秘书长千年报告(摘要)》,《当代世界》2000年第9期。
[2] 葛瑞芳、王志英:《新时期妇联组织职能定位的思考》,《探索与求是》2003年第2期。
[3] "合法性"(Legitimacy)其中的"法"不是指"法律"和"规范"。李普塞特指出:"合法性就是指政治系统使人们产生和坚持现存政治制度是社会的最适宜制度的信仰的能力"。妇联组织的合法性可以被界定为:"妇联组织的权力及行使得到妇女群众认可和自愿服从的能力和特性"。

进一步扩大。其次,我国妇联组织职能的发展也不是简单地复制国际社会的运行模式和规则。相反,在一定程度上也在对国际社会产生了反作用,成为国际妇女运动的多元化的重要表达之一。目前,我国已与145个国家,429个妇女组织、机构以及联合国相关组织和专门机构保持友好交往。[1] 党的十八大以来,在构建人类命运共同体的进程中,中国妇女事业实现从"参与全球妇女发展"向"引领全球妇女发展"的历史性飞跃,努力为世界妇女运动贡献中国方案和中国力量,这就意味着妇联组织必将成为我国国际交往互动的重要平台。也正因为它影响妇联组织职能,倒逼妇联组织提高国际交流与合作的能力,学会与不同社会制度、文化背景和不同发展水平国家的妇女深入沟通,构建在国家的总体外交格局中以妇联组织为主导的中外妇女对话交流机制。如在国家交流论坛框架下举办妇女论坛,从而进一步加强中国妇女与全球妇女的交流合作。2015年9月,在联合国成立70周年、北京世界妇女大会召开20周年之际,中国政府受邀与联合国妇女署在美国纽约共同主办了全球妇女峰会,表明了中国作为世界上最大的发展中国家对全球妇女问题国际责任的大国担当与强大的民族自信。

(二)有利于监督我国妇女政策的落实

作为一直承诺并践行维护妇女合法权益的国家,中国签署了一系列促进男女平等的国际条约(如表4-1所示),也制定了一系列妇女权益的保障政策。如1995年联合国第四次世界妇女大会在北京召开,会议前夕,政府颁布了《中国妇女发展纲要(1995—2000)》,会议期间,"男女平等被确定为促进社会发展的一项基本国策"。首次提出了"男女平等基本国策"的定位,成为我国妇女事业发展史上的里程碑。会后为了继续落实联合国第四次世界妇女大会的承诺,2001、2011年又相继出台了第二部《中国妇女发展纲要(2001—2010)》和第三部

---

[1] 中华人民共和国国务院新闻办公室:《平等 发展 共享:新中国70年妇女事业的发展与进步》,新华网,http://www.xinhuanet.com/politics/2019-09/19/c_1125015082.html,2019年9月1日。

《中国妇女发展纲要（2011—2020）》，并于 2005 年写进了修订后的《中华人民共和国妇女权益保障法》，男女平等基本国策具有了法律效力。2009、2012、2016 年又先后出台了三部《国家人权行动计划》，均明确细化了我国妇女在政治、经济、文化、社会中的具体权益内容。基于女性问题的国际化，国际社会将对我国妇女政策的落实情况进行监督与评估，女性权益的实现程度成为衡量我国国际信誉和地位的重要标准。尤其是联合国组织在这方面发挥了较大影响。如联合国的消除对妇女歧视委员会，作为国际认可的监督机构定期会审查评议我国《消除对妇女一切歧视公约》的落实状况并出具具有国际影响力的评估报告，成为我国性别公平执行状况的参考内容。此外，联合国越来越关注妇女问题，设立了多个专司妇女事务的机构，承担着建议、决策、会议筹备、监督、协调、援助的工作内容。2011 年 1 月 1 日，联合国合并四个机构设立"联合国妇女署"[①]（UN-Women）并正式运行，同时在国家一级开展业务活动。在中国也设立了"联合国妇女署驻华办事处"，进一步加大对我国消除针对妇女的暴力、提高妇女的领导力和决策参与力、经济上赋权妇女和提高妇女保障的国家计划和预算等相关领域妇女政策实施情况的监督测评力度。

表 4-1　　　　　　　中国参与的部分重要的国际妇女会议

会议时间	会议名称	会议地点	会议意义
1975 年 6 月 19 日—7 月 2 日	第一次世界妇女大会	墨西哥首都墨西哥城	通过了《关于妇女的平等地位和她们对发展与和平的贡献的宣言》（简称《墨西哥城宣言》）和《实现妇女年目标而制定的世界行动计划》（简称《世界行动计划》），并将 1976—1985 年定为"联合国妇女十年：平等、发展与和平"年

[①]　早在 1946 年，联合国就设立了妇女地位委员会，并同时设立联合国提高妇女地位司作为其秘书单位。1975 年又设立联合国妇女发展基金，主要为促进妇女赋权的创新性项目提供资金、技术支持。1976 年成立提高妇女地位国际研究和训练所，是联合国系统内致力于提高世界妇女地位和实现世界性别平等的研究型机构。1997 年成立性别问题和提高妇女地位特别顾问办公室，致力于联合国内部和联合国一切活动中实现社会性别主流化。2011 年以上四个部门合并成为联合国妇女署。

续表

会议时间	会议名称	会议地点	会议意义
1980年 7月24日—7月31日	第二次 世界妇女大会	丹麦首都哥本哈根	通过了《联合国妇女十年后半期行动纲领》，并举行了《消除对妇女一切形式歧视公约》[①]的签字仪式
1985年 7月13日—7月26日	第三次 世界妇女大会	肯尼亚首都内罗毕	审查和评价了联合国妇女十年的成就和存在的问题，通过了《到2000年提高妇女地位内罗毕前瞻性战略》（简称《内罗毕战略》）[②]
1995年 9月4日—9月15日	第四次 世界妇女大会	中国首都北京	审查和评价了《内罗毕战略》的执行情况，制定和通过了旨在提高全球妇女地位的《北京宣言》和《行动纲领》
2006年 7月17日—7月20日	第六届 东亚妇女论坛	中国首都北京	主题是"性别平等与可持续发展——全球化背景下东亚妇女的机遇、挑战和行动"。加强了东亚各国、地区间妇女的合作

三 西方女权主义文化对妇联组织职能的影响

西方女权主义思潮经历了自由主义女权主义阶段（20世纪初）、激进女权主义阶段（20世纪初到六七十年代）和女权主义多元化阶段（20世纪80年代到90年代）。[③]给我国带来先进性别文化的同时，也裹挟着西方女权意识形态和思想的侵蚀，需要批判地借鉴。

（一）有益于推动我国女权主义思想发展

我国的妇女解放从一开始起就和国家民族解放融合在一起的，是社会主义革命而不是女权运动使妇女走出家门成为"社会人"。国家通过行政力量推进妇女获得和男性平等的权利和地位，这种方式比一

[①] 这是一份妇女权利的重要国际公约，第一次界定了对"妇女的歧视"，要求在法律、文化、社会参与、生殖健康、教育、就业、贫困等领域消除对妇女的不公正待遇，并要求各国建立维护妇女权利的法律保障，设置相应的执行机构和监督机构。

[②] 规划了20世纪最后15年妇女的发展蓝图，被国际社会公认为提高妇女地位的纲领性文件。

[③] 孟鑫：《国内学者对西方女权主义七个流派的评价》，《教学与研究》2001年第3期。

切女权运动抗争都有力度，使妇女解放超越于社会发展。[①] 但是，在客观肯定社会主义国家模式优越性的同时，我们也需要意识到在这种自上而下的国家庇护中成长的妇女团体，由于没有经历过女权运动的阵痛，具有欠缺性别主体意识的先天不足，更多地呈现为"解放妇女"而非"妇女解放"，之所以有这种结果也是由于我国当时的国情决定的。而发轫于20世纪70年代的社会性别与发展范式伴随着全球化重构世界。1975年联合国将这一年确定为"国际妇女年"，并且将"平等、发展、和平"定为妇女运动三大主题。到1995年第四次世界妇女大会召开前后，社会性别主流化（Gender Mainstreaming）被推到前台，并被当作全球妇女发展核心战略。[②] 得益于国际化进程中的中西方性别文化交融，社会性别与发展的理论与实践引入国内，进一步推进了我国女权主义思想的发展。这使性别议题日益引起社会的广泛关注和讨论，性别平等从隐性话题转向了显性话题。

（二）对我国妇联组织职能价值的消极影响

尽管西方女权运动和女权主义有利于建立我国妇女的主体意识，但存在部分消极影响，可以梳理成以下两个方面。

第一，对性别文化的冲击。互联网技术普及之后，性别意识形态挑战日益突出。西方女权主义是建立在"西方中心模式"的意识形态基础上，全球化和网络化加强了这种意识形态的普及和推广，对我国性别文化造成了一定程度的冲击。如激进女权主义思想倡导非改良的生物革命策略，偏激地追求性别的"同一性"。他们认为："妇女受压迫的原因只能是妇女的生理结构。……因此，只有通过诸如避孕技术、试管婴儿、人工授精及无性繁殖这类科学技术的进步，把妇女从生育这一压迫她们的生理功能下解放出来，妇女的处境才会有实质性的改善。……只有想办法消除使妇女处于屈从地位的生理差异，使

[①] 程铭利、赵海月：《中国女权主义和国家革命责任及男性特色》，《广西社会科学》2015年第3期。

[②] 胡玉坤、郭未、董丹：《知识谱系、话语权力与妇女发展——国际发展中的社会性别理论与实践》，《南京大学学报》（哲学·人文科学·社会科学版）2008年第4期。

男女之间的生理差别不再有意义,才能进而消除男女之间的不平等和性别歧视。"[1] 这种思潮在生理上把妇女引向与男性对抗的角色,抹杀了男女间温情的一面,激化着两性矛盾。

第二,对家庭观念的冲击。西方马克思主义女权主义者以"劳动力再生产是妇女受压迫的根源""无偿的家务劳动是压迫妇女的物质基础"[2] 等观点,衍生出妇女要把事业放在第一位,把家庭放在第二位,将妇女引向和家庭对抗的角色。这种观点过分夸大了妇女在家庭领域的权利和主体地位,而实际结果会在家庭领域中孤立女性,是对马克思、恩格斯所提出的"妇女解放的第一个先决条件就是一切女性重新回到公共的劳动中去"的历史唯物主义观点的片面理解。诚然,妇女参与社会劳动是妇女承担社会功能、实现自身价值、得到社会认可的重要条件,但我国仍然处于社会主义初级阶段没有变。马克思曾经明确提出,"在人们的生产力发展的一定状况下,就会有一定的交换和消费形式。在生产、交换和消费发展的一定阶段上,就会有相应的社会制度、相应的家庭、等级或阶级组织。"[3] 因此,家庭的产生与发展始终是受物质生产影响的,家庭伦理归根到底也是由社会生产方式决定的。首先,面对规模巨大的中国妇女人口基数,国家社会福利供给保障体系能力仍然有待改善,加上社会自助系统和社会商业保险尚不发达,能够真正利用市场的力量摆脱传统的地缘、血缘等家族势力而独立成长的女性占比不大。其次,"家庭"作为最基础的社会单位,在中国是一种事业延续型的组织,在某种程度上是妇女身份认同的基石。家庭依然具有提供经济、生活、消费、生育、赡养、教育等基本福利的诸多功能,现实中即使两代分家,推行新婚制,但在权利和义务上仍然相连,还大量存在隔代抚育和隔代赡养问

---

[1] 余永跃、秦丽萍:《反叛与激进——西方激进主义女权主义述评》,《山东女子学院学报》2017年第1期。

[2] [美]罗斯玛丽·帕特南·童:《女性主义思潮导论》,艾晓明等译,华中师范大学出版社2002年版,第172页。

[3]《马克思恩格斯选集》第4卷,人民出版社1995年版,第532页。

题，滋养了家族亲情。费孝通说："中国人是心中有祖宗、有子孙而把自己作为上下相联的环节来看的。"① 这一点至今没有根本改变。因此，中国妇女对家庭有着众多的牵连与深厚的情感，中西方家庭观念存在差异，因此，我国妇女无论是在物质上还是在精神上都不可能完全脱离家庭。

第二节 中观视角：国内影响因素

除了国际环境外，国家环境也是影响妇联组织职能的重要矢量。当前，中国的历史方位是中国特色社会主义进入了新时代，这不是一个简单的新概念表述，而是国家发展到一定阶段发生的历史飞跃，具有丰富的时代内涵。因此，需要在这一基础上分析我国妇联组织职能的国家影响。

一 社会主义市场经济是决定性影响因素

2013 年，党的十八届三中全会通过的《中共中央关于全面深化改革若干重大问题的决定》指出："公有制经济和非公有制经济都是社会主义市场经济的重要组成部分。""市场在资源配置中起决定性作用。"至此，非公经济在我国完成了从"质疑"到"确立"到"完善"并逐渐走向"成熟"的发展阶段。社会主义市场经济是妇联组织职能的决定因素。

（一）社会主义市场经济推动妇女流动化

所谓妇女社会的流动是指妇女生产生活地域的更替。马克思认为："人只是在历史过程中才孤立化的。"原子式个人的产生经历了三个阶段，即共同体瓦解的阶段、孤独个人形成的阶段、经济人形成的阶段。经济人形成后，人就会追逐着资本、家庭和发展机会流动起

---

① 费孝通：《家庭结构变动中的老年赡养问题——再论中国家庭结构的变动》，《北京大学学报》（哲学社会科学版）1983 年第 3 期。

来。改革开放40余年来,我国妇女社会经历了巨大的变迁,不断从集中到分散、从一元到多元、从固定到流动、从熟人社会到开放社会。妇女流走于城乡之间、城市之间、行业之间。从农村到城市,从三、四线城市到一、二线城市,甚至从国内流向国外。当然,随着资本下乡和乡村振兴,也有少部分妇女开始流向农村。加上国家体制机制为适应市场经济人口流动创新的户籍制度、居住制度、异地就医制度和教育体制改革等方面,进一步促成妇女流动成势。新时代下,妇女群体的流动性更强,市场化推进中国妇女社会巨大发展。

市场经济发展推动妇女社会的流动化具有普遍性、阶段性和复杂性。当流动性揳入原本凝固的妇女社会结构,并成为常态,传统稳定的妇女社会格局逐渐被打破,社会格局变得纷繁复杂,使机遇与问题并存。这就促使妇联组织必须调整原有的职能运行方式。一是新的妇女社会群体的统战工作成为妇联组织职能的重要内容。妇联组织要把引领好、联系好流动妇女群体作为改革创新的重要内容,坚持"充分尊重、广泛联系、加强团结、积极引导、热情服务"的统战工作方针,不断扩大组织的覆盖面,加强"网上妇联组织"建设,积极凝聚共识,从而巩固党的执政基础和群众基础。二是面对妇女流动性的时代现状和不稳定性特征,妇女流动的合理性和权益的保障性对妇女而言十分重要。需要妇联组织在如何承接流动化的妇女社会上做好服务。动态地服务好、维护好妇女的合法权益,提高流动妇女公共关怀意识和社会参与能力。如近年来离婚率的不断提升,出现妇女因婚姻失败回流娘家,而这类"外嫁女"存在权益难以保障的问题。又如,解决流动妇女家庭和社会的双重角色负担,需要推动国家出台针对性的公共政策和制度安排,进一步推动家务劳动社会化,以满足妇女的事业发展需求,并推动这一意识在社会领域得到更大范围的认同。

(二)社会主义市场经济孕育妇女社会组织"两新化"

社会主义市场经济催生妇女"两新组织"发展。所谓妇女"两新组织"是指新经济组织和新社会组织的简称。新经济组织主要是指非公经济组织，新社会组织主要是指社会团体①、基金会②、社会服务机构③等。妇女"两新组织"可以通过交往获得更多机会和资源，创新社会制度和秩序，是妇女适应社会主义市场经济社会化的组织形态。截至2016年，全国非公经济组织中有妇女组织241804个，④而这一阶层主要是指新经济组织和新社会组织等新兴业态以及新的社会群体。新时代下如何处理好妇联组织和"两新"社会组织中妇女的关系，具有重要的理论意义和实践价值，成为妇联组织职能的重要内容。

非公经济组织不是凭空产生的，是随着社会主义市场经济的发展而不断壮大的。首先，社会主义制度属性不排斥市场在社会主义国家宏观调控下对资源配置起作用。随着经济发展进入新常态，非公经济组织中存在着大量的务工妇女，聚集了"打工妹""城市丽领"等大量妇女群体，如果不能有效组织和联系，将丧失妇女群体的重要阵地。面对非公经济的繁荣，妇联组织需要发挥好引领、服务和联系职能，在新经济组织中加强妇联组织建设，使之成为妇联组织的基层组织。其次，由于妇联组织在职能上和工会的女职工委员会有重叠，而《工会女职工委员会工作条例》第三章的第十六条中规定："工会女职工委员会是县或县以上妇联的团体会员，通过县以上地方工会接受妇联的业务指导。"因此，在现实的操作中，就如何进行"业务指导"进行研讨，妇联组织要主动要求工会女职工委员会负责人参加或列席同级妇女联合会执行委员会会议，合力做好非公经济企业的妇

---

① 社会团体是指中国公民自愿组成，为实现会员共同意愿，按照其章程开展活动的非营利法人。国家机关以外的组织可以作为单位会员加入社会团体。
② 基金会是指利用自然人、法人或者其他组织捐赠的财产，以提供扶贫、济困、扶老、救孤、恤病、助残、救灾、助医、助学、优抚服务，促进教育、科学、文化、卫生、体育事业发展，防治污染等公害和保护、改善生态环境，推动社会公共设施建设等公益慈善事业为目的，按照其章程开展活动的非营利法人。
③ 社会服务机构，是指自然人、法人或者其他组织为了公益目的，利用非国有资产捐助举办，按照其章程提供社会服务的非营利法人。
④ 宋秀岩：《深化妇联基层基础改革 推动解决基层"四缺"问题》，《中国妇运》2017年第10期。

女工作。

二 政治体制是重要影响因素

我国的政治体制直接影响着妇联组织活动的权限、范围和效应。因此可以说，它是妇联组织政治合法性地位的重要体现。李普塞特（Seymour Martin Lipset）指出："合法性就是指政治系统使人们产生和坚持现存政治制度是社会的最适宜制度的信仰的能力。"① 因此，妇联组织的政治合法性可以被界定为"妇联组织的权力及行使得到妇女群众认可和自愿服从的能力和特性"。在我国，妇联组织职能的政治体制的主体主要由妇联组织、党委、政府、政协共同组成（如图4-1所示）。党委与妇联组织之间是领导与被领导关系，政府财政是妇联组织物资的重要保障，妇联组织通过政协参政议政。妇联组织这一政治体制使其获得了进入党和政府组织体系的资格，并因其政治合法性使其成为国家权力体制中的重要成员之一。

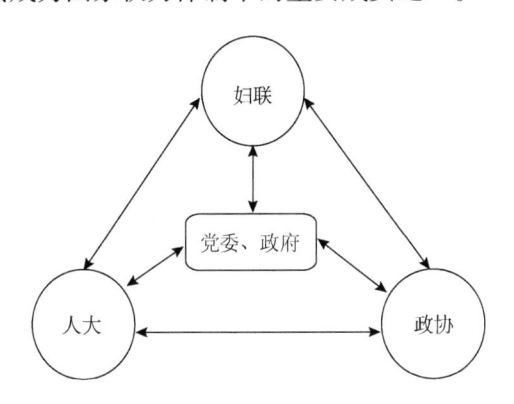

图4-1 妇联组织政治体制结构

（一）党的领导是妇联组织职能的根本保证

习近平总书记提出："坚持党的领导，是做好党的妇女工作的根

---

① ［美］西摩·马丁·李普塞特：《政治人——政治的社会基础》，张绍宗译，上海人民出版社2011年版，第47页。

本保证。"① 妇女事业是党的事业的重要组成部分，党的妇女工作是党治国理政的一项经常性、基础性工作，是党组织动员广大妇女群众为完成党的中心任务而奋斗的重要法宝。妇联组织是党领导下的人民团体，是党和政府联系妇女群众的桥梁和纽带，是党开展妇女工作最可靠最有力的助手。党对妇联组织的重视程度是妇联组织的关键影响因素。2016年妇联组织改革提出明确的"双重领导体制"，强化了党对妇联组织领导的重视程度，它要求各级党委担负起政治责任，解决妇联组织的政治建设、思想建设、组织建设、作风建设、纪律建设等一系列问题，为妇联组织改革提供了强大的政治保障。因此，党对妇联组织领导是"掌舵"而不是"划桨"。1943年邓小平在谈到党与群众团体的关系时，对此也进行过理论阐述：

> 所谓群众团体的独立性是在组织意义上讲的。在政治上必须保障其在党的政治领导下。党对群众团体，应该加强其政治领导，不应在组织上去包办。群众团体的工作应由群众团体自己去讨论和执行。(2)党如何领导群众团体呢？党不能直接下命令，而是经过群众团体去实现。同时，也反对群众团体进行"包办与放松政治领导"的这两种倾向。(3)群众团体的工作，由群众团体去领导，群众团体的责任是在党的政治领导下，独立地去进行发动、组织与教育群众的工作。……同时，这也能培养群众自身的组织观念，培养群众团体的威信，也只有这样，才能培养出群众的领袖。而群众团体的经费，应逐渐做到自给，政府给以足够的津贴。②

2018年，妇联组织就借力群团改革迅速推进了村级"妇改联"

---

① 习近平：《坚持中国特色社会主义妇女发展道路　组织动员妇女走在时代前列建功立业——在中南海同全国妇联新一届领导班子成员集体谈话并发表重要讲话》，《人民日报》2018年11月2日。

② 邓小平：《邓小平文选》第1卷，人民出版社1994年版，第66—73页。

第四章　新时代妇联组织职能发挥的影响因素

工作，在全国、省（区、市）、市（地、州）、县（市、区）、乡镇（街道）、村（社区）建立了六级科层妇联组织。现有省级妇联组织32 个，市级妇联组织 352 个，县级妇联组织 3199 个，乡级妇联组织40259 个，村级妇联组织 641291 个。① 一定程度上改变了"倒三角"组织局面，从而支撑起妇联组织职能的有效运转。

（二）协商民主对妇联组织职能的影响

费孝通曾经提出过"双轨政治"，他认为："政治体系不可能在一根从上向下的单轨上发展起来，任何一套政治体系下，人民的意见都不可能被完全忽视，这就意味着必须存在某种方式的从下向上的平行轨道，一个健全的，能持久的政治必须是上通下达，来往自如的双轨形式"。② 妇联组织必须拥有稳定的参政议政渠道，才能有效地将妇女群团的诉求输入国家政治决策系统，并产生实质性的影响效力，从而正向激发妇联织织职能的价值与效能。反之，妇联组织如果没有常态化的群体利益表达渠道或诉求传达经常受阻，会直接影响妇联组织职能的存续。

政协和人大系统是妇联组织协商民主的重要平台。妇联作为政协参与的一个主要界别，可以通过政协系统向党委政府提出议案、反映意见。此外，妇联还可以通过人大提交有关妇女权益的议案，参与决策和制定相关法律法规，并就相关法律开展情况进行执法检查。这些民主协商的渠道和方式使妇联组织在整合妇女社会关系方面起到了群团组织的作用，具备了自下而上反馈信息并监督实施的力量，成为政治双轨体系运行中的一环。当然，妇联代表妇女参与协商民主的方式和范围也不是自始就有的，而是经历了一个认知不断演进的过程（如表 4 - 2 所示）。尤其是党的十八届三中全会之后，协商民主以制度的形式固定下来，上升为国家战略，对妇联组织的协商能力提出了

---

① 中华人民共和国国务院新闻办公室：《平等　发展　共享：新中国 70 年妇女事业的发展与进步》，新华网，http://www.xinhuanet.com/politics/2019 - 09/19/c_ 1125015082. html，2019 年 9 月 19 日。

② 费孝通：《乡土中国》，中国社会科学出版社 2006 年版，第 233—234 页。

新的要求，妇联参政议政进入新阶段。

表4－2　　　　　　　　妇联组织协商民主的演进

年份	会议名称	协商民主的相关内容	备注
1957	第三次全国妇女代表大会	执行中国共产党和人民政府的政策	只是强调妇联执行机构的性质
1988	第六次全国妇女代表大会	代表妇女参加社会协商对话，参与民主管理、民主监督，参与有关妇女儿童法律、法规、条例的制定	开始参加社会领域的协商
2003	第九次全国妇女代表大会	代表妇女参与国家和社会事务的民主决策、民主管理、民主监督。参与有关妇女儿童法律、法规、条例的制定	民主协商参与范围从"社会领域"向"国家和社会领域"延伸，并开始有资格参与"民主决策"
2013	第十一次全国妇女代表大会	代表妇女参与国家和社会事务的民主决策、民主管理、民主监督。参与有关法律、法规、规章和政策的制定，推动中国妇女、儿童发展纲要的实施	参与制定规范的范围进一步扩大，不再限于"妇女儿童法律、法规和条例"
2018	第十二次全国妇女代表大会	代表妇女参与管理国家事务、管理经济和文化事业、管理社会事务、参与民主决策、民主管理、民主监督。参与有关法律、法规、规章和政策的制定，参与社会治理和公共服务，推动保障中国妇女、儿童发展纲要的实施	强化妇联民主协商不仅限于参与，而且也强调能够管理，避免妇联在场却不在位。并突出了中国妇女儿童发展的保障力

（三）服务型政府对妇联组织的职能影响

"公共服务是为满足社会公共需要而提供的产品与服务的总称。"①在计划经济体制下，公共服务主要是政府以"单位制"模式提供。这种模式的实现前提是"全能主义"的政社关系以及附着其上的人际结构网络。

新时代中国特色社会主义要让改革发展成果更多更公平地惠及包

---

① 陈昌盛、蔡跃洲：《中国公共服务综合评估报告（摘要）》，《中国经济时报》2007年1月22日。

括妇女群众在内的全体人民,不断实现共同富裕。为实现这一目标,就是要建立和建构中国特色社会主义服务型政府,要进行政府机构改革,理顺政府与社会关系成为新一轮的中国政治体制改革的重要内容。党的十九大报告提出:"要转变政府职能,深化简政放权,创新监管方式,增强政府公信力和执行力,建设人民满意的服务型政府",打造共建共治共享的社会治理格局。以"治理"理念为主导,以更加开放和包容的姿态赋权赋能社会组织,使多种治理主体在各自的领域发挥作用,完善党委领导、政府负责、社会协同、公众参与、法治保障的社会治理体制,提高社会治理社会化、法治化、智能化、专业化水平。切实推进传统国家的管理向现代国家的治理转型发展。在这一背景下,政府不断简政放权,放宽社会空间,加大在妇女领域公共服务产品供给投入力度,与之相适应的是妇联组织需要承担更多的公共责任并更多地参与社会治理,发挥更大作用,推动妇联组织积极作为。因此,妇联组织应协同政府共同完善妇女公共服务体系,不断满足妇女日益增长的美好生活需要。服务型政府的转向成为影响妇联组织职能的重要因素。加快了妇联组织履职方式从行政化的管理向专业性的服务从被动作为到主动参与转变的进程,即实现由过去更多地追求规模、粗放的活动方式到追求效果注重社会效益的方式的转变;由以往强调组织对妇女的管理和控制到为妇女提供及时有成效的服务转变;由以往更多依靠下达行政命令、指导性意见到利用法律、市场等多种手段多管齐下的转变。

三 社会结构是基础性影响因素

马克思指出:"各个人借以进行生产的社会关系,即社会生产关系,是随着物质生产资料、生产力的变化和发展而变化和改变的。生产关系总合起来就构成为所谓社会关系,构成为所谓社会,并且是构成为一个处于一定历史发展阶段上的社会,具有独特的特征的社会。"[①]

[①] 《马克思恩格斯选集》第 1 卷,人民出版社 1995 年版,第 363 页。

社会结构被界定为不同社会群体或集团之间相对稳定的关系模式,且这种模式是决定着社会成员行为态度的基本因素。而社会阶层结构又是社会结构中最为核心的部分,因为"阶层结构是社会关系、社会利益、社会激励、社会资源与机会分配、社会矛盾与冲突最重要的结构基础之一"[①]。因此,把握新时代妇女社会结构就要重点分析妇女社会阶层结构及其特点。

妇女"阶层"是指由于其经济、政治、社会地位等不同而分成的若干层次。"阶层"这个概念的提出有别于经典马克思主义关于"阶级"的概念。经典马克思主义阶级理论将阶级划分为工人阶级和资产阶级,是典型的二分社会结构,也是对立冲突的社会结构理论。恩格斯也曾经将男女两性间的关系用阶级对立的剥削关系来表述,也是二分性别的理论。而现代社会关于"阶级"的定义则与社会复杂化的变化相联系,"作为阶级的利益群体是占有某种资源或资本(例如资产、组织、技能或知识),因而具有某种权力的社会群体或社会集团"[②]。在现代社会中,"阶级"概念的复兴不再是为了描述敌对关系,更重要的是用来表述现代化和市场化发展背景下所带来的社会结构分化,重点针对多元社会群体的内部矛盾和社会整合问题。2002年党的十六大报告中第一次正式提出并使用了"新社会阶层"的概念,"阶层"开始成为分析现代社会结构分化的重要视角。社会结构的阶层化给妇联组织职能带来两方面影响。

(一)妇女社会阶层需求多元化

新时代的妇女社会结构(social structure)相较之前发生了变化,呈现妇女阶层的多元化特征。党的十八届三中全会明确市场在资源配置中起决定性作用之后,国家的资源决定作用相对消减,逐渐改变了传统的由国家决定妇女社会资源和社会机会分配的机制和结果,加上

[①] 李路路:《改革开放40年中国社会阶层结构的变迁》,《社会科学文摘》2019年第4期。

[②] 李路路:《改革开放40年中国社会阶层结构的变迁》,《社会科学文摘》2019年第4期。

我国妇女社会的规模结构、家庭结构、社会组织结构、城乡结构、区域结构、就业结构、分配结构等具有复杂性。妇女群体先天的素质能力、后天受教育程度等存在着差别。社会主义市场经济又不完全成熟，由于单纯的市场机制无法把资源配置到最佳状态，"市场失灵"是造成妇女发展不平衡不充分的重要原因，而妇女社会阶层结构正在重组。面对阶层多元化妇女思想观念、价值取向、利益诉求、就业方式、生活方式的日趋繁杂，妇女社会存在聚合力减弱的现实问题。妇联组织原有的模式也不能适应和表达妇女各阶层的不同需求，需要妇联组织强化对弱势妇女阶层的维权和救助职能。因此，如何满足好妇女群体的各阶层的特殊需求成为新时代妇联组织职能的时代使命。

（二）妇女社会各阶层的互通缓慢

新时代妇女社会阶层结构具有互通性。由于市场经济对妇女劳动力的需求、国家对妇女参与社会的政策支持、国家对妇女教育的投入、信息时代的到来和互联网的普及等原因，脑力劳动替代体力劳动成为新时代社会进步的最主要的劳动形式。这一转化使妇女摆脱了地域、家庭、素质和体力的严格束缚，拥有了更多改变原生阶层的机会，从而不断打破妇女社会阶层结构的固化局面，实现阶层间的互通流动。这一互通的过程主要表现为以下几种形式：就业、学习、创业、政治参与（如妇女参与村民选举）和婚姻。但是，新时代妇女社会阶层之间互通仍旧缓慢，尽管国家为妇女社会阶层间的互通提供了基础性条件，不断激发妇女社会的创造性和积极性，减少妇女阶层间的矛盾冲突。但是，由于我国农村妇女代际财产继承明显、城乡间教育资源的分配不均、市场竞争的风险较大以及就业领域的性别隔离等问题，使得妇女阶层间的流动存在阻碍，活跃性不足，部分学者担心出现阶层固化。因此，依然需要妇联组织通过建立有效的制度干预，限制和减少各种阶层代际再生产，创造更多妇女阶层上升通道。

四 传统文化是根本性影响因素

文化自信是一个国家妇女社会发展中最基本、最深沉、最持久的力量。它塑造了我国妇女的群体性格。当前我国的传统文化对妇联组织职能的影响利弊兼有，也是妇联组织职能的重要影响因素。

(一) 封建传统文化对妇联组织职能的消极影响

1919年毛泽东同志在《问题研究会章程》中就深刻揭露了中国封建礼教及宗法制度对妇女的束缚和压迫，指出封建政权、族权、神权、夫权四重压迫是束缚中国妇女的四条极大绳索。[①] 这"四条绳索"存在两千多年，妇女在漫长的压迫历史中，一直处于从属地位，担当被支配者的被动角色。在传统封建的父权文化中，"女子无才便是德"，顺从被视为女人的天性，"天命不可逃，夫命不可违"的夫妇之道是人伦之首，"三从四德"是女人的行为戒律。"男为阳，女为阴"奠定了男尊女卑的哲学基础，成为定义吉凶之兆的信仰标准。"男女有别"的双重标准成为基本的社会秩序，让女性丧失了独立的社会身份和位置，而这些制度在封建体制下得到了国家的许可和保障。宗族势力成为执行这些戒规的重要主体和守护者，这让女性的反抗显得弱小而式微。"她者"就是要被"他者"奴役，为"他者"服务，女性对社会和家庭的贡献被湮没，其主体意识和主体价值被忽视。"性别"成为一种权力地位分配的模式，女性在中国的差序格局中直接被划成了"差等"，这成为一个除了阶级、种族之外的另一个被剥削、被奴役的特殊类别，而维系这些父权主义制度的是我们一整套的文化制度体系：伦理道德、宗教信仰、哲学体系、语义体系、宗族制度等（如表4-3所示），并通过严密的教化过程，世代相传，织就妇女公、私领域的意识形态牢笼。这些封建父权文化基于教化惯性、宗族势力、农耕经济等，并在当下尚有遗存，尤其在我国农村还有着广泛影响。传统的性别秩序使得我国女性养成对男性的惯性依赖，并一直延续至今。在经济上，部分农村妇女在经济、社会生活的利益分配中最得法的做法不是依靠独立生产创造新的生活生产资料，而是更愿意在男性赚取既有的资源中获取分配收益。习惯做一个被庇

---

① 毛泽东：《问题研究会章程》，《北京大学月刊》1919年第10期。

护的人，出现"干得好不如嫁得好""高价彩礼""男人就是要养女人"等物质女权主义思想。在政治上，不参与、不结群。张竹君就曾经指出，中国女子千百年来的厄运"半由于男子之压制，半由于女子之放弃"，放弃的表现为"不知学""不能群"。"不能群，故痛痒不相关，平居既不能有乐之益，猝有变故又不能为将伯之呼。芸芸以生，有同孤立，腐败若此，涣散若此，不能自振，其何足怪！"① 因此，落后的封建父权文化不仅压迫妇女，而且也让妇女丧失了自立自强的信仰。在一定程度上解释了当前部分农村，妇联组织工作开展难的现象。列宁认为："这是一个要求根本改变社会服务技术和社会风气的长期斗争。"②

表4-3　　　　　　　　　中国封建传统文化制度体系

类别	内容
伦理道德	"三纲"：父为子纲、夫为妻纲、君为臣纲
	"三从"：最早见于周、汉儒家经典《仪礼·丧服·子夏传》在讨论出嫁妇女为夫、为父服丧年限（为夫三年，为父一年）时说"妇人有'三从'之义，无'专用'之道，故未嫁从父、既嫁从夫，夫死从子"
	妇随夫姓：女人无名，在生活中没有独立的身份和存在价值。这一习俗成于汉魏之际，确立于东晋南北朝时期
	《仪礼·丧服》载"七出"：无子，一也；淫佚，二也；不事舅姑，三也；口舌，四也；盗窃，五也；妒忌，六也；恶疾，七也
	不事二夫：封建制父权中，妇女有对丈夫忠贞不贰、保持贞操的义务，丈夫死后不事二夫，甚至殉夫
宗教信仰	妇从夫意：理学领袖程颐《二程集》载："夫以顺而恒者，妇人之道，在妇人则为贞，故吉；若丈夫而以顺从于人为恒，则失其阳刚之正，乃凶也。……阳上阴下，得尊卑之正，亦得位也。"③ 妻视夫为"天"，"天命不可逃，天命不可违"
	"不孝有三，无后为大"；"继香火"等

---

① 张竹君：《女子兴学保险会序》，《中国新女界杂志》1904年第4期。
② 中华人民共和国妇女联合会编：《马克思恩格斯列宁斯大林论妇女》，人民出版社1978年版，第309页。
③ 张念：《性别政治与国家》，商务印书馆2014年版，第36页。

续表

类别	内容
哲学体系	《周易》："天尊地卑，乾坤定矣……乾道成男，坤道成女。""有天地然后有万物，有万物然后有男女，有男女然后有夫妇，有夫妇然后有父子，有父子然后有君臣，有君臣然后有上下，有上下然后礼仪有所错。夫妇之道不可不久也，故受之以《恒》。"①
	《大学·中庸》："君子之道，造端乎夫妇，及其至也，察乎天地。"④
	《孟子·藤文公上》："君臣有义、父子有亲、夫妇有别。"④
	《荀子·卷九·致士篇》："君者国之隆也，父者家之隆也，隆一而治，二而乱。"②
	朱熹的《四书五经诗集传》载："言男子正位乎外，为国家之主，故有知则以立国。妇人以非仪为善，无所事哲。哲则适以覆国而已。"
语义体系	男子是"丁"，女子是"口"；"夫唱妇随"；"嫁鸡随鸡、嫁狗随狗"；"嫁出去的女，泼出去的水"；"赔钱货、讨债鬼：生个丫头穷三代"
宗族制度	长老统治：最年长的父辈是家族的绝对统治者，他握有生杀之权，他对待他的子女、他的家庭像对待奴隶一样，不受任何限制③

（二）优秀传统文化对妇联组织职能的积极影响

党的十九大报告指出："文化是一个国家、一个民族的灵魂。文化兴国运兴，文化强民族强。没有高度的文化自信，没有文化的繁荣兴盛，就没有中华民族伟大复兴。""尊老爱幼、妻贤夫安，母慈子孝、兄友弟恭，耕读传家、勤俭持家，知书达礼、遵纪守法，家和万事兴等中华民族传统家庭美德，铭记在中国人的心灵中，融入中国人的血脉中，是支撑中华民族生生不息、薪火相传的重要精神力量。"④ 习近平总书记指出："要努力从中华世世代代形成和积累的优秀文化中汲取营养和智慧，延续文化基因，萃取思想精华，展现精神魅力。要以时代精神激活中华优秀传统文化的生命力，推进中华优秀传统文

---

① 张念：《性别政治与国家》，商务印书馆2014年版，第34页。
② 《荀子》，上海古籍出版社1996年版，第140页。
③ ［英］梅因：《古代法》，沈景一译，商务印书馆1959年版，第82页。
④ 习近平：《在会见第一届全国文明家庭代表时的讲话》，人民出版社2016年版，第6页。

化创造性转化和创新性发展,把传承和弘扬中华优秀传统文化同培育和践行社会主义核心价值观统一起来,引导人民树立和坚持正确的历史观、民族观、国家观、文化观、不断增强中华民族的归属感、认同感、尊严感、荣誉感。"①

尽管封建的性别文化对妇联组织职能带来阻碍,但我们不能以此为由丧失对中华民族优秀文化的自信。因为世界上没有完全相同的文化模式,文化的生成与成熟也必然存在一个过程,文化更不能脱离特定社会条件来加以抽象评判,不能用传统文化的封建思想遗留来否定中华优秀文化内容,更不能生搬硬套西方女权主义作为中国妇联组织的指导思想。五千多年文明历史中孕育出的中华优秀传统文化是中华民族的精神命脉,也是中国女性文化的深厚支撑。我们依然可以从中汲取很多营养从而建立中国独有的社会性别文化。如传统文化中弘扬"仁义礼信忠孝廉耻"道德标准以及自强不息、敬业乐群、扶危济困、见义勇为等社会公德,有益于妇联组织对妇女素质和能力的培养,并建构和谐社会关系。传统文化中强调的两性间阴阳和合、求同存异、和合共生的独特价值,追求"万物并育而不相害,道并行而不相悖",为建构两性和谐而非对抗的关系提供了很好的精神源泉。"花木兰替父从军"孝老爱亲的故事以及"孟母三迁""陶母退鱼""欧母画荻""岳母刺字"四大贤母形象流传千年,强调了女性对家庭教育的重要意义。"家国同构"的社会结构和儒家文化体系,在培养妇女对于国家和民族的集体价值认同方面提供了扎实的思想土壤,"家国情怀"也是中国性别文化能熔铸于国家民族文化之中的重要原因。而这种融合也提升了妇女的地位和价值。新时代,妇联组织要坚持马克思主义妇女观为理论指导,坚守自有文化立场,立足当代中国现实,结合新时代条件,创造性转化、创新性发展,在批判地借鉴中挖掘、传承优秀性别文化传统,不忘本来、吸收外来、面向未来,铸

---

① 习近平:《大力弘扬伟大爱国主义精神 为实现中国梦提供精神支柱》,《人民日报》2015年12月31日。

就中国特色社会主义性别体系和文化自信,成为激励中国妇女奋勇前进的强大精神力量。

第三节 微观视角:组织影响因素

新时代妇联组织职能的发挥实际上是一个组织的运行过程。国际和国家是职能发挥的外部环境影响因素,而妇联组织自身也是组织职能运行的重要影响因素。如果以主体性为视角来看待妇联组织,妇联组织就是"主体",即有能力主动参与和塑造组织形象的主角,而不只是被动接受某种精心设置和安排的机构摆设。妇联组织具有权利能力的同时,也应具有行为能力。我国已经具备了相对稳定的妇联组织职能系统运行基本构件。而影响妇联组织职能这一系统运行的因素集中表现为组织价值、组织机构、组织制度三个方面。组织价值的正确与否决定着组织存在的合法性及生命力;组织机构的成熟程度影响妇女社会需求能否得到有效输入,组织制度贯穿组织职能始终,其科学性是妇联组织职能得以循环的有效保障。

一 组织价值是内核因素

每一个组织都会在不断的学习和实践中形塑自己的价值取向,然后指导组织个体做出相应的行为选择。正确的组织价值会引领人们做出正确的行为,反之,则可能误入歧途。如张志芳指出:"在纷繁复杂的社会思潮和多元价值取向面前,价值取向游移不定的特点非常突出,如果缺乏主导性价值引导,往往容易受某些时尚、潮流、怪异型价值,以及网络环境中一些'意见领袖''网络推手'价值取向的诱惑,以个人利益至上为核心的西方价值倾向也容易因此获得更多的受众。"[①] 因此,组织价值是组织的行动之本,行为之源。1895 年心理学家弗洛伊德提出"冰山理论",这一理论对于组织价值之于职能的

[①] 张志芳:《以核心价值观引领非正式组织价值取向》,《山西日报》2017 年 3 月 21 日。

作用而言具有一定的解释力。组织职能实际上也可以看作是一座"冰山",职能价值是决定组织行为的根本所在(如图4-2所示)。理解妇联组织职能问题,首先就要审视组织价值是否准确。而现实中当我们回顾并检讨存在的问题时,很多时候更多的是将问题的症结归咎于组织的制度层面,当然这也是很重要的原因之一。但是,究其根本,还应再进一步追溯到组织的价值层面,因为妇联组织的核心价值才最终决定着组织的方向,但凡是朝着正确的价值方向前进,哪怕积跬步仍可至千里。但凡是朝着错误的价值方向前进,越努力则越激进。现实中出现的以妇联组织"基本职能"取代"政治职能"的观点就是组织价值层面的片面误判。因此,新时代下,必须进一步明确妇联组织双重价值定位,实现中华民族的伟大复兴和促进妇女的全面发展的双重价值融合。

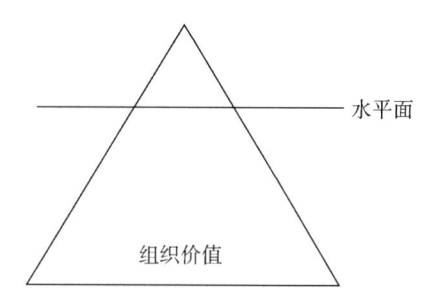

图4-2 妇联组织价值的"冰山"示意

二 组织机构是载体因素

中国现代著名新闻学家戈公振认为:"思想不交通,则公共意见无由见,而社会不能存在。"[①] 妇女需求是指我国妇女群众的期望、意向、意识形态和利益等。妇联组织就是要畅通联系妇女的渠道,做到妇女所求,我有所助;妇女所盼,我有所帮;妇女所怨,我有所解。如果妇女需求得不到满足或者需求输入超载,都会导致妇联组织

---

① 戈公振:《中国报学史》,中国文史出版社2015年版,第1页。

压力而使系统崩溃。因此，如何接收和转换需求十分重要，于是就会引申出一个问题：由谁来接收和转换妇女需求。而完成这一任务的就是妇联组织的组织机构，组织机构自然成为妇联组织职能的影响因素之一。

（一）组织机构的设置

首先，妇联组织设置的科学与否决定组织能否覆盖到各类、各阶层妇女和团体。倾听来自不同阶层、群体、领域、业态妇女群体的信息需求。新时代组织机构还要加强信息技术的更新，不断拓展网上妇联组织建设，以增加组织的开放时间和沟通的灵活性，强化栏目体验设置上的人性化要求。其次，妇联基层组织的设置具有重大意义。因为大量的妇女群体沉淀在基层，尤其是在农村。习近平总书记强调：要坚持眼睛向下、面向基层，改革和改进机关机构设置、管理模式、运行机制，坚持力量配备、服务资源向基层倾斜。要积极联系和引导相关社会组织。要高度注意群众的广泛性和代表性问题，更多把普通群众中的优秀人物纳入组织，明显提高基层一线人员比例。[①] 此次妇联组织职能改革将组织资源从中央下沉到地方，更加强化妇联组织的基层组织建设，有益于解决当前基层组织缺失现状。最后，妇联组织设置的科学与否决定着横向组织能否协作稳固。妇联组织与女性社会组织之间关系的不同选择，如竞争关系、竞合关系还是枢纽型关系，会直接影响妇联组织职能内容。面对纷繁复杂的社会情况，更加注重赋权妇女团体，加强团结、引领。更加注重引领和整合女性社会组织的价值追求，形成向上向善、团结齐心的社会合力。更加注重培育和孵化女性社会组织扎根社会，成为妇联组织联系妇女的重要帮手。

（二）组织机构的能力

妇联组织机构的能力包括组织队伍的业务能力和共情能力两个层面。业务能力主要是指妇联组织对需求做出反馈的能力；共情能力主

---

① 《切实保持和增强政治性先进性群众性，开创新形势下党的群团工作新局面》，《人民日报》2015年7月8日。

要是指妇联组织成员是否有共同的组织信仰和追求,并愿意为之努力奋斗。

第一,业务能力。妇联组织业务能力可以分为三种情形。一是积极反馈。如积极处置、采纳妇女群众的工作意见,出台或调整工作举措解决妇女所需等。二是延时性反馈。指妇联组织反应不及时或者不断拖延。长时期的延时会引起妇联组织社会公信力下降。比如,现实中妇联组织对妇女权益维护缺少足够的敏感性,或不能及时发声等。如2009年发生的"邓某某事件"。[①]"案件发生后,要求妇联关注此案的呼声不断出现,有人致电维权热线,还有人联名写公开信等,强烈要求妇联介入。……公众希望妇女的'娘家'表个态……公众的问责意识在提高,不但向权力机关问责,也开始向妇联这样的群众团体问责,要求它们切实履行组织的职责,发挥组织的内在功能。"[②]而在这一事件中,妇联组织因为反应迟钝成为除了当地公安机关之外的公众热议的第二个矛头指向。三是负面反馈。即妇联组织不做反馈或者做出错误的反馈。

第二,共情能力。妇联组织干部对妇女事业的忠诚、热爱而共生的组织信仰会形成组织的内聚性,对妇联组织职能产生重要影响。如果妇联组织干部不具有组织信仰,组织就将面临不稳定或瓦解的可能。培养组织信仰需要建立合理的组织人才培养、培训和激励机制,使妇联干部对妇联组织有归属感、责任感、使命感。另外,要有效发挥好中华女子学院和各级妇女干校在共情能力方面培育的作用,明确肩负的使命与责任,建树正确的组织价值观、社会性别观和职业观。

---

① 2009年5月10日,湖北省巴东县的"邓某某刺死官员事件",引起了社会公众的广泛关注。案件之所以在全国引起广泛关注,其原因一方面在于本案被害人是男性公务员,又发生在娱乐场所,女性服务员作为弱势方用极端的方式对强势者进行反抗;另一方面是由于案发后警方的三次通告对关键问题作出了变更,有关案发地点、动作、言词、当事人人数等都发生了微妙的变化,这些"细微"的变化引起了人们更大的关注,也由此引发了网友们一波又一波的热议。

② 马焱:《对妇联组织基本职能的再认识——由"邓玉娇事件"引发的思考》,《中共山西省委党校学报》2010年第1期。

(三) 组织机构的权威

妇联组织机构的权威包括社会权威和组织权威,一个是外部视角,一个是内部视角。

第一,社会权威。妇联组织的权威性取决于组织的社会支持量度(如图4-3所示),需要指出的是,社会支持量度的主体除了妇女群众外,还有团体会员以及其他女性社会组织对妇联组织权威的支持;社会支持类型大体可以分为"肯定的支持""默许、被动接受或漠不关心"和"否定的支持"。如果妇联组织的社会支持量度越高,那么组织凝聚力就越强,组织职能实现可能性就越大,反之则组织聚合能力越弱,组织职能将趋于失效。

```
肯定的支持    默许、被动接受或漠不关心    否定的支持
←─────────────────────────────────────────→
支持逐渐增加              支持逐渐减少
```

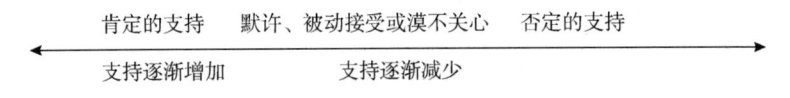

图 4-3 妇联组织社会权威的支持度

第二,组织权威。组织权威表现在妇联组织能否做出约束性的决策和执行行为,决策的强制性会影响社会资源的分配,决策的执行具有一定的强制力。这种组织强制力可以表现为两个层面,一个层面是妇联组织内部各级科层组织之间的职能强制落实效力;另一个层面是妇联组织在国家组织体系中的职能落实强制效力。妇联组织内部各级科层组织之间的职能强制落实效力受双重领导体系的影响,党委和上级妇联之间的关系是重要影响因素;妇联组织在国家组织体系中的职能落实强制效力目前表现出一定的组织人格化特征,即妇联组织权威很大程度上依附于妇联组织领导的人际关系和沟通能力。由于妇联组织系准政府组织和人民团体,组织权威的传导常常通过成立临时性的"领导小组"来实现。例如,针对企业侵害女工劳动权益的行为,需要协同政府的劳动部门才能作出强制性决策。或者借助党委双重领导体制的支持才能完成。正是因为这样,妇联组织职能的权威很大程度上取决于党委、政府的重视程度和妇联组织领导班子的人际处置能力。如妇联主席的政治背景、政治利益和政治取向,沟通、协商、游

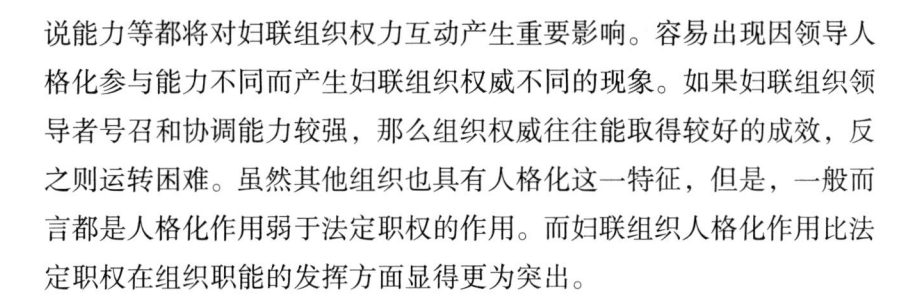

说能力等都将对妇联组织权力互动产生重要影响。容易出现因领导人格化参与能力不同而产生妇联组织权威不同的现象。如果妇联组织领导者号召和协调能力较强，那么组织权威往往能取得较好的成效，反之则运转困难。虽然其他组织也具有人格化这一特征，但是，一般而言都是人格化作用弱于法定职权的作用。而妇联组织人格化作用比法定职权在组织职能的发挥方面显得更为突出。

三 组织制度是保障因素

妇联组织制度贯穿于妇联组织职能运行的全过程，是妇联组织得以作出决策、实施行动的依据。当前，妇联组织制度可以拆分为三个部分，分别是组织的规范性制度、组织的领导体制和组织的运行机制。

（一）组织的规范性制度

组织的规范性制度主要是妇女权益保护法律体系。首先，妇女权益保护法治体系包括妇女权益保护法律体系的立法、执法、司法、守法的各环节。立法的完备性、司法的公平性、执法的严格性、守法自觉性都将影响妇联职能的发挥。因此，需要首先加强妇女领域的法律体系建设，做到有法可依。其次，不断增强妇联组织与人大、政协、党委、政府、妇女社会等主体的协商议事能力，加大执法监督话语权。

表4-4 我国妇女权益保障法律体系部分引录（1978—2019）

序号	施行时间	法律、法规、条例名称
1	1981年1月1日	《中华人民共和国婚姻法》[1]
2	1985年10月1日	《中华人民共和国继承法》
3	1992年10月1日	《中华人民共和国妇女权益保障法》
4	1995年1月1日	《中华人民共和国劳动法》

---

[1] 1950年5月1日公布施行的《中华人民共和国婚姻法》是新中国颁布的第一部法律。新的《中华人民共和国婚姻法》自1981年1月1日起施行。2011年8月12日，最高人民法院发布《婚姻法》最新的司法解释。

续表

序号	施行时间	法律、法规、条例名称
5	1995年6月1日	《中华人民共和国母婴保障法》
6	2002年9月1日	《中华人民共和国人口与计划生育法》
7	2007年6月1日	《中华人民共和国未成年人保护法》
8	2008年1月1日	《中华人民共和国就业促进法》
9	2010年1月1日	《中华人民共和国农村土地承包经营纠纷调解仲裁法》
10	2010年3月14日	《全国人民代表大会关于修改〈中华人民共和国全国人民代表大会和地方各级人民代表大会选举法〉的决定》
11	2010年10月28日	《中华人民共和国村民委员会组织法》
12	2011年7月1日	《中华人民共和国社会保险法》
13	2012年4月28日	《女职工劳动保护特别规定》
14	2013年5月2日	《村民委员会选举规程》
15	2013年10月23日	《关于依法惩治性侵害未成年人犯罪的意见》
16	2015年9月1日	《中华人民共和国广告法》
17	2016年3月1日	《中华人民共和国反家庭暴力法》
18	2015年11月1日	《中华人民共和国刑法修正案（九）》
19	2019年1月1日	《全国人民代表大会常务委员会关于修改〈中华人民共和国农村土地承包法〉的决定》

（二）组织的领导体制

第一，双重领导体制。组织领导力是妇联组织职能最重要的动力来源。组织领导体制的完善与否，会直接影响职能效力。妇联组织的领导体制也经过了演进历程，不断进行着调试。如第四次全国妇女代表大会的《中华全国妇女联合会章程》（1978）明确"地方各级妇女联合会，在同级共产党委员会的领导下进行工作，并接受上级妇联的业务指导"。自此，在先前的上级妇联对下级妇联的"领导与被领导"关系更改为"业务指导"的基础上，强化了党对妇联组织的领导，从而获得了国家的财政支持。此后，第十二次全国妇女代表大会《中华全国妇女联合会章程》（2018）明确规定："妇女联合会的地方和基层组织接受同级党组织和上级妇女联合会的双重领导"。党的领导为妇联组织发展壮大进一步提供了理论思想，人、财、物和制度方面的保障，还强调了上级妇联对下级妇联也具有领导权，承担着对下一级妇联组织主席、副主席的协助管理职责，在一定程度上有力地推动了妇联组织的主业效能。

第二，双重三角关系。基于妇联组织的双重领导体制，妇联组织职能的权威性输出呈现"双重三角关系"模型（如图4-4所示）。一是第一层职能输出的"三角关系"。由于妇联组织没有直接的权威输出的职能，对于社会上有违背社会性别平等的行为，尤其是政府部门做出的此类行政决策或行政行为，妇联组织经与同级政府职能部门协商无果后，基于同级党委对妇联组织的领导责任，妇联组织可以向同级党委反映情况并寻求支持，由同级党委向同级政府施加压力，从而作出或调整行政公共决策或行政行为。二是第二种职能输出的"三角关系"。如果妇联组织与同级党委沟通汇报后，依旧得不到有效解决，妇联组织还可以向上级妇联组织请求支持，使之成为权威导入的另一主体。由于下级党委需要尊重上级妇联组织的意见和建议，上级妇联可以要求下级党委有效作为。据此，第一层和第二层职能输出三角关系，实际上是党委和上级妇联组织"双重领导"所形成的权力制衡模型，"双重三角关系"输出模式为推动妇联组织职能实现提供了一定的保障。

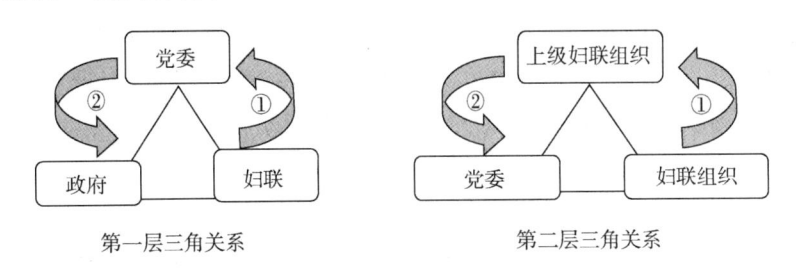

图4-4 妇联组织职能"双重三角关系"模型

（三）组织的运行机制

第一，决策机制。当前妇联组织实行民主集中制，妇女联合会的最高领导机构是全国妇女代表大会和它产生的中华全国妇女联合会的执行委员会。地方各级妇女联合会的领导机构是地方各级妇女代表大会和它所产生的执行委员会。妇女联合会在乡镇、街道、行政村、社区、机关事业单位、社会组织等建立基层组织。各级执行委员执行同级妇女大会或妇女代表大会和妇女联合会执行委员会的决议。因此，妇女代表大会制度是妇联组织重要的决策机制。如果妇女代表大会的决策能集中反映妇女所需、妇女所盼、妇女所急，那么妇联组织的职能输出就是成功的。反之，则将导致职能输出失败。

第二，执行机制。一是从执行机制的内容层面看，妇联组织职能的实现必须建立相应的机制予以保障。关于此，本研究在第一章中梳理了此次妇联组织机制改革的14项举措。二是从执行机制过程层面看，妇联组织职能的有效执行，需要整合六级科层组织、团体会员和女性社会组织三个层面。首先，只有理顺了六级科层组织，才能纵向发挥各级妇联组织的功能。如辽宁省妇联、福建省三明市妇联就提出："基层妇联干部对于妇联的领导方式、组织形式和运作机制抱有强烈的改革愿望。希望上级妇联倾听下级妇联的呼声与建议，对下多一些分类指导和培训，少一些大一统式的活动安排，多一些规范性的管理与评估，少一些临时性任务的布置，为基层组织创造自主选择和主动发展的空间。"[①] 其次，只有理顺了团体会员的关系，才能横向实现对高校、机关、部分社会妇女人群的引领、服务和联系。最后，只有理顺了女性社会组织的关系，才能实现对闲散、流动、多元的妇女人群的引领、服务和联系，构建枢纽型妇联组织。

四 小结

妇联组织职能是与时代环境交互作用的过程，呈现整体性、动态性和开放性。它所面临的影响因素可以从国际环境、国家环境和组织环境三个方面，以宏观、中观、微观的视角予以深化。妇联组织职能的国际影响因素主要包含了经济全球化、国际交流与合作以及西方女

[①] 肖扬：《对妇联组织变革动因及其途径的探讨》，《妇女研究论丛》2004年第4期。

权主义文化。国际影响赋予机遇，也带来挑战。国家影响因素则囊括了我国的市场经济、政治体制、社会结构和传统文化，其中市场经济是影响妇联组织职能发展的决定因素，政治体制是重要因素，社会结构是基础因素，传统文化是根本因素。组织影响因素则强调了妇联组织的组织价值、组织机构和组织制度。组织价值是内核，组织机构是载体，组织制度是保障。通过对国际、国家和组织三个维度的多个内容进行全面剖析，寻求妇联组织职能影响因素的时代启示和意义。

第五章　新时代妇联组织职能改革的实现路径

　　新时代群团改革中妇联组织职能的重新定位，既契合了当前妇女社会发展的实际需要，也必将对妇女事业发展产生正面而深远的影响。随着男女平等基本国策、社会治理现代化、全过程民主进程的加快推进，妇联组织职能发挥在总体上取得了一定成果，但面对新时代妇女群团主要矛盾的转变以及治理中心取向，妇联组织职能表达与社会期待之间依然存在差距。妇联组织需要在国家体系现代化的过程中，进一步凝聚足够的社会力场，转换成社会治理效能，走向群社协同共治。更加强调公共事务的管理主体和管理行为方式的多元化，权力的运行方式不再是单纯的自上而下的单向化灌输，而是更多的"国家—社会"关系包容互动。因此，逐步理顺各类治理主体的职能，培育和激发包括妇联组织在内的各类社会治理主体自身的活力，建立起政社分开、权责明确、依法自治的现代社会组织体制成为全面深化改革的重要内容。

　　习近平总书记指出："我们必须把群团组织建设得更加充满活力、更加坚强有力，使之成为推进国家治理体系和治理能力现代化的重要力量。"[1] 妇联组织作为中国具有影响力的群团组织之一，具有较强

---

[1] 中共中央文献研究室：《习近平关于社会主义政治建设论述摘编》，中央文献出版社2017年版，第188—189页。

的吸纳和聚合社会资本的能力，其参与社会治理的过程也先后历经了四次职能改革。第一次始于1987年，党的十三大作出政治体制改革的决定。对群团工作和改革提出明确要求，强调理顺党和行政组织同群众团体的关系，使群众团体能按照各自特点独立自主地开展工作，更好地表达和维护各自所代表的群众的具体利益；要求群众团体改革组织制度，把工作重点放在基层，克服"官"气和行政化倾向。1989年12月21日，中共中央发布《关于加强和改善党对工会、共青团、妇联工作领导的通知》，文件要求各级党委加强对群团工作领导，推动群团组织改革。[①] 第二次和第三次职能改革分别于1993年和2000年开展。改革的职能目标定为：适应建立社会主义民主政治和市场经济体制的要求，形成充满生机与活力、密切联系群众、符合自身特点的群众团体组织机构和运行机制，更加充分发挥群众团体在社会主义物质文明和精神文明建设中的作用。职能改革的原则是坚持有利于加强党对群众团体的领导和群众团体独立自主开展工作的原则，[②] 进一步放宽了党委对妇联组织的管控力度。第四次职能改革以2015年7月中共中央专门召开的中央群团工作会议为标志，出台了《关于加强和改进党的群团工作的意见》。文件表明了以习近平同志为核心的党中央高度重视妇女事业和妇联组织工作，为妇女事业提供强有力的政治保证。因此，我们需要全面增强问题意识、改革意识、机遇意识，扎实推进引领、服务和联系职能的落实，为加强和改进新时代党的妇女工作注入强大的动力。

第一节 妇联组织引领职能的价值实现

引领职能是妇联组织的首要职能。习近平总书记指出："人心是

[①] 范红霞：《20世纪八、九十年代妇联组织改革的探索及启示》，《中国妇运》2019年第9期。

[②] 中共中央办公厅：《国务院办公厅关于印发〈21个群众团体机关机构改革意见〉的通知》（中办发〔2000〕31号）。

最大的政治,共识是奋进的动力。"① 新起点上,更加需要坚定信念,努力奋斗。"要把思想政治引领贯穿于妇联开展的各种活动,引导妇女增强中国特色社会主义道路自信、理论自信、制度自信、文化自信,自觉为中国特色社会主义共同理想而奋斗。"② 这是新时代做好妇女思想政治引领工作的政治标准和根本遵循。各级妇联组织要增强政治定力,提高政治站位,坚持党的领导,履行引领职能,组织动员广大妇女同心同行,坚定不移跟党走,夯实党的执政基础和群众基础。

一　不断强化妇联组织的思想引领

以习近平同志为核心的党中央坚持推进马克思主义妇女观中国化的理论创新,产生了一系列习近平关于妇女工作的重要论述,是马克思主义妇女观的最新成果,是极具生命力的科学理论学说。

新时代,妇联组织要深入领会习近平同志关于妇女工作的重要论述并灵活运用于实践。引领占中国人口近半数的妇女建立起"四个自信"的国家信仰。一是增进广大妇女的思想认同和情感认同。开发一批习近平总书记关于妇女和妇联工作重要论述的精品课件,培养一批理论宣讲员,实施一系列理论宣传项目,通过让妇女群众有共鸣、听得进、易接受的方式,以网络阵地传播、引领妇女,使互联网成为开展妇女思想政治引领的最大增量,不断深化思想引领。二是以马克思主义妇女观为基础,开展好"巾帼心向党·建功新时代""巾帼建新功·共筑中国梦"等群众性主题实践教育活动,汇聚起实现新时代"中国梦"的巾帼力量。要以典型表彰示范带动妇女,提升"巾帼建功""巾帼文明岗""三八红旗手""三八红旗集体"等工作品牌,开展好"全国三八红旗手巡讲"、"最美家庭"系列巡演等,让广大妇女可以看得到、跟着走、照着做,争当新时代女性,引导妇

---

① 习近平:《新时代大国治理》,人民出版社2020年版,第44页。
② 习近平:《坚持中国特色社会主义妇女发展道路　组织动员妇女走在时代前列建功立业——在中南海同全国妇联新一届领导班子成员集体谈话并发表重要讲话》,《人民日报》2018年11月3日。

女为经济社会发展贡献半边天力量。

二 不断强化妇联组织的政治引领

习近平总书记认为政治能力包括两大方面：即"把握方向、把握大势、把握全局的能力；保持政治定力、驾驭政治局面、防范政治风险的能力"[①]。

（一）坚持走中国特色社会主义妇女发展道路

"中国特色社会主义妇女发展道路是中国特色社会主义道路的重要组成部分，是实现妇女平等依法行使民主权利、平等参与经济社会发展、平等享有改革发展成果的正确道路。"[②] 妇联组织要通过创新、引领妇女坚持走中国特色社会主义妇女发展道路，指导村居两委换届、强化基层妇联组织建设、推进在"妇女之家"中建立妇女议事会，参与社区议事和完善妇女代表大会制度等方式，提高妇女民主参与能力。

（二）引领广大妇女提升防范政治风险的能力

妇联组织要引领广大妇女提升政治能力，主动融入国家治理体系范畴，开展好群众性主题实践教育活动，始终坚持中国共产党的领导，这种政治格局既是妇联组织获得合法性的重要原因，也是妇联组织区别于其他妇女社会组织的重要特征。如2019年7月，港区妇联代表联谊会对极端分子暴力冲击立法会大楼第一时间站出来发声，强烈谴责暴力对抗政府的行为，共同守护香港安宁。同年8月，全国妇联通过会见港区妇联代表联谊会访问团坚决支持止暴治乱，两级妇联联动，对香港妇女社会起到了较好的政治引领。

三 不断强化妇联组织的社会性别文化引领

女性主义学者桑德拉·哈丁（Sandra Harding）将"社会性别"

[①] 肖贵清：《试论习近平关于加强党的政治建设的思想》，《思想理论教育导刊》2018年第5期。

[②] 中共中央研究室：《习近平关于社会主义政治建设论述摘编》，中央文献出版社2017年版，第182页。

概括为三种含义:"一是个体或个人性别(sex)。这是性别身份认同的核心,也就是人们意识到自己是男性或女性,并将某些现象与男性气质或女性气质联系起来的性别认知。这种认知开始于童年时代,而建构一个性别化的自我意识的进程终其一生。二是结构性别(gender)。这是作为社会组织和结构的总体特征性的性别。劳动的性别分工、职业的性别隔离都体现了这种制度性的性别,还有教育、司法、宗教、医疗等几乎所有国家体系的构造都体现了性别关系。三是符号或文化性别,即特有的社会文化情境中作为男性、女性的规范性含义。例如公共领域与私人领域的二元划分,提供了使男女之间不平等的权力关系合法化的统治意识形态,所谓'男子汉'和'贤妻良母'的说法则规范了婚姻生活中隐匿的一种权力关系。"[1] 因此,社会性别不仅代表人的生理性别,而且也是一种反映社会结构和文化规范的符号。性别的差异不是由妇女本身生理上的不同决定的,而是由于社会和文化导致的,这种差异是可以通过社会的发展被解构的。社会性别问题是一个社会文化问题。新时代的社会性别文化不是走向两性的对抗与战争,而是将妇女的自主性建立在两性和谐的基础之上的具有包容性的性别文化。结合时代特征、人文传统,构建和谐包容的社会性别文化,理性推动社会性别理论学科化,推进社会性别理论教育基础化,承担社会性别传播全民化,阐释新时代妇女形象内涵。

(一)社会性别文化理论的学科化

面对中国妇女社会所存在的一系列重大问题,要始终立足中国国情,以马克思主义妇女观为理论指导,批判地借鉴西方女权主义思想,摒弃"西方中心模式"的女权主义糟粕。尤其是在改革开放后,面对妇女群体对自身利益所表现出的具体诉求,过于强化"女性价值偏向",是以缺乏辩证唯物主义和历史唯物主义的学术理性的视角来看待制度融合。我们要发挥好中华女子学院、全国妇女研究所

---

[1] 刘伯红:《中国妇女研究年鉴(2001—2005)》,社会科学文献出版社2007年版,第332—333页。

(WSIC)等中国社会性别文化理论研究阵地的作用。如全国妇联成立妇女研究所,每隔十年会开展一次全国规模的中国妇女社会地位调查,深入开展一系列重大国际国内女性研究课题,近年来其研究出版的妇女绿皮书系列《中国性别平等与妇女发展报告》《维护农村妇女土地权益报告》以及每五年出版的《中国妇女研究年鉴》系列丛书等引起较好反响,为社会性别理论化做出了杰出的努力。下一步要构建中国特色社会主义妇女理论学科体系。包括中国特色社会主义女性主义哲学、女性主义人类学、女性主义史学、女性主义社会学、女性主义文学、女性主义心理学、女性主义法学、女性主义伦理学、女性主义教育学、女性主义信息传播学、女性主义生态学等,不断推进马克思主义妇女观中国化成果输出,并加大性别理论成果的现实应用。

(二)社会性别文化教育的基础化

习近平总书记指出:"追求男女平等的事业是伟大的。""男女共有一个世界,消除对妇女的歧视和偏见,将使社会更加包容和更有活力。我们要努力消除一切形式针对妇女的暴力,包括家庭暴力。我们要以男女平等为核心,打破有碍妇女发展的落后观念和陈规旧俗。"[1]目前,社会性别文化教育基础化进程相对滞后,存在较大的发展空间。首先,妇联组织要推动部分高校设置女性学相关学科专业,推动社会性别教育内容载入中小学教材。2017年,国务院妇女儿童工作委员会启动了实施中小学性别平等教育进课堂项目,这是一次有益的探索。全国妇联直属的培训教育单位如中国妇女活动中心、中国儿童中心、中国妇女儿童博物馆、全国妇联人才开发培训中心、妇女干校要用好平台载体,探索针对不同社会主体的社会性别意识教育传播方式,并易于其他教育机构学习复制。其次,要将妇女权益保障法律体系内容融入学校法制宣传基础教育课程内容之中,营造学法、懂法、用法氛围,崇尚、遵守、捍卫妇女拥有的合法权益。最后,切实建设

---

[1] 习近平:《促进妇女全面发展 共建共享美好世界》,《人民日报》2015年9月28日第3版。

并完善党政领导干部培训制度,推进妇女工作理论和男女平等基本国策,将其纳入党政领导干部基础教育培训规划和教学内容安排,各级党委理论学习中心组应该把妇女工作作为专题学习的重要内容,提高党政领导干部的先进社会性别意识。

(三)社会性别文化宣传的社会化

首先,全国妇联直属传媒单位如中国妇女杂志社、中国妇女报社、全国妇联网络信息传播中心(中国妇女外文期刊社)要承担起社会性别意识传播的重要使命,开发专栏引领舆论导向,反映现实生活女性题材,阐释新时代妇女形象内涵,引导妇女自尊、自信、自立、自强。其次,鼓励有关女性题材的影视、网络作品的创作与传播,如近年来公映的反映职场女性困局的《找到你》,反映校园性侵的《嘉年华》,反对妇女社会参与机会的《摔跤吧,爸爸》等,都颇具有一定的社会影响力。2019年5月,金砖五国优秀女导演合作共同拍摄的电影《半边天》,开启了多国女性文化相互碰撞影响的新方式。最后,还应注重网络宣传呈现方式的鲜活化。开发宣传男女平等的动漫作品、微视频、微电影等,使社会性别宣传在"网络快消"时代更具传播力和影响力。

第二节 妇联组织服务职能的功能实现

妇联组织之所以是国家政权的社会支柱,是因为妇联组织能够通过服务职能提高新时代广大妇女的获得感、幸福感和安全感。习近平总书记提出:"新时代推进男女平等,促进妇女全面发展的目标要求,强调促进男女平等和妇女全面发展要在推动妇女和经济社会同步发展、积极保障妇女合法权益、努力构建和谐包容的社会文化、创造有利于妇女发展的国际环境四个方面加速行动。"[①] 构建和谐包容的

[①] 习近平:《促进妇女全面发展 共建共享美好世界》,《人民日报》2015年9月28日第3版。

社会文化已在引领职能中做过阐述,服务职能的功能实现则主要体现在以下三个方面。

一 职能目标: 推动妇女和经济社会同步发展

尽管在政权的建立和巩固的任何一个阶段,妇女从来都是不可或缺的重要组成部分,但这种不可或缺在某些阶段的时长里,呈现的是强调义务与强调权利仍有差距的不可或缺,同步发展仍然是一个需要不断完善的进程。党的十八大以来,以习近平同志为核心的党中央对妇女工作作出一系列重要部署,强调中国特色社会主义发展的平衡性和充分性,注重性别发展与共享,切实推进男女平等基本国策的贯彻与落实,要让每一个妇女都有梦想成真的机会。2010年习近平总书记在会见来华出席北京全球妇女峰会的外国女政要时提出:"中国政府高度重视妇女事业,坚持把妇女事业发展纳入国家发展总体布局。"①2015年他进一步强调:"我们要制定更加科学合理的发展战略,既要考虑各国国情、性别差异、妇女特殊需求,确保妇女平等分享发展成果,又要创新政策手段,激发妇女潜力,推动广大妇女参与经济社会发展。"② 2017年"坚持男女平等基本国策,保障妇女儿童合法权益"写入了党的十九大报告。男女平等基本国策的实施一步步走向法律化、制度化、主流化,成为中国共产党治国理政的重要内容之一,为促进新时代妇女全面发展、共享经济社会发展成果提供了坚实的基础。

(一)新时代要在国家发展指标中纳入"妇女"变量

新时代下,妇联组织职能定位必须"以人民为中心"发展思想为出发点,不断促进妇女的全面发展,尊重妇女主体地位和首创精神。把妇女同意不同意、支持不支持作为制定党的妇女工作政策的依

---

① 彭珮云:《中国特色社会主义妇女理论与实践》,人民出版社2013年版,第16页。
② 习近平:《促进妇女全面发展 共建共享美好世界》,《人民日报》2015年9月28日第3版。

据,切实保障妇女合法权利。首先,国家在制定法律政策和公共政策时,必须包括"妇女"这一独立变量,使妇女公平地享有社会和经济发展成果、平等的政治和公民权利。关注和突显妇女全面发展所涉及的经济地位、政治地位、法律地位、文化教育地位、婚姻家庭地位、健康地位、社会保障地位等全方面领域的焦点问题。制定五年乃至更长时间的中长期妇女发展计划,认真编制《中国妇女发展纲要(2021—2030年)》,实现妇女和经济社会同步发展。其次,在国家治理过程中注重性别平等指标的结果运用。有研究者指出,妇女的"治理性参与不是针对公共政策决策过程,而是直接针对公共性事务的治理结果"[①]。王瑞鸿也认为:"纳入政策的主流既不是一个抽象的理论,也不是一个空洞的假说,而是一个具体化的,甚至经验化的操作性过程。"[②] 除了要重视法律和政策的决策制定过程,还要注重其执行过程。优化执政党的性别观念,不断消融传统父权文化对公共政策的影响,注重运用社会性别方法和手段来判断妇女解放和发展问题,完善社会治理中公共政策的制定及执行过程中的性别偏差,要像建立"生态红线"一样建立起"性别红线",对有违"性别红线"的行政结果建立撤销制度。

(二) 新时代服务职能要推动妇女均衡性发展

新时代强化妇联组织的服务职能要坚持从实际出发,区别服务对象的不同情况,不搞一刀切,不断提高服务的质量和水平。要突出服务农村妇女。刘睦终对此提出互联网兴农对策:"引导妇女发展'互联网+'新型农业业态,促进互联网与手工编织、家庭服务等妇女优势特色产业融合……点对点服务女性需求。"[③] 这些观点表明,新时代妇联组织的职能应为积极保护妇女的权益,促进妇女均衡发展。然而,在现实中,由于中国妇女人口众多,发展水平不一,部分妇女

[①] 若弘:《中国 NGO——非政府组织在中国》,人民出版社 2010 年版,第 155 页。
[②] 参见刘伯红主编《中国妇女研究年鉴(2001—2005)》,社会科学文献出版社 2007 年版,第 68 页。
[③] 刘睦终:《多措并举精准发力改革创新妇联工作》,《中国妇运》2015 年第 10 期。

问题沉疴已久，造成了严重的贫富分化。因此，妇联组织应避免撒胡椒粉式的发展观和政绩观，要突破性解决不均衡、不充分的发展问题，针对不同的妇女群体的切身需求深入调研，重点加强对农村妇女、流动妇女、留守妇女、贫困妇女、残疾妇女、老年妇女、单亲特困母亲、求职学生、外嫁女、失独妇女、回归社会妇女等群体问题的梳理。积极解决特殊群体的最关心、最直接、最现实的问题，持续创办好"'妇女梦'的十大民生实事""创新创业巾帼行动""乡村振兴巾帼行动""农村妇女素质提升计划""巾帼脱贫行动"等主题发展项目。进一步缩小区域间、城乡间、阶层间的妇女贫富差距。

（三）新时代服务职能需要注重家庭建设

家庭是国家发展、民族进步、社会和谐的重要基点。习近平总书记讲话中强调注重家庭、注重家教、注重家风，注重发挥妇女在社会生活和家庭生活中的独特作用，特别是发挥妇女在弘扬中华民族家庭美德、树立良好家风方面的独特作用，推动形成社会主义家庭文明新风尚，为充分发挥广大妇女的独特作用和做好妇联家庭工作提出了明确要求，规划了实现路径。妇联组织要在家庭建设领域立足当代中国现实、坚持中国文化立场、结合当今时代条件，先行先试，突破创新，做强妇女受益、社会认可、成效显著的"妇"字号的家庭服务品牌。

第一，增强家庭教育指导服务工作。习近平总书记在全国教育大会上明确提出："教育、妇联等部门要统筹协调社会资源支持服务家庭教育。"2018年十三届全国人大常委会做的立法规划，将家庭教育列入其中。重庆、贵州、山西、江西等地"先行一步"，先后出台《家庭教育促进条例》。妇联组织要争取国家、社会在家庭教育领域的投入，通过建立城乡社区家长学校和家庭教育服务站、创办网上家长学校等措施，响应教育"双减"政策不断减轻妇女在家庭教育中所承受的巨大压力。

第二，深入推进家庭文明建设。"天下之本在家。"中华民族家庭美德，是支撑我们民族生生不息的重要精神力量，是家庭文明建设的宝贵财富。我们要倡导妇女群体积极在家庭领域中发挥独特作用，继续创新开展一系列"五好家庭""最美家庭""清洁家庭""健康家庭""绿色家庭"等创建活动和"好家风好家训征集、展示和巡讲活动"[①]。做到尊老爱幼、男女平等、夫妻和睦、勤俭持家、邻里团结，调解社会家庭纠纷，发挥妇女在家庭文明建设中的特殊作用，使妇女崇尚家庭、关爱家人、建树家风，推动社会主义核心价值观在家庭领域落地生根。与此同时，引导社会更加关注家庭、关注妇女、关注女童，推动多元化力量参与共建。

第三，培育家政领域行业发展。家政服务是民生工程，尤其对当下"三孩生育"背景下的中国妇女社会群体而言更具现实意义。我们不能将妇女"社会参与"和"家庭参与"两者之间的关系以女性的立场扩大化和对立化。妇联组织也要切实保障妇女社会参与的劳动权益，不断加大家务劳动社会化的服务供给。Agosti Madelaine Törnquist 等在瑞典一项女性健康促进项目中，通过对女性经历的定性研究，发现许多欧洲国家女性比男性有更高的病假率。这源于女性在工作和生活冲突的程度更高，由此产生了女性健康负面影响。调查结果表明，需要增强女性员工工作和生活之间的平衡和幸福感。[②] 刘伯红也提出："政府未能充分认识平衡工作家庭的政策作用、未在解决工作家庭冲突中承担应有的责任，制约了女性职业发展，降低了女性的收入和社会保障。"[③] 因此，国家需要加大家政领域行业的发展。妇联组织要加大吸纳和孵化家政服务社会组织的力度，持续推动国家

[①] 黄晓薇：《高举习近平新时代中国特色社会主义思想伟大旗帜　团结动员各族各界妇女为决胜全面建成小康社会　实现中华民族伟大复兴的中国梦而不懈奋斗——在中国妇女第十二次全国代表大会上的报告》，《中国妇运》2018 年第 11 期。

[②] Agosti Madelaine Törnquist, Andersson Ingemar, Bringsén Åsa, Janlöv Ann-Christin, "The Importance of Awareness, Support and Inner Strength to Balance Everyday-Life a Qualitative Study about Women's Experiences of a Workplace Health Promotion Program in Human Service Organizations in Sweden", *BMC women's health*, 2019（1）: 19.

[③] 全国妇联妇女研究所：《中国妇女研究年鉴（2006—2010）》，社会科学文献出版社 2011 年版，第 232 页。

和社会支持家务劳动社会化进程。2017年7月通过的《家政服务提质扩容行动方案（2017年）》①为发展家政服务业提供了有利的政策支持。

二 职能重点：保障妇女合法权益

2018年11月2日，习近平总书记在同全国妇联新一届领导班子成员集体谈话时发表重要讲话强调："要坚持男女平等基本国策，维护妇女儿童合法权益。长期以来，男女平等、尊重妇女的观念越来越深入人心，同时针对妇女的歧视依然存在。解决这些问题，需要从国家层面治理，对严重侵犯妇女权益的犯罪行为要坚决依法打击，对错误言论要及时予以批驳。妇联组织要主动作为，哪里的妇女合法权益受到侵害，哪里的妇联组织就要站出来说话，依法依规为妇女全面发展营造环境、扫清障碍、创造条件。"②妇联组织应真正成为妇女群众信得过、离不开、靠得住的"娘家人"。当前，妇女具有诸如党员、职工、企业主、家庭成员、社会组织成员等在内的多元身份，这就意味着，一位妇女，她同时可以成为党委、政府、工会、家族、社会组织等主体的服务对象。这就需要我们认真思考和定位妇联组织如何在社会服务体系中保持自身独有的组织作用。当我们全面考虑到妇联组织自身的职能和资源优势，结合妇女社会群体的集体需求时，就会发现妇联组织作为"妇女合法权益的社会性别维护者"的职能是组织的核心职能。因此，陈伟杰认为："在这一问题上，妇联最能发现多元化妇女的公约数，并且建立起能促进党政—妇女相连接、最适合于其组织自身的通道，完成在执政党与妇女之间的共益

---

① 2017年7月10日国家发展改革委、人力资源和社会保障部、商务部、教育部、工业和信息化部、民政部、财政部、卫生计生委、人民银行、税务总局、工商总局、新闻出版广电总局、保监会、全国总工会、共青团中央、全国妇联、国家标准委共同印发了《家政服务提质扩容行动方案（2017年）》。

② 习近平：《坚持中国特色社会主义妇女发展道路 组织动员妇女走在时代前列建功立业——在中南海同全国妇联新一届领导班子成员集体谈话并发表重要讲话》，《人民日报》2018年11月2日。

性结构洞①填充。与其他领域相比,妇联在性别平等领域所缔造的网络结构中更加具有不可替代性。"② 因此,妇联组织必须在这一领域深耕厚植,打造妇联组织维权品牌。

(一)加强维权力量

加强服务职能的力量可以通过提质维权力量、再造维权力量、扩张维权力量、延伸维权力量四个方面予以实现。

第一,提质维权力量。妇联组织维权能否取得实质性作用,关键在于妇联组织所具备的职能能否制衡侵害妇女权益的主体。要切实加强妇女工作相关法律法规的实施和执法检查,推进妇女权益保障法律体系的贯彻落实,实现男女平等从法律的"形式平等"向"实质平等"转向。现实实践中,侵权主体可能是个人,也可以是各类组织机构(企业、基层组织、政府单位等)。首先,针对个人,妇联组织要全面落实妇联法律顾问制度和公职律师制度,通过推动公益诉讼、依法参与调解仲裁等方式为受侵害的妇女儿童提供帮助。其次,针对其他组织机构,如企业单位,则需要联合工会、政府的力量,并注重打造妇联组织自有媒体的维权威慑力,勇于曝光侵权事件,强化和跟踪个案维权报道。最后,针对基层组织和政府等,这是妇联组织维权的难点,党委要切实成为妇联组织的有力靠山,发挥党委对妇联组织领导的政治责任,切实强化妇联组织对行政主体执法监督的实质性权能。

第二,再造维权力量。公示各级妇联分管维权副主席的名单、年度维权计划和工作安排。做到妇联组织维权亮牌子,妇联主席亮身份,妇联工作亮作为。配强各级妇联组织中的维权队伍。培养和培训一支有爱心、敢担当、善服务、懂业务的干部队伍,以良好的作风引

---

① 结构洞(Structural Holds)是由罗纳德·伯特(Ronald Burt)所提出的概念,是指非重复关系人之间的断裂,即占据这个位置的人因为所拥有的信息资源非重复,其关系网络是最有效率的,并且占据者凭其相对于其两端关系主体的网络结构优势而获得排他性利益。

② 陈伟杰:《社会网络视角下的政治整合与群团改革——以妇联组织为例》,《中华女子学院学报》2018年第3期。

导妇女群众依法表达诉求，用好"12338"妇女权益热线，赢得妇女群众信任。

第三，扩张维权力量。吸纳一部分公益律师、高校法律教师、社会女性精英、社区热心大妈、团体会员成员等成为妇联组织的维权后备军，注重通过集体协商、对话协商等方式协调利益纠纷；孵化和培育女律师协会、女法官协会、女记者协会、高校女教师协会等妇女社会组织力量，为妇女信访代理和妇女维权提供专业的理论和实践指导。

第四，延伸维权力量。要在"网上妇联"平台的突出位置设立维权窗口，公开妇联组织（含妇女之家）网点图并连通导航。学习淘宝、京东等客服系统，设立妇联维权服务满意度评价体系，委托第三方平台对妇联进行维权满意度调查，并将调查结果及时运用于各级妇联组织的年度职能业绩考评结果的认定中。

（二）打造维权品牌

人在类属性上，因生育功能不同可以划分为男性和女性，维权妇女是妇联组织服务职能的重要内容之一。隋琳认为："妇联组织最应该维护的十项妇女权益包括反家庭暴力权、夫妻共有财产的所有权、平等的劳动就业权、平等的社会保障权、教育机会保障权、生命健康权、平等的财产继承权、选举与被选举权、生育和生殖健康权、人身自由权（拐卖、绑架、性骚扰等）。"[1] 过去，妇联组织曾经探索并发展了个案维权、社会化维权、实事化维权和源头维权等几种维权方式。下一步，妇联组织在维权领域要进一步创新作为，从家庭的私领域到社会的公共领域都建立起合理的性别分工和分配制度。改变公领域只能由男性管理，女性不得参与其中，私领域男主外女主内的分工模式。注重妇女生活、工作、婚姻、家庭、财产等微观层面的详尽叙事，将男女平等转化为现实中可以获取实际权利的武器。

第一，从家庭领域来看。着重做好"反家庭暴力"的维权工作

---

[1] 隋琳：《新时代妇联组织职能转变研究——以长春市妇联组织为例》，《延边大学》2018年第32期。

品牌。各级妇联组织要加强反家庭暴力的宣传工作，强化预防和制止家庭暴力的行政干预机制和公民权利司法保护机制，增强法律实施的规范性和可操作性，对施暴者进行媒体公示，形成全社会反对家暴的合力，建立施暴征信档案，根据施暴不同情形，具化限制乘坐出行交通工具、禁止银行贷款、采取治安处置、提起刑事公诉等操作性条款内容。

第二，从社会参与领域来看。妇联组织每年筛选出"全国十大妇女侵权案件"，以专题报道或者晚会的形式进行宣传曝光，重拳打击侵权行为。借鉴消费者权益保护日"3·15晚会"的成功经验，持续举办妇女维权晚会，办成在全国范围内有重大影响的"妇"字号品牌。

第三，从政治参与领域来看。不断提高妇女参政议政能力，通过"妇女之家"平台，着力培育"妇女议事会"品牌。建立妇女有序参与公共事务的协商机制、妇女群众利益表达机制，逐步在国家治理中建立起妇女的话语表达权。

（三）赋予妇联组织维权职权

当我们发现法律上的形式平等在现实生活中常常被侵蚀和制约，落不下根来时，研究就开始走向"权利"背后真正起作用的"权力"上。因此如何赋予妇联组织维权职权值得深入探讨。

第一，关于妇联组织维权职能的主体身份定位。我国政府没有专门的妇女行政部门，虽然1990年成立了国务院妇女儿童工作委员会，并将办公室设在妇联组织系统内，使妇联组织带有了一定的准行政机构色彩。但张洪林认为："一方面，还需要更加明确妇联的行政主体。[①] 妇联有了行政法上的主体资格后，在人员、经费和组织发展方面都会有保障。另一方面，也可使妇联更好地规划自己的工作范围，做到有所为，有所不为，把自己的工作重心放在'代表和维护妇女

[①] 行政主体是指享有行政权，能以自己的名义行使行政权，并能独立承担因此而产生的相应法律责任的组织。

利益，促进男女平等'上，更好地维护妇女的权益。"① 但是事实上，当前以及未来的很长一段时间，妇联组织是没有足够的人力、物力、权力支撑我国庞大的妇女维权问题的。如果将妇女维权的责任全部交给妇联组织而回避掉党委和政府的责任，就会产生无以应付的局面。罗宁也曾指出："一方面由于政府的缺位，妇联经常成为替补而承担了大量管理职能；另一方面由于政党和政府属性牵制使其社会服务职能弱化，敏感性缺乏，对社会的呼唤缺少回应。"② 因此，维护妇女权益，不仅是妇联组织的职能，也是党委、政府应当承担的职能。

第二，强化妇联组织维权职能的监督职权。当前成立国务院妇女儿童工作委员会采取议事协调机构的模式，将行政责任归口于其35个成员单位，妇联承担协调和推动、指导和督察的职责是比较符合中国国情的。下一步需要强化的就是在落实上做好文章。张莹提出："应把性别平等促进的切入点定在公共政策制定过程的输入接口——界定问题，和公共政策制定过程的输出接口——评价方案上，并实行社会性别视角的一票否决制，以形成强制性的制度约束。"③ 应当赋予妇联组织行政执法检查的问责权。参照纪委的巡视制度，大胆尝试建立社会性别巡查制度。综合运用经济、法律、社会等方法；协商、对话、合作、协作等协商民主方法；指导、劝告、建议、道德约束、舆论监督、习俗调节、疏导教育等非强制性维权方法，对行政单位及其主要负责人的履职情况进行执法检查，所产生的检查结果纳入行政单位及其主要负责人考评的内容，对于履职不力或不作为的行政单位，应当提请党委启动约谈机制。推进妇联组织维权手段多元化，建立起行政部门切实履职的约束体制。在公共政治执行时，要像建立"生态红线"一样建立"性别红线"，切实保障妇女平等参与、平等

---

① 张洪林：《论妇联维护妇女权益社会职能的历史变迁与现实理路》，《求索》2012年第1期。
② 罗宁：《发挥妇联组织在国家治理体系中的重要作用》，《贵州日报》2014年7月24日。
③ 刘伯红：《中国妇女研究年鉴（2001—2005）》，社会科学文献出版社2007年版，第68页。

发展、平等受益的权利。

三 职能支撑：营造有利于妇女发展的国际环境

2015年9月27日，习近平总书记在全球妇女峰会上提出了要"创造有利于妇女发展的国际环境"的主张。李英桃提出："包括中国在内的每一个国家的妇女发展状况、以联合国为代表的国际组织等关于妇女发展的决议文件、相关国际法的制定与执行情况，以及各类行为体之间的互动关系等，共同构成了影响妇女发展的国际环境。"① 当今世界，每一个国家都是其他国家外部环境的组成部分，构成了一个"全球命运共同体"。作为具有外交服务职能的重要妇女组织，应当准确定位新时代妇联组织所面临的国际关系，推动中国妇女参与构建国际性别平等秩序，积极创造有利于妇女发展的国际环境。

（一）准确研判新时代所面临的国际环境

"妇女问题"一直是全世界共同关注的重要话题之一。当前，世界正处于大发展大变革大调整时期，全球化遭受逆流，以美国为首的部分西方大国"退群""建墙"，民族主义和民粹主义思想交错，妇联组织所面临的世界局势复杂多元，但总体趋势向好，和平与发展仍是时代主题，加强区域合作，推进多边主义的声音仍是国际主流。全球大部分国家通过立法明确规定了男女平等，在妇女社会参与、接受教育、婚姻自由、职业选择等方面拥有平等权利已经基本达成社会共识。与此同时，世界各国妇女发展水平现状仍旧不够平衡，男女权利、机会、资源分配仍旧不够平等，社会对妇女潜能、才干、贡献的认识仍旧不够充分。习近平总书记强调："我们要坚定和平发展和合作共赢理念，倍加珍惜和平，积极维护和平。"与此同时，"发达国家要加大对发展中国家的资金和技术援助，缩小各国妇女发展差距"②。联合国

---

① 李英桃：《改变自己 影响世界：创造有利于妇女发展的国际环境》，《妇女研究论丛》2015年第11期。
② 习近平：《促进妇女全面发展 共建共享美好世界》，《人民日报》2015年9月28日第3版。

妇女署也为世界范围内的妇女运动提供了支持与督导。得益于国际全球化，国际的法人或其他组织多年来也一直援助中国妇女。据中国妇女发展基金会官网中公布的2018年度工作报告显示，中国妇女发展基金会接受来自境外法人或其他组织的捐赠现金和物资合计62594117.36元人民币。[1] 需要强调的是，中国的妇联组织既不奉行狭隘的民族主义，也绝不赞成霸权主义和强权政治。发达国家对发展中国家的妇女项目援助与资金支持必须建立在尊重他国的主权基础之上，防止妇女项目援助与资金背后裹挟的意识形态的强制侵蚀，积极应对经济全球化、社会信息化、文化多样化深入发展给中国妇女社会带来的各种挑战。

(二) 参与构建新时代国际性别平等秩序

中国妇女占了全国近半数人口，是世界上最大的发展中国家。中国共产党第十九次全国代表大会报告中指出："没有哪个国家能够独自应对人类面临的各种挑战，也没有哪个国家能够退回到自我封闭的孤岛"。当前，妇联组织在促进国家统一和全球外交上也开展了大量工作。全方位拓展对外交往合作。围绕推进"一带一路"建设、推动构建人类命运共同体等倡议和主张，多领域、多渠道、多层次开展妇女对外交流，加强与联合国有关机构合作，成功举办亚太经合组织妇女与经济论坛、二十国集团妇女会议、中国—阿拉伯国家妇女论坛、首届上海合作组织妇女论坛等妇女主场交流活动，加强与美国、俄罗斯、法国、英国、欧盟、南非、东盟等国家和区域交流机制框架下的妇女人文交流，支持和帮助发展中国家妇女能力建设，增进各国妇女之间友谊，促进民心相通，在中国特色大国外交中贡献女性智慧、展现女性魅力。[2] 妇联组织需要运用好自身外交窗口平台，进一

---

[1] 《2018年度年检报告》，中国妇女发展基金会，https：//www.cwdf.org.cn/index.php?m=content&c=index&a=lists&catid=69，2019年4月16日。

[2] 黄晓薇：《高举习近平新时代中国特色社会主义思想伟大旗帜　团结动员各族各界妇女为决胜全面建成小康社会　实现中华民族伟大复兴的中国梦而不懈奋斗——在中国妇女第十二次全国代表大会上的报告》，《中国妇运》2018年第11期。

步促进民族团结、维护祖国统一和世界妇女解放，深化和拓展国际交流与合作，参与构建新时代国际性别平等秩序。2015年，中国向联合国妇女署捐赠了1000万美元，用于支持落实《北京宣言》和《行动纲领》。在中国同联合国合作设立的有关基金项目下，专门开展支持发展中国家妇女能力建设的项目。妇联组织积极参与帮助发展中国家实施100个"妇幼健康工程"，派遣医疗专家小组开展巡医活动；实施100个"快乐校园工程"，向贫困女童提供就学资助，提高女童入学率；邀请3万名发展中国家妇女来华参加培训，并为发展中国家培训10万名女性职业技术人员；尝试主办世界性的"妇女技能大赛"，展示中国妇女发展取得的成果，让更多中国女性形象出现在世界，让世界进一步了解中国妇女，让中国妇女进一步影响世界。

第三节　妇联组织联系职能的治理变革

新时代下，如何高效地发挥好妇联组织的联系职能，成为妇女群众联系党和政府的桥梁和纽带？解决这一问题的答案是做好"联"的文章，构建枢纽型妇联组织。"枢纽型社会组织"这一概念最早于2008年在北京市关于社会建设的文件中提出，枢纽型社会组织是指在同类别、同性质、同领域社会组织中，在政治上发挥桥梁纽带作用，业务上处于龙头地位，管理上担负业务指导职能的联合性社会组织，是介于政府与社会组织的中介，具有合法性、排他性、资源整合性和代表性。[①] 枢纽型社会组织的提出为妇联组织的联系职能提供了可供借鉴的工作思路。联通了政府部门、商业企业、社会组织、社区团体、妇女代表、社区居民等不同主体，将原本分散的、碎片化的服务整合起来，将政府内外、社区内外的不同资源汇集起来，逐步形成

---

① 沈荣华、鹿斌：《制度建构：枢纽型社会组织的行动逻辑》，《中国行政管理》2014年第10期。

像树叶经络一样的有机服务网络。[①] 而通过这一枢纽，可以使妇联组织有针对性地服务于不同阶层、不同领域、不同类型的妇女和妇女团体。我们可以将枢纽型妇联组织的研究框架理论分析内容展示如下（如图5-1所示）。妇联组织联系妇女群众可以分为三种形态，第一种方式是通过加强妇联组织自身建设直接联系妇女。第二种方式是通过整合社会网络各方力量联系妇女。第三种方式是通过党建带妇建的发展模式，巩固"妇女之家"联系职能的阵地平台，扎根妇女。这三种联系方式在实践中形成了制度、机制和组织平台相互支撑的联系体系。

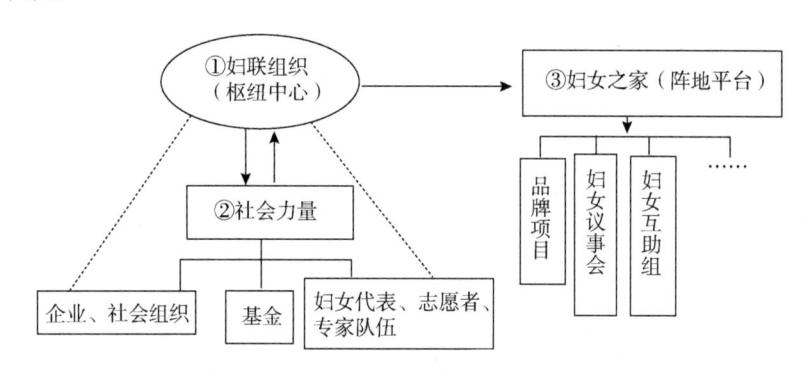

图 5-1 枢纽型妇联组织研究框架

一 强化组织枢纽中心

妇联组织之所以可以成为妇女组织的枢纽中心，是因为妇联组织相较其他妇女组织而言足够强大，具有联系妇女群众的体制优势和组织优势。新时代下，妇联组织改革就是要进一步强化和优化妇联组织优势，密切联系妇女。

（一）强化妇联组织职能政治体制优势

部分已有研究认为，中国的妇联组织统合于政治体制之中，具有明显的官僚化弊端，这会使妇联组织产生与妇女群众之间的张力，妇

[①] 向羽、袁小良、邱俊华：《"有机再造"：基层妇联组织的拓展与升级——以珠海市前山街道办妇联试点改革项目为例》，《中共珠海市委党校珠海市行政学院学报》2017年第8期。

联组织改革要去体制化。然而事实上，妇联组织最大的优势恰恰是它作为群团组织所具有的体制优势。李伟杰也认为："妇联正是凭借其统合于体制中的人民团体地位，在法律上获得了其他妇女组织所不能获得的授权，……这样的渠道通常可以自然而然地由上而下普遍地建立起来，……对于其他社会组织来说，统合于党的力量中为其自身发展创造了良好的制度环境。"[①]

  第一，加大党委对妇联组织职能改革的重视力度。要避免前三次妇联组织职能改革存在的部分误读教训，如把提高效能的"精简机构"简单地理解成"简化机构"，于是出现部分地区县乡工、青、妇合署办公，甚至部分地区撤销工、青、妇机关，成立合署办公的群工办公室。虽然当前改革要打造群团组织大融合格局，但是大融合格局的目的是强化群团组织的地位和整合资源的力量，而不是形式上的组织简单合并，实质上的组织职能削弱。如部分地区将妇联组织并入民政或文教卫计，使其组织地位消逝。又如部分地区的事业单位撤销了妇委会，部分地区以精简机构名义大幅削减妇联组织干部及其编制，并且压缩妇联组织工作经费，或将妇联组织完全视为社会组织，让其自筹经费、自负盈亏等。这些现象与改革精神相违背，给妇女工作带来了极其消极的影响。因此，"党建带妇建"要为新时代妇女实现全面发展提供充足的物质保障。针对当前各省份妇联组织工作经费配置不稳定、不均衡的普遍现象，党委要制度化、常态化解决妇联组织资金瓶颈问题。区分发达地区、中部地区和不发达地区，中央和地方资金配比应向不发达地区倾斜。因为我国的社会资本与经济发达程度成正比，越是发达的地区，社会资本越是丰富，妇联组织可以倚借的资源也更加富足；越是不发达的地区，社会资本相对贫乏，妇联组织倚借国家资金的需求就更加强烈。在现实中，往往大量的弱势妇女群体沉淀在不发达地区，因此需要国家从资金安排上予以宏观考量，建立

  [①] 李伟杰：《群团改革和妇联组织的体系性：一个重要的"结构—机制"议题》，《妇女研究论丛》2018年第11期。

权责清晰、财力协调、区域均衡的中央和地方妇联组织资金支持体系。需要重点保障各级妇联干部尤其是基层妇联组织干部的工资福利待遇，持续保障妇联组织对"创新创业巾帼行动"妇女企业的奖励扶持资金，持续保障妇联组织提升妇女素质的培训资金，持续保障妇联组织扶贫资金，持续保障妇联组织"妇女之家"和"网上妇联"阵地建设资金的投入，实现工作网、联系网和服务网"三网"融合。

第二，进一步完善健全妇联组织的政治体制制度。进一步完善党委群团联席会议制度和政府领导联系群团工作制度，进一步具化妇联组织代表妇女参与党委、政府协商的制度化内容，使协商结果带有实际效力，通过体制内"输入—输出"不断增强组织履行职能的自主能力。此外，贯彻落实《中共中央关于加强和改进党的群团工作的意见》中所提出的"党委、人大要支持人民团体在县、乡人大全面换届选举中，依法按程序提名推荐代表候选人，县以上人大代表、政协委员人选的提名推荐，应加强与人民团体的沟通协商，落实好有关人选的比例规定和政策要求。"切实提高人大、政协的妇女代表比例及妇女议题比例，发挥人大女代表、政协女委员的作用，通过民主协商改善妇女社会表达、社会参与和社会监督的能力。探索妇联组织区别于党政体系的差异化考评体制。当前存在党委和妇联组织体系内部考核两套相对独立的考核指标，且党委对妇联组织的考核相较妇联组织体系内部考核结果的运用更具权威性。但党委考核聚焦妇联组织职能主业的工作考评向度不强，结合妇联实际情况不足。因此，还需要进一步将两套考核体系兼容，建立科学的妇联组织综合考评指标，并将妇女群众的知晓度、参与度和满意度纳入指标因素，提高群众评议在考评结果中的比重。

第三，注重妇联职能赋权、划分及制度的配套衔接。首先，格外重视党委、政府和妇联组织的职能范围的界定，统筹"工、青、妇"群团组织之间的职能划分。当下无论是"以人民为中心"的党委，还是职能向服务转型的政府，都体现出较强的公共服务角色担当。国家治理现代化格局逐渐成形，但问题是各类政治组织之间职能出现重叠，如果不加梳理，将会导致组织效能消弭，尤其对于服务供给能量边缘的群团组织而言，在一定程度上会产生群众的组织信任危机。如在访谈中经常会遇到妇联主席对妇联组织职能的质疑："党委的引领职能强过妇联组织，政府的服务职能强过妇联组织，司法机构的维权职能强过妇联组织，妇女遇事为什么还要找妇联组织？"因此，如果妇联组织的目标任务超出了妇联职能，其可能导致妇联组织因无法兑现职能"过犹不及"而使公信力下降。如果妇联组织的目标任务小于妇联职能，其将导致妇联组织因缺乏组织核心竞争力而地位边缘化。党委政府应当进一步明确赋权（如表5-1所示），加快推进妇联组织形成职能上政社分开、权责明确、依法自治的现代社会组织体制，形成党委领导、政府支持、权责清晰、依章运行、群众基础扎实的"党建带妇联"的妇联组织发展样板。其次，还要提高相关政策的配套与衔接，解决改革中的重点、难点问题。如切实建立党委群团工作考核制度，把群团工作成效作为考核党委领导班子和分管负责同志工作的重要内容。[①] 明确党建工作责任制中党组织加强对群团组织领导的具体考核内容及分值，真正把妇建工作纳入党建工作总体格局，提高妇建工作在各级党委党建工作考核中的比重。笔者调研J省某市某区时，区妇联主席深有感触地说：

> 我在妇联工作了十多年，2018年我区的《关于表彰2018年度高质量发展先进单位和先进个人的决定》中给妇联专设了"妇女工作先进单位"，和区里的其他"党的建设先进单位""社会建设先进单位""生态文明建设先进单位""经济发展及成效先进单位""税收收入上台阶奖"等一并列为各乡镇的考核指标。一同考核、一并表彰。妇联工作一下子就被重视起来了，工作推动也容易多了，这招最管用。

---

① 《中共中央关于加强和改进党的群团工作的意见》，《中国妇运》2015年第8期。

第五章 新时代妇联组织职能改革的实现路径

表 5-1　　　　　　　赋权妇联组织的相关建议

工作内容	目前负责的政府单位	可放权范围及方式	放权原因
立法、纲要、政策、决策等出台	发改委、法制办	不放权，但"政府可通过召开会议或其他适当方式，定期向人民团体通报重要工作部署和相关重大举措，加强决策之前和决策实施之中的协商"[①]	妇联组织应当代表妇女参加协商对话，参与民主管理、民主监督、民主决策。参与有关法律、法规、规章和政策的制定
妇女领域科学研究和政策研究（包括监测和调查等）	统计局、卫健委、妇联	部分赋权。增加妇联组织的科研经费划拨	妇联组织有益于科学化建立和运用性别指标体系，在国家发展指标中纳入"妇女"这一重要变量
妇女社会组织平台化管理和协调	民政部门负责登记管理，各级人民政府是其授权社会组织的业务主管单位	全部赋权，包括培育专业性社区妇女服务机构、对妇女社会组织参与项目的组织和相关资金的调配	妇联组织应建成枢纽型组织，便于整合指导其他妇女社会组织
妇女合法权益维护	公安部、民政部、司法部、人力资源和社会保障部、卫计委、工商总局、工会、关工委	不放权，但应增强妇联组织对政府部门执法的监督方式和问责措施	增强妇联组织妇女维权的组织公信力
家庭建设项目	卫计委、教育部、人力资源和社会保障部	部分赋权。承接有关家务劳动、家庭教育、家庭暴力、家风建设等领域的设计、组织、实施具体工作	可用委托购买方式提供的非基本公共服务
妇女经济发展项目	发改委、工商总局、商务部、农业部、科协	部分放权，参与妇女发展项目的设立、组织、实施	增加妇联财政专项奖励经费预算
考核评估	各级党委和相关政府部门	部分赋权。建立适宜妇联组织科层体制管理和对下级党委党建带妇建的考核机制	探索妇联组织差异化考评体制。建立科学的妇联组织综合考评指标

[①] 《中共中央关于加强和改进党的群团工作的意见》，《中国妇运》2015 年第 8 期。

(二) 优化妇联组织联系职能的组织优势

妇联组织的组织机构是以科层制为中心，结合了代表制（妇女代表大会及常委会）与会员制（团体会员）的混合类型机构。

第一，提高科层制的整体效能。首先，妇联组织科层制遭受的质疑最多，判断其优弊的标准，关键是看其适用结果是否有利于妇联组织职能的实现。在中国的国家体制之中，科层制显然是有利于妇联组织职能增效的重要组织模式，不仅需要坚持，而且需要优化。经过几年的改革，扩大了六层妇联组织的科层设置，基层组织队伍取得了较大的进展，但是，在有效设置上仍需抓紧落实。此外，还要切实选好配强妇联领导班子，加大妇联干部培养选拔使用交流力度，推进乡镇妇联主席由班子成员担任并设专职副主席。切实推进村（社区）"两委"换届中妇联主席进班子和"会改联"工作，部分成熟地区还可由党委牵头在村组设立妇女小组长，打通联系妇女的神经末梢。其次，在科层组织职能分工上，还需进一步加强协同机制建设，要区分不同层级妇联组织的职能重心，形成整体组织效能。陈伟杰研究这一问题时提出："上下级妇联之间只有避免职能过度重叠方能提升整体效能。"[1] 妇联组织要通过制定考评制度加以引导，为各级妇联组织履职尽责做好顶层设计。全国妇联组织应当侧重于领导职能，即根据职责和权限，借助组织权威，宏观统筹妇联组织发展方向以实现组织职能的把控能力。着重于服务平台的构建和运行，注重如何扮演支持者角色、中介者角色和评估者角色，包括领导激励、资源输出、政策制定等内容。省级妇联组织负总责，应当侧重指导职能，即对下级妇联组织的运行状况加以引领和纠偏。包括思想引领、业务指导、监督施实等内容。县市（区）级妇联组织应当侧重于实施职能，即具体贯彻落实上级指示，包括做实机构、供给服务、反馈信息等内容。最终形成国妇联统筹、省级妇联负总责、县市（区）妇联抓落实，职

---

[1] 陈伟杰：《社会网络视角下的政治整合与群团改革——以妇联组织为例》，《中华女子学院学报》2018 年第 3 期。

权分明、协同配合的责任机制。

第二，突出代表制的代表实效。妇联组织的代表能力是其反映妇女群众民意能力的集中体现。当前突出妇联组织代表制效能需要着重解决好三方面问题：一是切实强化妇女代表大会实质性功能。妇联组织代表制以妇女代表大会为组织载体。当前各级妇女代表大会以"换届选举"为主要功能，如部分地方如果党委安排妇联主席连任，就会出现不按期召开妇女代表大会的情形。基层妇女代表大会制度的落实情况更是堪忧。新时代各级党委要为各级妇女代表大会发挥实效性作用提供物质保障，使妇女代表大会真正成为反映妇情民意的联系平台。工作报告要注重"该做能做""有用有效"，要有所为、有所不为，创新"重大部署专题调研"，集中整合资源，攻克当下最紧要、最突出的妇女相关社会问题，扎扎实实开创工作的新局面。二是提高妇女代表大会的代表性。认真贯彻落实群团组织改革提出的关于妇联组织代表制中增强群众的广泛性和代表性的要求，提高妇联组织常委会、全委会（执委会）、代表大会的基层一线人员比例，减少"贵族化"。如2017年江西省宜春市的《妇联改革方案》中就明确规定："到宜春妇女四大时，各行各业劳动妇女和知识女性中的优秀代表比例在代表总数中占70%以上，在执委会委员中占40%以上，在常委会委员比例中占15%以上。"三是切实要求妇女代表履职尽责。2019年，全国妇联为落实改革方案出台了《全国妇女代表大会代表联系所在区域妇女群众制度（试行）》，从建立有效联系、开展调查研究、提交意见建议、参加会议活动四个方面明确代表履职要求。规定每位代表至少与10位妇女群众建立面对面的直接联系，任期内至少形成1份专题调研报告或有价值的意见建议。[①] 加快推进建立重大事项报告制度，代表和委员履职述职制度和直接联系群众、接受群众评议制

---

① 全国妇联印发：《全国妇女代表大会代表联系所在区域妇女群众制度（试行）》，中华全国妇女联合会，http://www.women.org.cn/art/2019/1/11/art_ 18_ 159962.html，2019年1月11日。

度。促使妇女代表联系妇女常态化，主动收集、调研、反映妇女群众最关心、最直接、最现实的问题，真正发挥起各级妇女代表大会的代表功能。

第三，强化团体制的服务效能。团体会员适应妇女群众利益需求多元化的特点，是所在行业、界别、系统妇女的冷暖知情者、诉求的代言者、利益的代表者，有益于社会整合，已成为新时代妇联组织开展妇女工作、促进妇女发展的重要力量。2017年12月，沈跃跃同志组织召开了中央直属机关妇工委、中央国家机关妇工委和全国妇联团体会员座谈会，早在2004年全国妇联就出台了《妇女联合会团体会员工作条例》，2006年召开了全国妇联组织团体会员工作会议，2007年又制定下发了《全国妇联关于进一步加强团体会员工作的意见》，要求实现对团体会员的组织覆盖、工作覆盖和服务覆盖。经过多年的努力，妇联组织在团体会员组织覆盖方面得到了完善，特别是在教育、科技、卫生、政法、企业等行业中培育了一批团体会员。下一步，需要在联系指导、协调服务、探索提高上下足功夫。一是完善妇联组织与团体会员的联系制度。积极探索妇联组织与团体会员的长效联系机制。落实团体会员负责人参加或列席同级妇联执委会会议制度，落实团体会员工作年会制度，定期组织团体会员沟通情况、交流经验、听取意见。结合工作实际，妇女代表大会可以考虑增设团体会员小组，研究团体会员意见。二是完善妇联组织对团体会员的服务制度。当前，妇联组织对团体会员的指导服务能力还不够强大，需要在进一步帮助团体会员解决资金、活动场地、思想引领等实际问题上突破创新；通过研讨、培训、表彰、联谊以及提供国内国际交往机会等方式增强团体会员的组织归属感；吸纳部分优秀团体会员负责人担任各级妇联的执委、常委，推荐部分妇女人才参与人大代表、政协委员的选举；在"网上妇联"开辟团体会员专栏，展示团体会员工作成果、经验和典型事迹，提高团体会员的社会影响力，培育和壮大团体会员队伍。三是探索提高团体会员联系职能的方式、方法。鼓励团体会员积极拓展工作领域，结合自身优势树立工作品牌，要把工作对象重点转移到社区、农村等特殊妇女人群；推进巾帼志愿者队伍健康发展，吸收国外志愿管理制度，积极培育志愿者队伍。出台《巾帼志愿者奖励办法》，建立巾帼志愿者志愿积分或服务兑换制度，激励更多有爱心的人士加入队伍，有效服务社会。

二 整合组织社会网络

发挥好妇联组织的联系职能，除建设好妇联纵（科层制）横（团体制）组织网络外，还需要织就联系社会组织的网络，推行妇联组织工作社会化。这是为了适应新时代妇女社会需求和利益多元化对妇联组织提出的现实要求。"工作社会化"就是指妇联组织主动适应社会发展需要，在党委领导和政府支持下，在工作机制、工作方法上改革创新，整合社会各界力量参与妇女工作，履行组织职能。

（一）探索妇联组织人才的社会化渠道

组织人才社会化是解决"没人办事"的重要途径之一。新时代下，需要进一步落实和普及妇联组织干部队伍专、兼、挂制度，增加妇联组织队伍人数。

第一，落实好专兼挂妇联组织队伍建设。遴选心理学、法律、公共管理等专业具有网络、数字等新媒体应用技能技巧的年轻干部进入妇联组织专职从事妇女工作；将知名企业、"两新组织"、教育界、医疗卫生、司法系统、高校系统等各行业、领域的优秀女性吸纳进妇联组织的常委会、执委会，并担任兼职副主席；推进系统内外部分优秀女性进入妇联组织挂职锻炼和轮岗交流，使不同思想观念、利益诉求、就业方式、生活方式、专业水平的各类妇女共同议事，使妇联组织决策更具代表性、科学性和操作性，提升妇联组织人才队伍的整体素质，增强做好新时期妇女工作软实力。

第二，加强妇联组织干部管理规范化建设。建立和完善妇联干部选拔、聘任、考核、培训和奖惩制度。解决当前各地妇联组织专兼挂考评制度空泛、工资保障不充分、培训力度不足等问题，使妇联组织干部职工从消极冷漠的"应付履职"转向积极热情的"创新履职"，从"被动参与"到"主动服务",升级妇联组织工作能力。

第三,注重互联网平台的搭建与运用。5G时代要建好妇联组织的两个网上App系统。一是对内的工作平台系统,增加考核内容页面,结合工作内容,全面激活和更新"妇联通"云办公平台。二是"网上妇联"的服务系统,加大一系列面向妇女群众的网络服务产品研发与推广。尤其是要提高App的人性化和使用的便捷性。

(二)拓展妇联组织资金的社会化来源

妇联活动经费主要依靠政府财政统筹解决,部分地方妇联尝试过一些社会化的筹款方式。1988年,由全国妇联发起的5A级基金会——中国妇女发展基金(CWDF),就推动了一系列专注妇女、女童的项目。2018年,中国妇女发展基金还荣获了第十届"中华慈善奖"。此外,部分地区妇联组织创办为妇女儿童服务的事业和实业,如建立妇女发展基金、提供有偿服务等。部分地区农村基层妇代会尝试由乡村企业、集体提留或开展生产性服务型经营活动筹集活动经费。但基于地区经济社会发展程度不一,都存在普遍推广的操作性难题。近年来,互联网公益众筹平台的发展和《慈善法》的出台,为妇联组织资金社会化带来了机遇和挑战。

第一,妇联组织资金社会化面临挑战。互联网公益平台的多元化、平民化、高效化、透明化、灵活化对妇联组织公益性产生了巨大竞争力。据腾讯公益官网数据显示:截至2022年4月底,历史募集善款高达1772.3亿余元,爱心捐助达6亿余人次。我国的公益众筹发源于2011年7月,以国内第一家支持公益项目的"追梦网"在北京上线为标志。此后,"中国梦网""众筹网""轻松筹""淘宝众筹""新公益""积善之家""腾讯公益"等众多平台相继上线。目前形成了以大型互联网公司、基金会、电商为主导的三足鼎立公益平台格局。大型互联网公司和电商公益平台还在不断探索公益项目的公益回报,更具人性化地肯定了公益的价值,进一步激发了社会热情。但是,这也使得妇联组织资金社会化面临挑战。

第二,妇联组织资金社会化面临机遇。一方面,互联网公益平台是对妇联组织公益事业的革新。互联网公益平台的出现，突破了地域限制，连通了全国的社会资本，使地方性的妇联组织公益项目筹款渠道和空间得到了极大的拓展。如2019年8月，江西妇女儿童发展基金会以"江西省春蕾计划"为主题，用腾讯公益平台邀请社会爱心人士一起助力贫困女童筹学费献爱心，就是一次妇联组织运用互联网平台的公益尝试。另一方面，部分学者也指出互联网公益平台存在的现实问题：如"公益众筹各方主体的民事法律关系定位不清，公益项目审核制度尚未完备，监管制度亟待加强，投资者权利缺乏保护"[①] 等。为了规范我国的公益事业，全国人大2016年3月16日通过并于9月1日正式施行了《中华人民共和国慈善法》。其中第二十二条规定了慈善组织开展公开募捐，应当取得公开募捐资格。第二十六条规定：不具有公开募捐资格的组织或者个人基于慈善目的，可以与具有公开募捐资格的慈善组织合作，由该慈善组织开展公开募捐并管理募得款物。由此可见，妇联组织的合法性、基金平台以及较好的社会公信力为妇联组织资金社会化提供了天然优势。妇联组织最缺的就是适应新时代互联网工作的思路、方法和人才，而这一些又能从新晋的互联网公益平台中得到学习与提升，以改进妇女儿童的公益项目的设计运作能力，拓宽互联网社会资金募集与合作方式，创新公募基金的管理与运营。坚持充分吸引社会资金，避免盲目投资和重复建设。基于其社会组织属性，妇联组织可以"敞开大门建妇联"。

（三）培育妇联组织的社会组织力量

妇联组织的团体会员和女性社会组织之间存在着一定的区别，团体会员属于妇联组织的横向组织成员，与妇联组织之间的关系更加紧密，主体上存在着权利义务关系，业务上存在着指导关系。女性社会组织与妇联组织之间虽然没有业务指导关系，也不隶属于妇联组织，但它们却是满足妇女社会利益需求多样化的民间组织，具有极强的生

[①] 饶也、汪宜霖、涂巧妍：《"互联网＋"时代公益众筹发展问题与法律诉求》，《法制与社会》2019年第1期。

命力。根据对改革开放以来妇联组织相关历史文献以及高层领导讲话文稿的梳理，大致可以把国家对女性社会组织的政策取向划分为三大阶段：（1）加强对妇女社会组织的管理阶段（2006年以前）。（2）关注妇女社会组织发展阶段（2007—2013年）。（3）联系、服务和引导妇女社会组织（2013年以后）。社会组织体系是以互动性和资源共享性为特征的。枢纽型社会组织体系就是要妇联组织担任枢纽角色。

第一，孵化培育妇女社会组织发展。针对多元化、流动化、信息化的新时代妇女特征，把更多的妇女群众通过社会组织凝聚起来，使离散化和原子化的妇女获得信仰、地位、价值和归宿等。妇联组织可以成立妇女社会组织孵化基地，通过政府购买服务的方式进行精心培育，孵化诸如女律师联合会、女企业家协会、女心理咨询师协会、婚姻家庭咨询师[①]协会、女性新闻工作者协会、女性美术家协会、女性教师协会、女村长联谊会等，形成规模，促进交流，激发活力，凝聚共识，使之成为妇联组织重要的社会力量。"逐步从活动供应、项目供应向组织供应、关系供应转变。"[②]

第二，整合吸纳妇女社会组织发展。进一步凝聚吸纳妇女社会组织，共同累积成长机会和社会资本，从而在抱团发展中使妇联组织获得组织支撑、增强组强活力、延伸组织臂膀、提升组织实力。妇联组织要成立女性社会组织理事会，常态化开展活动，挖掘妇女骨干力量，提供参与议事的机会，使其成为妇联组织的妇女代表、执委会成员、常委会成员等，并积极将发展成熟的女性社会组织吸纳为团体会

---

① 2007年4月25日，国家劳动和社会保障部批准并向社会发布，由中国婚姻家庭研究会申报的"婚姻家庭咨询师"成为正式新职业。2018年4月在北京举办的婚姻家庭调解师讲师班培训，这也是国家取消相关职业资格考试后，国内首个权威的职业能力培训，由此拉开了全国各地的婚姻家庭调解师的培训工作。紧接着海南、上海、湖南都开设婚姻家庭调解师的培训，这标志着分布在全国各地的婚姻家庭调解师培训机构全面启动培训项目，吹响了婚姻家庭调解师即将走进社会、服务社会的序曲。

② 伍复康：《社会治理中共青团组织价值的新发展》，《中国青年政治学院学报》2014年第3期。

员。《中华全国妇女联合会章程》(2018)第三十一条规定：妇女联合会应加强同团体会员的联系，帮助和支持团体会员开展工作。团体会员接受妇女联合会业务指导。

第三，管理、引领妇女社会组织发展。一方面根据政社分开、管办分离的需要，妇联组织应当承接从政府部门转移出来的相关职能，主动参与对妇女社会组织的管理和服务，监督、引领妇女社会组织健康有序发展。做好风险管理，防止妇女社会组织西化、腐化，增加社会的不稳定性。另一方面，发挥妇联组织整合优势，争取党委、政府更多的赋权空间，引领、服务、联系妇女社会组织形成有效合作。帮助女性社会组织提升管理技能、寻求政策扶持、强化业务培训、导流国内国外资金支持、搭建区域化的女性社会组织联盟。保护女性社会组织的创新性和灵活性等特点，鼓励其参与政府采购项目和基金公益项目的采购与承接，在互利共赢中延伸妇联工作。

三 巩固组织阵地平台

2014年2月，习近平总书记在对妇联工作作出的重要批示中，要求妇联组织"把联系和服务妇女作为妇联工作生命线，切实改进工作作风，创新工作方法，深入基层做好工作，不断促进妇女发展，真正把妇联建设成为可信赖依靠的'妇女之家'"[①]。"妇女之家"是妇联组织联系基层妇女群众的阵地平台。2010年10月，全国妇联下发《关于在党群共建创先争优活动中建设村、社区妇女之家的意见》，明确提出各级妇联组织要依托村级组织和社区活动场所建设"妇女之家"。2016年《全国妇联改革方案》又进一步强调：要"将'妇女之家'建设向各领域延伸，增强'妇女之家'服务功能。"截至2019年，经过近十年的培育，虽然大多地方都挂了"妇女之家"的牌，但由于缺乏专业的人员、场地、经费和管理等原因，导致形式

[①] 沈跃跃：《深入学习贯彻习近平总书记重要讲话精神 以改革创新精神建设服务型基层妇联组织》，《中国妇运》2014年第7期。

主义普遍存在。为切实解决这些现实问题，推动"妇女之家"真实运行，发挥阵地作用，需要深化"妇女之家"联动化、项目化和网络化建设。

（一）联动化共建"妇女之家"

"妇女之家"与"网上妇联"共同形构了妇联组织网上网下两大阵地，但"妇女之家"是实体平台，是妇联组织开在全国各地的"形象门店"，直接面对妇女群众供给服务，是"网上妇联"的落地平台。

第一，统筹"妇女之家"设置的地点和数量。由于不同地区、不同省份经济、社会、文化发展不均衡，所以"妇女之家"的设置应该因地制宜地予以统筹安排。不求多，务求实，避免出现只挂牌不开门的僵尸型"妇女之家"，影响妇联组织形象。对于人口基数大、相对发达的乡镇（街道）、自然村（社区）和企业聚集地可以单独设立"妇女之家"，而对于相对落后的自然村（社区）则可以探索县市（区）、镇（街道）、村（社）三级妇联区域化联建"妇女之家"，数量设置也可不按一地一家，根据实际情况可多村（社）设一家，关键在于设一"家"就要活一"家"，只有"妇女之家"真正开门迎"客"，"娘家人"才能真正知妇情，聚民心，在身边。妇联组织这张联系"网"也才能真正织牢。

第二，强化三级妇联联动共建"妇女之家"。县市（区）妇联要发挥上级妇联对下级妇联的领导能力，对"妇女之家"的建设提供专业化的培训、指导与督导，起到龙头引领作用，对于基层工作开展不力或不作为的妇联主席要敢于使用人事协管权，要求谈话或更换。乡镇（街道）组织要发挥资源整合作用，落实好基层"妇女之家"场地、经费和人员保障制度，常效化保证"妇女之家"的基本运转。村（社区）、企业妇联组织要做好一线服务，负责好"妇女之家"的日常管理与运营，建立"妇女之家"家长制、妇联主席轮值制度和执委联系妇女群众等长效机制，倾听、了解、反映妇女群众的意见和呼声。

第五章 新时代妇联组织职能改革的实现路径

第三,提升"妇女之家"的妇女议事能力。习近平总书记指出:"发展基层民主是社会主义民主政治建设的基础。要畅通民主渠道,健全基层选举、议事、公开、述职等机制,促进群众在城乡社区治理、基层公共事务和公益事业中依法自我管理、自我服务、自我教育、自我监督。"① 另外,随着女权意识的不断觉醒,妇女开始认识到要实现权利的真正平等,需要有组织介入决策和执政系统才能获得价值的实然兑现。政治参与力是衡量妇女民主进步的重要依据。因此,要搭建"妇女议事"平台并形成工作制度,使妇联组织成员、妇女代表、团体会员负责人、女性社会组织负责人、女性活动积极分子等,能通过参与基层公共事务的议事协商,调研所联系片区妇女的需求,讨论"妇女之家"建设等过程,会产生干事创业的"化学效益",提升妇女主体性参与能力、意见表达能力和自主维权能力,深化对组织业务的了解与认同,增强"妇女之家"工作的积极性与能动性。

(二)项目化运营"妇女之家"

有研究表明:枢纽型社会组织最大优势在于,作为服务型导向的联合性平台,补齐了"社会协调、公众参与不足"的社会管理短板,并且为政府服务外包、合同外包等现代社会管理方式的运用和拓展提供组织基础,从而能够提高社会管理的组织效率。② "妇女之家"建成期主要依靠国家力量,而运营期间则需要尽力连接各类社会力量,以实事化的方式开展项目运营,实现区域内组织联建、人员联管、活动联办、资源共享。③ 这样才能因地因人提供不同的妇女群体最需要的服务产品,满足新时代"四新"妇女的多元化需求。

第一,开展好文化、培训、家庭服务类项目。首先,市级和县(区)级妇联要采购一批学习培训课程,充分发挥引导、服务、业务指导作用。为乡镇(街道)、村(社区)、企业"妇女之家"提供

---

① 《习近平总书记系列重要讲话读本》,学习出版社 2016 年版,第 168—169 页。
② 张开云、张兴杰:《科学构建枢纽型社会组织》,《人民日报》2013 年 3 月 27 日第 7 版。
③ 乔虹:《建设"上面千条线、下面一张网、身边一个家"的基层妇联组织新格局》,《中国妇女报》2017 年 9 月 15 日第 A02 版。

"菜单式"送课服务。提升妇女群众的综合素质，促进妇女不断成长。其次，以文化活动项目为纽带联系妇女，将群众的事交由群众办。整合好妇女社会组织的力量，开展广场舞比赛、合唱比赛、家政服务技能比赛、朗诵演讲比赛等多类型群众活动，建构多层次妇女交流平台，丰富妇女群众业余生活，做旺"妇女之家"人气。最后，要将家庭文明建设和家庭教育项目纳入"妇女之家"重点项目内容，做好家风宣讲、家庭关系、家庭教育等服务产品。

第二，开展公益性采购项目。打造"妇女之家"服务品牌，借鉴广州市海珠区妇联基层组织改革创新经验。县市（区）妇联要推动妇女服务项目纳入政府购买服务项目范围，面向社会组织或其他机构进行公开招标或邀标，由专业的社会服务机构承接"妇女之家"项目，负责项目的具体运作。项目的采购流程可以分为四个步骤：首先，县市（区）妇联培训基层妇联干部，赋予乡镇（街道）妇联自主权，自行调研辖区内妇女的需求以确定项目服务主题。其次，县市（区）妇联举办项目需求地妇联与辖区各类社会组织和其他机构的供需见面会，由项目地妇联陈述项目需求及要求，社会组织根据要求起草服务项目标书。再次，县市（区）妇联举办项目评审会，针对普遍性问题进行专业性培训，社会组织根据修改意见和培训结果，再次完善项目书。然后，县市（区）妇联举办项目路演评审会，评审专家、项目需求地妇联及妇女群众代表旁听并投票。结合专家评分最终确定中标项目承接机构。最后，由中标机构负责项目运营，项目所需地妇联干部配合、监督运营成效。这种运行模式，让社会组织更加深入地了解妇联组织职能，也让妇联组织向专业的社会组织或社工机构学习提升专业服务能力。珠海市前山街道妇联组织在这一过程中还与专业社会组织形成了一种"耦合关系"：一是"空间耦合"，即社会组织与街道妇联"合署办公"，从空间上消除隔阂，项目执行中遇到问题及时沟通协商。二是"人力耦合"，即社会组织配备两名专业社会工作人员，街道妇联则安排一名专职妇干及一名兼职主席，形成了"专职妇干＋兼职妇干＋社工"的人力配备模式。三是"观念耦合"，即专业社工与妇联工作人员在工作理念、方法上相互影响，不断磨合，也相互学习。①

(三) 网络化拓展"妇女之家"

2019年8月，财政部下达农业转移人口市民化奖励资金达300亿元。同年第十届全国人大常委会第十二次会议表决通过了关于修改《土地管理法》的决定，集体经营性建设用地将入市。当前，国家出台的一系列政策都将进一步推动城乡一体化进程，新型城镇化建设取得了突破性的制度保障。在这一趋势下，城镇和农村的人口流动将更加频繁，为了适应新时代流动妇女和妇女网民不断增加的需求，网上"妇女之家"的建设意义深远。全国妇联应当依托大数据、云计算、互联网技术，投入专项资金统一开发网上"妇女之家"App，像淘宝网供给散户平台一样搭建起全国"妇女之家"的运行平台，操作与服务人员由各地区妇联组织安排配备，以解决部分地区妇联组织由于资金问题无法筹建的难题。使妇女群众（C端）、妇联实体"妇女之家"（H端）和服务联盟（B端）② 三者在互联网上实现对接协作，从而让妇联组织的大数据"跑"起来，以有效甄别妇女需求，精准联系妇女。网上"妇女之家"App的建立，既可以监督各地"妇女之家"的运行情况，也是一个妇女工作经验、典型案例交流的重要空间。与此同时，还可以建成融合妇女产品展示的广告平台，既可以展示支农产品、妇女创业企业的产品，又可以公开政府采购的妇女项目，市场化运营部分广告收入，还能支撑App的项目支出。此外，还可以尝试设立公益众筹，由妇女基金会统一管理运营。因此，网上"妇女之家"App项目的研发，集妇女工作、数据收集、公益众筹、产品商服等功能于一体，有利于改变传统单一的工作运行模式，加强

---

① 向羽、袁小良、邱俊华：《"有机再造"：基层妇联组织的拓展与升级——以珠海市前山街道办妇联试点改革项目为例》，《中共珠海市委党校珠海市行政学院学报》2017年第8期。

② C端即"Client"，代表妇女群众；H端即"Home"，代表妇女之家；B端即"Business"，代表妇女之家的各类服务联盟，如妇女社会组织和社会服务机构等。

线下"妇女之家"的指导与考核，提升公益资金的社会化募集力，从而实现线上线下服务互动融合，构成联系妇女群众的"超链接"。

四 小结

新时代妇联组织职能改革是我国全面深化改革的重要内容，需要结合国情现状提出针对性的实现路径。首先，引领职能实现方面，需要坚持以习近平关于妇女工作的重要论述为指导思想，深化"党建带妇建"发展模式，走好中国特色社会主义妇女发展道路；其次，服务职能实现方面，需要以习近平总书记强调的"四个加速"为着眼点，以实现妇女经济社会同步发展为目标，以积极保障妇女合法权益为重点，创造有利于妇女发展的国际环境条件；最后，联系职能实现方面，需要注重强化妇联组织枢纽中心、整合妇联组织社会网络、巩固妇联组织阵地平台，以期实现理论研究成果的升华。

结束语　三重职能共振：妇联组织职能定位的时代选择

新时代下的妇联组织的重点任务发生了变化。党的十九大报告提出了"决胜全面建成小康社会，开启全面建设社会主义现代化国家新征程"的新目标。建设、改革、发展的历史经验告诉我们，国家每一次发展的飞跃都将给妇女带来巨大的红利。而获得红利的途径就是要妇联组织带领广大妇女积极参与新时代中国特色社会主义的伟大实践，凝聚起实现"两个一百年"奋斗目标的巾帼力量，在全面建成小康社会中促进妇女的全面发展，在全面建设社会主义现代化国家的进程中推动妇女领域国家治理能力和治理体系的完善。

新时代下妇联组织需要实现三重职能共振。一是从国家角度出发，需要发挥妇联组织的引领职能。2011年习近平同志在妇女与可持续发展国际论坛开幕式上进一步提出："妇女是推动人类文明进步的伟大力量。"[1] 2013年他在同全国妇联新一届领导班子集体谈话时又强调："我们党带领人民不懈奋斗的光辉历程，每一个胜利都有着广大妇女的积极参与和卓越贡献。"[2] 2017年党的十九大报告提出

---

[1] 习近平：《在妇女与可持续发展国际论坛开幕式上的致辞》，《人民日报》2011年11月10日第2版。

[2] 习近平：《坚持中国特色社会主义妇女发展道路　组织动员妇女走在时代前列建功立业——在中南海同全国妇联新一届领导班子成员集体谈话并发表重要讲话》，《人民日报》2018年11月3日。

"要打造共建共治共享的社会治理格局，完善党委领导、政府负责、社会协同、公众参与、法治保障的社会治理体制"。2020年十九届五中全会公报中再次提出要"健全基本公共服务体系，完善共建共治共享的社会治理制度"。2021年7月，在庆祝中国共产党成立100周年大会上，习近平总书记特别提过要"发展全过程人民民主"。我国妇联组织，作为我国最大的妇女组织，是参与社会治理和推进妇女政治参与的重要责任主体，需要发挥三重职能，从而引领好占中国人口近半数的妇女共同奋斗，承担起中国妇女"半边天"的责任担当。二是从妇女社会角度出发，需要发挥妇联组织服务职能。服务妇女群众和团体是妇联组织的核心职能和天然使命。新时代下社会的主要矛盾已经转化为人民日益增长的美好生活需要和不平衡不充分的发展之间的矛盾。当前妇女经济上的差异性、政治上的冷漠性、家庭中的从属性、社会上的底层性依然存在。妇女必然对性别之间不平衡不充分的分工、分配矛盾的解决抱持更加热切而具体的期盼。大量女性团体需要组织的引领、物资的支持、平台的搭建，必然对妇联组织的枢纽力量抱持着更多的期待。这都需要妇联组织采取实际行动促进"妇女全面发展"来兑现时代答卷。即从经济发展向妇女与经济社会同步的全面发展，从社会公领域向家庭私领域并重的全面发展，从部分妇女发展向全体妇女发展，从关注妇女群众发展向同时关注女性社会组织发展的历史性飞跃。因此"妇女的全面发展"被纳入新时代妇联组织的基本职能。三是从实现路径上看，新时代妇联组织需要发挥联系职能。妇联组织是党和政府联系妇女群众的桥梁和纽带。新时代妇女社会结构产生了极大的变化，妇女阶层多元化、妇女社会流动化、妇女组织"两新化"、妇女社会发展信息化。意味着需要完善"桥梁"、强化"纽带"，通过构建组织枢纽、整合社会网络、巩固阵地平台，让妇情民意有效输入妇联组织系统，传达给党委、政府，形成国家与社会的良性互动。据此，新时代下妇联组织的三重职能缺一不可，相辅相成，是一个紧密联系的整体系统。引领职能为服务和联系职能的发挥提供强有力的政治保障，服务职能为引领、联系职能的发挥提供坚实的社会基础，联系职能为引领和服务职能搭建互通平台，三重职能共振是国家与社会治理的双向融合，唯有调频共振，方能和谐共生。

新时代妇联组织能够实现三重职能共振。一是妇联组织有机会实现三重职能共振。中国正经历着历史上广泛而深刻的社会变革和人类历史上宏大而独特的实践创新。它意味着中华民族迎来了从站起来、富起来到强起来的伟大飞跃，迎来了实现中华民族伟大复兴的"中国梦"，这是近百年来从未有过的。也为妇联组织职能的发展提供了难得的机遇，从来没有任何一个时期的妇女可以如此接近全面发展的目标。二是妇联组织有条件实现三重职能共振。男女平等的制度保障相较以往任何时代都更加完善，束缚妇女发展的阻力相较以往任何时代都更加宽松，促进妇女发展的国际交流、市场交流、政治交流、社会交流、文化交流相较以往任何时代都更加多元。三是妇联组织有能力实现三重职能共振。我国妇女的综合能力和整体素质更加完备，妇女的社会地位更加独立自信，女性社会组织更加成熟。因此，妇联组织有机会、有条件、有能力撬动"她力量"，开创"她时代"。

新时代实现三重职能共振需要全面深化改革。面对时代使命，妇联组织职能表达与社会期待之间依然存在疏离。具体表现在妇联组织职能存在的问题困境。如引领职能上存在权利导向和责任导向失衡，反映了社会意识培育有待进一步改善；服务职能上存在组织应然规范无法兑现，组织"私益性"对"公益性"的取代，妇女社会发展不平衡不充分现象明显，反映了组织作为能力依然有限；联系职能上存在组织政治性依附和组织主体性迷失，反映了国家赋权有待进一步加强。正是因为妇联组织的公信不高、参与不足、监督失语、表达乏力、维权缺位，才呼唤全面深化组织职能改革。2015年启动的全面深化妇联组织职能改革，重在全面，贵在深化。即组织职能改革内容上要求全面，它不是单一某项职能的改革，而是三重职能的整体性、系统性改革；组织职能改革路径上要求深化，即不仅涉及组织机构建设，还要求组织制度和机制的健全与完善；组织职能改革效果上要求全面深化，强调的是进一步实现妇女的全面发展，强调要深化国家、社会和组织间的互动。

重拾和回望中国的发展历程，我们可以在妇联组织所取得的辉煌成就中发现，一直以来国家都以博大的胸怀支持推动妇女的解放和发展，推动妇女从"人身自由"到"婚姻自由"到"教育自由"到"生育自由"到"劳动自由"到"政治自由"再到"全面发展自由"的不断递进衍生、觉醒崛起，一代代中国党政集体不忘初心的接续努力，缔造了当下的现代国家女性的稳定发展，走出了一条中国特色的妇女解放发展的道路。因此，只有坚持中国共产党的领导，沿着中国特色社会主义建设、改革的道路前进，才能开辟妇女全面发展的新时代。而妇女的全面发展，必然提高妇联组织对国家、社会和国际的影响力，推动国家治理现代化向前迈进，推进中国妇女发展道路模式走向世界。

参考文献

一 中文文献

(一) 著作

《邓小平文选》第2卷,人民出版社1994年版。

《邓小平文选》第3卷,人民出版社1993年版。

《胡锦涛文选》第1—3卷,人民出版社2016年版。

江泽民:《全党全社会都要树立马克思主义妇女观》,人民出版社2006年版。

《江泽民文选》,人民出版社2006年版。

列宁:《论社会主义》,人民出版社2009年版。

列宁:《论无产阶级政党》,人民出版社2009年版。

《马克思恩格斯全集》第1卷,人民出版社2001年版。

《马克思恩格斯全集》第3卷,人民出版社2001年版。

《马克思恩格斯全集》第4卷,人民出版社2001年版。

《马克思恩格斯全集》第20卷,人民出版社2001年版。

《马克思恩格斯全集》第21卷,人民出版社2001年版。

《马克思恩格斯全集》第32卷,人民出版社2001年版。

《马克思恩格斯全集》第40卷,人民出版社2001年版。

《马克思恩格斯全集》第49卷,人民出版社2001年版。

《马克思恩格斯选集》第1卷,人民出版社1995年版。

《马克思恩格斯选集》第2卷,人民出版社1995年版。

《马克思恩格斯选集》第3卷,人民出版社1995年版。
《毛泽东选集》第1—4卷,人民出版社1991年版。
《斯大林选集》(下卷),中共中央马克思恩格斯列宁斯大林著作编译局,人民出版社1979年版。
《习近平新时代中国特色社会主义思想学习纲要》,人民出版社2019年版。

楮松燕:《在国家和社会之间——中国政治社会团体功能研究》,国家行政学院出版社2014年版。
杜芳琴、王政:《社会性别研究选译》,生活·读书·新知三联书店1988年版。
费孝通:《家庭结构变动中的老年赡养问题——再论中国家庭结构的变动》,内蒙古人民出版社2009年版。
费孝通:《乡土中国》,人民出版社2015年版。
顾秀莲:《20世纪中国妇女运动史》上卷,中国妇女出版社2008年版。
顾秀莲:《亲历妇联这十年》,中国妇女出版社2008年版。
郭湛:《主体性哲学——人的存在及其意义》,中国人民大学出版社2010年版。
国家统计局社会科技和文化产业统计司编:《2018中国妇女儿童状况统计资料》,中国统计出版社2018年版。
江汛清、丁元竹:《志愿活动研究:类型、评价与管理》,天津人民出版社2001年版。
揭爱花:《组织与妇女:中国妇女解放实践的运作机制研究》,学林出版社2012年版。
金天翮:《女界钟》,上海古籍出版社2003年版。
金一虹:《中国新农村性别结构变迁研究:流动的父权》,南京师范大学出版社2015年版。
李银河:《后村的女人们——农村性别权力关系》,内蒙古大学出社 2009 年版。

李紫娟：《国家治理理论的马克思主义源流》，浙江人民出版社 2015 年版。

麻国庆：《永远的家——传统惯性与社会结合》，北京大学出版社 2009 年版。

潘萍：《马克思主义妇女解放理论研究》，人民出版社 2014 年版。

秋瑾：《秋瑾集》，上海古籍出版社 1991 年版。

全国妇联办公厅：《中华全国妇女联合会四十年（1949—1989）》，中国妇女出版社 1991 年版。

全国妇联儿童工作部：《全国家庭教育调查报告》，社会科学文献出版社 2011 年版。

全国妇联妇女研究所：《中国当代妇女运动简史（1949—2000）》，中国妇女出版社 2017 年版。

全国妇联妇女研究所：《中国妇女研究年鉴（1991—1995）》，中国妇女出版社 1997 年版。

全国妇联妇女研究所：《中国妇女研究年鉴（2001—2005）》，社会科学文献出版社 2007 年版。

全国妇联妇女研究所：《中国妇女研究年鉴（2006—2010）》，社会科学文献出版社 2011 年版。

全国妇联妇女研究所课题组：《社会转型中的中国妇女社会地位》，中国妇女出版社 2006 年版。

全国妇联权益部：《维护农村妇女土地权益报告》，社会科学文献出版社 2013 年版。

若弘：《中国 NGO——非政府组织在中国》，人民出版社 2010 年版。

谭琳：《中国性别平等与妇女发展报告（2013—2015）》，社会科学文献出版社 2016 年版。

唐雄山、罗胜华、王伟勤：《组织行为动力、模式、类型与效益研究：以佛山市妇联为主要考察对象》，中山大学出版社 2013 年版。

仝华、康沛竹：《马克思主义妇女理论发展史》，北京大学出版社 2004

年版。

万斌：《万斌文集》，杭州出版社2004年版。

王名、刘国翰、何建宇：《中国社团改革——从政府选择到社会选择》，社会科学文献出版社2001年版。

许烺光：《祖荫下：中国乡村的亲属、人格与社会流动》，南天书局2001年版。

闫东：《中国共产党与民间组织的关系研究》，中央编译出版社2011年版。

张静：《法团主义》，中国社会科学出版社1998年版。

张静：《基层政权——乡村政治制度建设诸问题》，上海人民出版社2007年版。

张念：《性别政治与国家》，商务印书馆2014年版。

中共中央文献研究室：《三中全会以来重要文献选编》（上），中央文献出版社2011年版。

中共中央文献研究室：《十八大以来重要文献选编》（上），中央文献出版社2014年版。

中共中央文献研究室：《十八大以来重要文献选编》（中），中央文献出版社2016年版。

中共中央文献研究室：《十六大以来重要文献选编》（上），中央文献出版社2005年版。

中共中央文献研究室：《十六大以来重要文献选编》（下），中央文献出版社2008年版。

中共中央文献研究室：《十七大以来重要文献选编》（上），中央文献出版社2009年版。

中共中央文献研究室：《十七大以来重要文献选编》（下），中央文献出版社2013年版。

中共中央文献研究室：《十五大以来重要文献选编》（上），人民出版社2001年版。

中共中央文献研究室：《十五大以来重要文献选编》（下），人民出版社 2003 年版。

中共中央文献研究室：《十五大以来重要文献选编》（中），人民出版社 2002 年版。

中共中央文献研究室：《习近平谈治国理政》第一卷，外文出版社 2014 年版。

中共中央文献研究室：《习近平谈治国理政》第二卷，外文出版社 2017 年版。

中共中央宣传部：《习近平总书记系列重要讲话读本》，学习出版社 2014 年版。

中共中央宣传部：《习近平新时代中国特色社会主义思想三十讲》，学习出版社 2018 年版。

中共中央组织部：《中国共产党组织史资料（1921.7—1949.9）》（上），中共党史出版社 2000 年版。

《中国共产党第十九次全国代表大会文件汇编》，人民出版社 2017 年版。

中华全国妇女联合会：《毛泽东周恩来朱德刘少奇论妇女》，人民出版社 1988 年版。

中华人民共和国妇女联合会编：《马克思、恩格斯、列宁、斯大林、毛泽东论妇女》，人民出版社 1978 年版。

（二）译著

［加］宝森（Laurel Bossen）：《中国妇女与农村发展——云南禄村六十年的变迁》，胡宝坤译，江苏人民出版社 2005 年版。

［美］戴维·伊斯顿：《政治生活的系统分析》，王浦劬译，人民出版社 2012 年版。

［美］丹尼思·缪勒：《公共选择理论》，杨春学等译，中国社会科学出版社 1999 年版。

［德］恩格斯：《家庭、私有制和国家起源》，人民出版社 1999 年版。

［美］费正清：《费正清对华回忆录》，陈惠勤等译，知识出版社 1991 年版。

[美]费正清：《美国与中国》，张理京译，世界知识出版社2015年版。

[德]哈贝马斯：《公共领域的结构转型》，曹卫东译，学林出版社1999年版。

[德]黑格尔：《法哲学原理》，范杨、张企泰等译，商务印书馆1961年版。

[德]康德：《实践理性批判》，韩水法译，商务印书馆1999年版。

[美]Little Daniel：《理解农民中国：社会科学哲学的案例研究》，张天虹、张洪云、张胜波译，江苏人民出版社2009年版。

[法]卢梭：《社会契约论》，何兆武译，商务印书馆2005年版。

[美]罗伯特·K.默顿：《社会理论和社会结构》，唐少杰等译，译林出版社2006年版。

[美]罗伯特·金·默顿：《论理论社会学》，何凡兴等译，华夏出版社1990年版。

[德]马克斯·韦伯：《经济与社会》，林荣远译，商务印书馆1997年版。

[美]曼瑟尔·奥尔森：《集体行动的逻辑》，陈郁、郭宇峰、李崇新译，格致出版社、上海三联书店、上海人民出版社2014年版。

[英]梅因：《古代法》，沈景一译，商务印书馆1959年版。

[法]皮埃尔·布尔迪厄：《男性统治》，刘晖译，海天出版社2002年版。

[法]皮埃尔·卡默蓝：《破碎的民主试论治理的革命》，高凌瀚译，生活·读书·新知三联书店2005年版。

[印]Sen Amartya：《以自由看待发展》，任赜、于真译，中国人民大学出版社2012年版。

[美]塞缪尔·亨廷顿：《变化社会中的政治秩序》，王冠华等译，上海人民出版社2008年版。

[美]塞缪尔·亨廷顿：《文明的冲突与世界秩序的重建》，周琪等译，新华出版社2010年版。

[美]施密特·谢利·巴迪斯：《美国政府与政治》，梅然译，北京大

学出版社 2004 年版。

［法］托克维尔：《论美国的民主》，吉家乐编译，中国华侨出版社 2014 年版。

［德］乌尔里希·贝克：《风险社会》，何博闻译，译林出版社 2004 年版。

［美］西摩·马丁·李普塞特：《一致与冲突》，张华青等译，上海人民出版社 1995 年版。

［美］约翰·罗尔斯：《正义论》，何怀宏等译，中国社会科学出版社 1988 年版。

［美］詹姆斯·R. 汤森、布莱特利·沃马克：《中国政治》，顾速、董方译，江苏人民出版社 2003 年版。

（三）论文

北京民意调查所：《妇联组织公众形象的调查（一）——公众对妇联组织的认知》，《中国妇运》2001 年第 1 期。

北京民意调查所：《公众需求和对妇联组织的期望——妇联组织公众形象的调查（四）》，《中国妇运》2001 年第 4 期。

陈伟杰：《社会网络视角下的政治整合与群团改革——以妇联组织为例》，《中华女子学院学报》2018 年第 3 期。

陈延平：《发挥妇联组织作用推进社会组织健康发展的再思考》，《中国妇运》2013 年第 5 期。

陈至立：《坚持改革开放　努力开创妇女工作新局面——在全国妇联纪念改革开放 30 周年座谈会上的讲话》，《中国妇运》2009 年第 2 期。

陈至立：《学习贯彻胡锦涛总书记重要讲话精神　把妇联组织建设成为坚强阵地和温暖之家——在 2010 年省区市妇联主席会议上的讲话》，《中国妇运》2010 年第 8 期。

丁冬汉：《从"元治理"理论视角构建服务型政府》，《海南大学学报》（人文社会科学版）2010 年第 5 期。

丁娟：《妇联干部对妇联组织的认知与评价——关于妇联组织能力建设状况的调查研究》，《中华女子学院学报》2008 年第 1 期。

方长春、风笑天:《社会出身与教育获得——基于 CGSS 70 个年龄组数据的历史考察》,《社会学研究》2018 年第 2 期。

付春:《性质转型、功能演化与价值变迁——建国以来我国妇联组织的转型分析》,《兰州学刊》2004 年第 4 期。

高小贤:《当代中国农村劳动力转移及农业女性化趋势》,《社会学研究》1994 年第 2 期。

葛瑞芳、王志英:《新时期妇联组织职能定位的思考》,《探索与求是》2003 年第 22 期。

顾秀莲:《充分发挥妇联组织的作用 为构建社会主义和谐社会作出新的贡献——在全国省区市妇联主席工作会议上的讲话》,《中国妇运》2005 年第 8 期。

顾秀莲:《积极发挥妇联组织的优势 为构建社会主义和谐社会贡献力量》,《中国妇运》2005 年第 4 期。

顾秀莲:《努力开创妇联基层组织建设新局面——在全国妇联基层组织建设工作会议上的讲话》,《中国妇运》2005 年第 12 期。

顾秀莲:《认真学习贯彻党的十七大精神 努力开创妇联基层组织建设新局面——在全国妇联基层组织建设工作会议上的讲话》,《中国妇运》2008 年第 2 期。

何增科:《理解国家治理及其现代化》,《马克思主义与现实》2014 年第 1 期。

侯文妮:《媒介变迁下的中国女性形象建构》,《新闻研究导刊》2016 年第 8 期。

胡献忠:《政党主导下的共青团与工会、妇联关系研究》,《中国青年研究》2016 年第 3 期。

胡玉坤、郭未、董丹:《知识谱系、话语权力与妇女发展——国际发展中的社会性别理论与实践》,《南京大学学报》(哲学·人文科学·社会科学版)2008 年第 4 期。

黄莉、龚华香:《我国县域政治系统中公民政治冷漠成因分析——以伊斯顿政治系统论为视角》,《湖北行政学院学报》2009 年第 6 期。

黄晓薇：《高举习近平新时代中国特色社会主义思想伟大旗帜　团结动员各族各界妇女为决胜全面建成小康社会　实现中华民族伟大复兴的中国梦而不懈奋斗——在中国妇女第十二次全国代表大会上的报告》，《中国妇运》2018 年第 11 期。

纪莺莺：《当代中国的社会组织：理论视角与经验研究》，《社会学研究》2013 年第 5 期。

金一虹：《妇联组织：挑战与未来》，《妇女研究论丛》2000 年第 2 期。

李澄：《元治理理论综述》，《前沿》2013 年第 21 期。

林尚立：《民间组织的政治意义：社会建构方式转型与执政逻辑调整》，《云南行政学院学报》2007 年第 1 期。

刘伯红：《中国妇女非政府组织的发展》，《浙江学刊》2000 年第 4 期。

刘锦：《准确把握"三性"内涵　扛起妇联组织责任担当》，《中国妇运》2015 年第 9 期。

刘宁元、王峻：《毛泽东对中国马克思主义妇女解放理论确立的贡献》，《北京行政学院学报》2013 年第 6 期。

刘群英：《延伸组织　扩大覆盖　在参与社会管理创新中彰显妇联组织作为》，《中国妇运》2011 年第 8 期。

刘少杰、王建民：《市场经济条件下的志愿者精神》，《社会科学研究》2009 年第 3 期。

陆春萍：《妇联组织横向合作网络的建构》，《甘肃社会科学》2014 年第 3 期。

吕敬美：《现代性论域中的启蒙理性与志愿精神》，《中共福建省委党校学报》2013 年第 5 期。

罗贵榕：《论群团组织的角色转型——发挥工会、共青团、妇联等群团组织在建构公民社会中的领航作用》，《法制与社会》2006 年第 18 期。

马焱：《对妇联组织基本职能的再认识——由"邓玉娇事件"引发的思考》，《中共山西省委党校学报》2010 年第 1 期。

马忆南：《中国法律与妇女人权》，《妇女研究论丛》1993 年第 2 期。

彭竞平：《聚焦女村官：如何主政，乡村上升之路是否通畅》，《人民日报》2011年3月28日。

全国妇联妇女组织部：《关于妇联基层组织建设情况综述》，《中国妇运》2016年第7期。

全红：《改革开放四十年来马克思主义妇女观的中国化》，《山东女子学院学报》2018年第6期。

饶也、汪宣霖、涂巧妍：《"互联网+"时代公益众筹发展问题与法律诉求》，《法制与社会》2019年第1期。

荣剑：《马克思的国家和社会理论》，《中国社会科学》2001年第3期。

沈跃跃：《贯彻落实习近平总书记系列重要讲话精神　进一步推动妇女权益保障法全面有效实施——在全国妇联纪念妇女权益保障法颁布25周年暨全国维护妇女儿童权益先进集体和先进个人表彰大会上的讲话》，《中国妇运》2017年第4期。

沈跃跃：《深入学习贯彻习近平总书记关于妇女工作的重要论述　团结带领广大妇女坚定不移听党话跟党走——在上海等五省市妇联工作调研座谈会议上的讲话》，《中国妇运》2018年第9期。

沈跃跃：《深入学习贯彻习近平总书记重要讲话精神　推动新时代妇女研究事业创新发展——在2018年中国妇女研究会年会上的讲话》，《妇女研究论丛》2019年第1期。

沈跃跃：《深入学习贯彻习近平总书记重要讲话精神　以改革创新精神建设服务型基层妇联组织》，《中国妇运》2014年第8期。

沈跃跃：《以习近平新时代中国特色社会主义思想为指导　深化中国特色社会主义妇女发展道路研究》，《中国妇女研究论丛》2018年第3期。

宋秀岩：《深化妇联基层基础改革　推动解决基层"四缺"问题》，《中国妇运》2017年第10期。

宋秀岩：《深入学习贯彻习近平总书记系列重要讲话精神以妇联改革和妇联工作新成绩迎接党的十九大胜利召开——在全国妇联常委扩大会议上的讲话》，《中国妇运》2017年第8期。

宋秀岩：《深入学习贯彻习近平总书记重要讲话精神　把讲政治贯穿于妇联改革和工作全过程——在省区市妇联主席培训班上的报告》，《中国妇运》2017年第7期。

宋秀岩：《以习近平总书记系列重要讲话精神为指引　团结动员广大妇女在党和国家事业发展中充分发挥"半边天"作用——在全国妇联十一届二次执委会议上的工作报告》，《中国妇运》2015年第1期。

孙冰：《顺风车"生死局"》，《中国经济周刊》2018年第35期。

唐娅辉：《对加强妇联基层组织服务能力建设的思考》，《中华女子学院学报》2006年第2期。

唐娅辉：《习近平对马克思主义妇女理论的新贡献》，《湖湘论坛》2016年第5期。

王凤仙、米晓琳：《NGO话语与民间妇女组织的自我认同》，《妇女研究论丛》2007年第6期。

王文：《妇联组织的发展变迁与职能定位》（上），《中国妇运》2010年第1期。

王文：《妇联组织的发展变迁与职能定位》（下），《中国妇运》2010年第2期。

王裕如：《正确处理党的统一领导和工青妇组织独立自主地开展工作的关系》，《中国工运学院学报》1990年第4期。

吴梅影：《多角度增强妇联组织群众性》，《中国妇女报》2016年2月15日。

习近平：《促进妇女全面发展　共建共享美好世界》，《人民日报》2015年9月28日。

习近平：《坚持男女平等基本国策　发挥我国妇女伟大作用》，《中国妇运》2013年第11期。

习近平：《坚持中国特色社会主义妇女发展道路　组织动员妇女走在时代前列建功立业——在中南海同全国妇联新一届领导班子成员集体谈话并发表重要讲话》，《人民日报》2018年11月2日。

席文启：《人民代表大会制度 60 年：历史经验与未来发展》，《当代中国史研究》2014 年第 4 期。

肖扬：《对妇联组织变革动因及其途径的探讨》，《妇女研究论丛》2004 年第 4 期。

邢江霞：《强化服务职能 提高新时期妇联维权能力》，《中国妇运》2005 年第 12 期。

杨方：《邓小平妇女思想初探》，《工会论坛》2006 年第 5 期。

杨菊华：《改革开放 40 年公共领域性别平等进展》，《中国妇女报》2018 年 10 月 30 日。

杨守明、杨鸿柳：《论习近平新时代观的内涵、依据和价值》，《中国特色社会主义研究》2018 年第 6 期。

俞可平：《治理和善治引论》，《马克思主义与现实》1999 年第 5 期。

郁建兴：《论全球化时代的马克思主义国家理论》，《中国社会科学》2007 年第 2 期。

郁建兴：《社会主义市民社会的当代可能性》，《文史哲》2003 年第 1 期。

张婵：《浅析马克思和黑格尔的国家理论》，《黑龙江史志》2009 年第 15 期。

张洪林：《论妇联维护妇女权益社会职能的历史变迁与现实理路》，《求索》2012 年第 1 期。

张建民、江华、周莹：《利益契合：转型期中国国家与社会关系的一个分析框架》，《社会学研究》2011 年第 3 期。

张卫海：《马克思市民社会理论的新发展与中国构建"国家—社会"关系模式的现实选择》，《马克思主义理论研究》2011 年第 6 期。

张永英：《妇女参与权力和决策》，《中国妇运》2015 年第 6 期。

张原：《中国农村留守妇女的劳动供给模式及其家庭福利效应》，《农业经济问题》2011 年第 5 期。

张钟汝、程福财：《民间妇女组织的兴起与妇联组织的回应》，《中华女子学院学报》2002 年第 5 期。

赵明：《浅析社会转型期妇联组织的社会角色调整》，《中国妇运》2009年第4期。

周健：《妇联所处网络关系的厘清——对妇联定位及其路径选择的一点思考》，《妇女研究论丛》2004年第1期。

朱立言、刘兰华：《我国政治领域女性领导发展中的问题及对策》，《北京行政学院学报》2005年第5期。

左际平：《20世纪50年代的妇女解放和男女义务平等：中国城市夫妻的经历与感受》，《社会》2005年第1期。

二　外文文献

Agosti Madelaine Törnquist, Andersson Ingemar, Bringsén Åsa, Janlöv Ann-Christin, "The Importance of Awareness, Support and Inner Strength to Balance Everyday-Life a Qualitative Study about Women's Experiences of a Workplace Health Promotion Program in Human Service Organizations in Sweden", *BMC women's health*, 2019（1）.

Bihter Tomen, "Framing feminism: The case of KA. DER as a women's organization in Turkey", *Women's Studies International Forum*, 2016.

Cecilie Thun, "Women-friendly Funding? Conditions for Women's Organizations to Engage in Critical Advocacy in Norway", *NORA-Nordic Journal of Feminist and Gender Research*, 2014（2）.

Croll, E., *Feminism and Socialism in China*, Routledge, 1978.

Dawn Duke, "Alzira Rufino's a Casa de Cultura de Mulher Negra as a Form of Female Empowerment: a Look at the Dynamics of a Black Women's Organization in Brazil Today", *Women's Studies International Forum*, 2003（4）.

Ellen Ernst Kossek, Patrice M., "Buzzanell. Women's Career Equality and Leadership in Organizations: Creating an Evidence-based Positive Change", *Human Resource Management*, 2018（4）.

Ernest Gellner, *In Conditions of Liberty: Civil Society and Its Rivals*,

London: Hamish Hamilton, 1994.

Fang Lee Cooke, "Equal Opportunity? Women's managerial careers in governmental organizations in China", *The International Journal of Human Resource Management*, 2003 (2).

Fredah Mwiti, Christina Goulding, "Strategies for community improvement to tackle poverty and gender issues: An ethnography of community based organizations ('Chamas') and women's interventions in the Nairobi slums", *European Journal of Operational Research*, 2018 (3).

Germain Adrienne, Liljestrand Jerker, "Women's groups and professional organizations in advocacy for sexual and reproductive health and rights", *International Journal of Gynecology & Obstetrics*, 2009 (2).

Jeong, J., "The State, the All-China Women's Federation, and the Women's Rights Movement: The Fragmentation of State Feminism in the PRC, 1920—1995", *The Journal of International Relations*, 2015, 18 (1).

Jill, M., Bystydzienski, "Negotiating the New Market: Women, Families, Women's Organizations and the Economic Transition in Poland", *Journal of Family and Economic Issues*, 2005 (2).

Katinka Weinberger, "Women's Participation in Local Organizations: Conditions and Constraints", *World Development*, 2001 (8).

Kaufman, J., "The Global Women's Movement and Chinese Women's Rights", *Journal of Contemporary China*, 2012, 21 (76).

Linda M. Bajdo, Marcus W. Dickson, "Perceptions of Organizational Culture and Women's Advancement in Organizations: A Cross-Cultural Examination", *Sex Roles*, 2001 (5–6).

Shahida Zaidi, Ezzeldin Osman Hassan, Stelian Hodorogea, Robert, J., I., Leke, Luis Távara, Marina Padilla de Gil, "International organizations and NGOs: An example of international collaboration to improve women's health by preventing unsafe abortion", *International*

Journal of Gynecology and Obstetrics, 2010.

"The Potential of Women's Organization for Rural Development in Sierra Leone", *Evropejskij Issledovatel*, 2013 (2 - 3).

Tsimonis, K., "'Purpose' and the Adaptation of Authoritarian Institutions: The Case of China's State Feminist Organization", *Journal of Chinese Political Science*, 2016, 21 (1).

Xiao, Z., "China: women benefit from the family planning programme", *China Population Today*, 1995 (3 - 4).

后　　记

　　本书的主要基础是我于2019年通过的博士学位论文，能文成书，欣喜之余，满怀期待。读博之于的我人生而言，像是命中注定的安排，一如花开春季，叶落繁秋，不迟不急的相遇。而那个年纪的我，蜕去稚气锐气，经济相对自由，思想空虚游荡，能重归校园，能静下心来，重返学业，是一次极其难得的学习机会，使我有机会在这四年的求学生涯中自省自清、摆渡魂灵、相识师友、问道先知。

　　回眸这段旅程，可以分为三个阶段：第一个阶段是不以为然。由于错误的认知和对治学的无畏，博一的我就在这种情绪的渲染中坦然度过，对论题的思考浮于表面，对理论只求皮毛，对原因不求甚解，看待问题总在其周边盘旋，无法深入与聚焦。第二个阶段是自知无知。当自以为是的理论素养在学术考验中不断被证伪时，所持的自傲被现实击碎，才发现自己面对的是一座雾锁的山峰，而非浅脚的河流。自己是如此的浅薄，而去途荆棘密布。惭愧和茫然之余，终于俯案静心，也得以品味书香，发觉读书之美。第三个阶段是砥砺奋进。古人云："为学如登万仞山，欲临胜境莫畏难。"越是读书、越能思索，越发觉自己的渺小。仰望先知，他们是如此的智慧而甘于寂静，人生所留遗传于世的思想，都是多少个夜晚扎实的深思与熟虑。在惊叹于学者的睿智、格局与情怀的同时，更感知经典理论的经世与致用，它超脱于人之皮肉，不败时间，如禅灯明月，泽福后世。所谓伟人，皆因其至纯、至善、至真的灵魂。做学问之人，是如此值得钦佩

后　记

与敬仰，而我却刚刚起步。

　　我终于发现读书既是一种思维体操，也是一种文辞规范训练。对学问有了新的认知，这不是一次功利的学历之旅，而是一场思想的脱胎换骨，是一次自我的挑战坚守。王家卫曾说："人的一生是见天地，见众生，见自己的过程。"读博与写作就是我践行这一过程的方式，它逼着我脱离浮华、告别蹉跎。让我时常学会反问己身是否通过此路剔除了无知的锋芒，获得了自知和反思的能力？是否在认知、情感和行为上变得更加自主、成熟和敢于担当？是否在面对各类问题时更加理性和客观、放宽格局？是否在不停地被否定的过程中还能明确目标、坚持作为？因此，论文的解构和建构其实也是自我的解构和建构历程。所谓"学问学术"就是要学会"问"，然后找到"术"。当然这一路是艰难而曲折的，像我这样一个起步晚、理论薄、技术差、年纪大的学生，能遇良师，指点迷津，随行陪同，真是万幸难得。导师聂平平，从未放弃过我，大多时候比我还相信我，正是这种强大的立场和力场，让我仿佛觉得我可以做到，我应该做到，我必须做到。他循循善诱地引导我谋篇布局、深入思考，哪怕像蜗牛，也要稳稳地前进；他告诉我要卸掉华丽的文字去寻找现象背后的本质；他告诉我要认真地对待这次求学之行，对学术要有敬畏与信仰。最难得的是在我写作过程中，如临深渊而不得出时，是他顽强的鼓励让我迷途知返，在立场、观点和方法上一点点地突破，直至有所收获。这种之于大脑的精神敲打真的不是人生的任何阶段都能有的体会，我感谢这段苦旅给予的求学技能。我的导师，不仅是文字上的，更是精神上的，他为我人生的拐角点燃了一盏长明灯。牵引我慢慢地打开知识的宝库，在浩瀚的思想中发现自己的渺小。

　　当然，帮助我、提携我的还有江西师大马克思主义学院的导师组成员。祝黄河导师学识的渊博深厚、满腹经纶；待人的儒雅幽默，温暖满怀；意见的醍醐灌顶，深刻有效。其精研学术的精神，时常提醒后辈如何为学。感谢周利生导师和王员导师的悉心教导，为我的论文提供了极具启发的宝贵意见，每一次聊天都质朴温暖，不带责备，只有提醒，更具鼓励。此外，还有张艳国教授、汪荣有教授、吴瑾菁教授以及王玲玲教授给予的修改意见，都让我收益良多，不禁感叹为师之人的真知灼见与视野广阔。

读博期间我还兼得益友。感谢苏兰、宁洁、杨杰、鲁军、李非、刘桂海、谢应勤、何江、岑忠干、文成国、王水兴、王振兴、李歆、李婕婷以及同门师兄妹对我的鼓励和帮助。尤其要感谢苏兰、宁洁、王振兴和王伟。每当思路困惑走不出来，苏兰总像天使一般降临，拉着我一圈圈地在操场上理症结、论思路、求突破。博士学位论文冲刺时，她就像定点闹钟督促你不放松、不放弃地向终点冲刺，她就是我的领跑员，是标杆，是动能，她是一个将自己的快乐建立在别人快乐基础之上的无私之人，是我收获的人生宝藏；每当生活困顿乏味时，宁洁又会像雷锋一般出现，买好我爱吃的菜在私宅中宴请我的游魂，帮我描绘一个未来的人生蓝图，哪怕是画个"饼"，她也能说成"天花"，在你未知的人生里乱缀，让你鼓足马力，相信未来可期；每当写作软件技术问题泛滥时，王振兴就会像超人一般现身，远程遥控，手把手教我如何运用；每当我有点点松懈时，王伟师弟总会来电鞭策我这个师姐要带好头、做表率，倒逼我的进度。此外，我还要郑重地感谢张芊、徐雯娟、钱霞等同事对我工作、生活的鼎力支持。同窗同事的故事如夜寐中的萤火虫，闪闪烁烁，一点点地支撑着我，走完这一径漫漫求学路。

当然，这一段旅程中，最要感谢的是我的父母，他们虽未年迈，但却因我读博而甚少陪伴，他们默默支持，远远凝视，无私奉献，大爱无声，帮我护了家的宁静，守了家的幸福，我却负了他们四年时光。蓦然回首，双亲华发早生，只欠温柔以待。展望未来，回望归途，他们都在那里等待，微笑无语。他们总是这样无怨地支持着我的理想，从小到大成就着我所愿，并以我所愿为他（她）之傲，人生同行，从未分离。如果这博士毕业论文可以论得上人生勋章的话，最该佩戴的就是我的父亲和母亲！最后，还要感谢中国社会科学出版社的许琳编辑为本书的出版付出的辛苦工作，她及时的反馈、敬业的态

后　记

度和亲和的沟通都让我备受鼓舞，感激感动，如果没有她倾心的付出，本书的出版不可能如此顺利。

　　回顾成书历程，书柜里的书籍回答了"时间都去哪了？"从春天林边的蛙鸣，到夏虫深夜的呢哼，到深秋满月当空，再到冬季御寒的暖炉，每一个夜晚我都用键盘的敲击声与它们对话。几经寒来暑往，春去秋来！人到中年，众多角色的扮演让我的求学路显得异常艰难，但同时也弥足珍贵；理论丰盈了思想，研学坚韧了性格，孤寂提炼了修为，尤其学会了安静地与自己相处，包容己身的喜怒哀乐。犹记山西运城市委原副书记安永全说过："读书的苦，考的不是成绩，是你有没有信念，有没有毅力，有没有面对生活的能力"。多么希望我的文字能见证这一程中的迷茫、徘徊、困顿和坚持！虽然尽力而为，但基于为学的阶段、能力的局限，文中仍然难免存在论证的疏漏甚至悖谬之处，值得商榷、改进与完善。这将成为我今后努力的方向，敬请包涵。学术之路行且悠长，感恩培育，感念知遇！

万苏春
二〇二二年五月二十一日